ARKANA

Buch

Unter weißer Magie versteht man die alte Kunst, die der unsichtbaren feinstofflichen Welt innewohnenden Kräfte willentlich zu konzentrieren und für gute Zwecke einzusetzen. Eric Pier Sperandio
ermutigt den Leser, mit dem Universum harmonisch zusammenzu-
arbeiten und die verborgenen Energien aus Luft, Erde, Feuer und
Wasser zu nutzen, um die Geschicke des Lebens positiv zu gestalten.
Sein Buch ist eine Fundgrube für Magier und alle, die es werden wollen. Es enthält wertvolles Wissen über die magischen Eigenschaften
und die Handhabung von Kräutern, Pflanzen, Steine, Metalle und
Farben sowie eine Fülle von Ritualen, Sprüchen und Rezepturen. Der
Leser wird eingeweiht in die Fertigung von Glücksbeuteln und Zauberkistchen, die Zubereitung von Heil- und Zauberelixieren sowie
die Zusammensetzung von Verführungs- und Liebestränken. Ein
kleines Lexikon informiert von A wie Amulett bis Z wie Zauberbuch
über den praktischen Einsatz aller magischen Utensilien.

Autor

Eric Pier Sperandio arbeitet seit zwanzig Jahren als Journalist. Er ist
Autor zahlreicher esoterischer Werke und schreibt für verschiedene
Magazine zu Themen wie Astrologie, Schicksalskunde, Spiritualität
und medialen Botschaften.

ERIC P. SPERANDIO

WEISSE MAGIE

Rituale, Rezepte, Sprüche

Aus dem Französischen
von Ria Hörner

ARKANA

GOLDMANN

Die kanadische Originalausgabe erschien in zwei Teilen,
»La magie blanche. Recettes de Sorcières (1997) und
»La magie blanche. Tome 2« (1999)
bei Les Éditions Quebecor, Outremont (Québec), Canada.

Deutsche Erstausgabe Januar 2003
© 2003 der deutschsprachigen Ausgabe
Wilhelm Goldmann Verlag, München
in der Verlagsgruppe Random House GmbH
© 1997, 1999 Les Éditions Quebecor
Umschlaggestaltung: Design Team München
Umschlagabbildung: Zefa/Flury
Satz/DTP: Martin Strohkendl, München
Druck: Elsnerdruck, Berlin
Verlagsnummer: 21619
Redaktion: Ralf Lay
WL · Herstellung: WM
Made in Germany
ISBN 3-442-21619-2

2. Auflage

Inhalt

ZWEITES BUCH

Vorbemerkung zur deutschen Ausgabe

Die kanadische Originalausgabe dieses Buches besteht aus zwei Bänden, was in der deutschen Ausgabe durch die Gliederung in »Erstes Buch« und »Zweites Buch« zum Ausdruck kommt.

Folglich werden einige Themen in beiden Büchern besprochen; Sie finden zum Beispiel Rezepte zur Herstellung von Liebeszaubern im »Ersten Buch«, weitere, ergänzende stehen jedoch auch im »Zweiten Buch«. Es lohnt sich also, zu einem bestimmten Problem, Vorhaben, Wunsch oder Themenkreis in beiden Buchteilen zu forschen. Ein Register mit den wichtigsten Stichwörtern, das Sie am Ende dieses Buches finden, wird Ihnen bei der gezielten Suche nach geeigneten Maßnahmen sicher eine wertvolle Hilfe sein.

Alle Rezepte und Empfehlungen, die in Zusammenhang mit gesundheitlichen Fragen stehen, sind nicht dazu gedacht, ärztliche Hilfe zu ersetzen. Wenn Sie gesundheitliche Probleme haben, müssen Sie einen Arzt oder Heilpraktiker aufsuchen.

In einigen Rezepten werden geringe Mengen Blut verarbeitet. Sie dürfen nur angewendet werden, wenn man hundertprozentig sicher ist, dass dadurch keine Krankheit übertragen werden kann. Bitte gehen Sie bei der Verwendung des Bluts so sorgfältig vor, wie es auf Seite 63 beschrieben wird.

Erstes Buch

I.

Einführung
in die weiße Magie

Was Sie wissen müssen, bevor Sie mit der Praxis beginnen

Kapitel 1

• • • •

Was ist Magie?

Zum Thema Magie ist schon so viel gesagt worden, dass manchmal ganz vergessen wird, was Magie *wirklich* bedeutet. Weil sie oft mit bloßen Zauberkunststückchen verwechselt wird, möchte ich zunächst einiges klarstellen und definieren, was ich unter »magisch« verstehe. Dann ist zumindest die Voraussetzung dafür geschaffen, dass wir auf den folgenden Seiten dasselbe meinen.

Angesichts der vielen mehr oder weniger unterschiedlichen Definitionen von Magie halte ich es für ratsam, wenn wir uns auf eine solche einigen, die einfach, klar und praktikabel ist. Diese Kriterien werden meines Erachtens am besten von der Definition erfüllt, die im *Larousse* erscheint. In diesem Konversationslexikon wird die Magie einerseits als »die Wissenschaft, die Religion der Magier« beschrieben, andererseits wird aber auch hinzugefügt: »Gesamtheit der Handlungen, die auf dem Glauben an der Natur innewohnende übernatürliche Kräfte beruht und diese Kräfte beherrschen und günstig stimmen will«. Dann wird präzisiert: »*Schwarze Magie, Weiße Magie* werden praktiziert, um Böses bzw. Gutes zu tun.«

Diese Definition umfasst die wichtigsten Aspekte der Magie und beschreibt das, was Sie in diesem Buch finden: Kennt-

nisse und Rezepte, die Ihr Leben günstig beeinflussen können, auch wenn ihr Ursprung sich zuweilen im Dunkel der
Zeit verliert.

Glauben und Tun sind offenbar nicht dasselbe ...

Wenn man heutzutage die Magie zu Hilfe nimmt, um im Alltag zu handeln oder das eigene Dasein zum Besseren zu
wenden, mag das anachronistisch erscheinen. Wir leben in
einer überwiegend konkreten, materiellen Welt, in der unser
Erfolg daran gemessen wird, was wir auf der gesellschaftlichen Ebene darstellen, mit welchen Leuten wir Umgang
haben und wie viel Geld und Besitz wir ansammeln. Das ist
eine Realität, die jeder von uns kennt, weil er ständig mit ihr
konfrontiert wird.

Aber auch wenn wir im Alltag mit beiden Beinen fest auf
diesem materiellen Boden stehen, fliegt jeder von uns früher
oder später der Gedanke an, dass es unbekannte (oder eher
verkannte) Energien gibt, die wir verwenden könnten, um
unser Leben, unser »Geschick«, zu verbessern. Diese Vorstellung äußert sich nicht immer in bewusst vorgenommenen Handlungen; manchmal kommt sie in unbedeutenden
Gesten zum Ausdruck, die unsere jeweilige »Konditionierung« uns vorgibt; dann wieder denken wir bewusst, dass
bestimmte Gesten Glück – oder Unglück – bringen. Natürlich glaubt niemand daran! Aber jeder führt sie aus. Das
nennt man dann Aberglauben.

Die meisten Kulturen und Menschen haben dem Aberglauben – der Vorstellung, dass dunkle, namenlose Kräfte sich in den Lauf der Ereignisse einmischen können – ihren Tribut gezollt. Ursprünglich wollte man sich damit vor einem Universum schützen, das man von rätselhaften (und beunruhigenden) Geistern bevölkert glaubte; sie mussten besänftigt und begütigt werden, wenn man überleben wollte. Obwohl die Herkunft der meisten abergläubischen Verhaltensweisen sich im Dunkel der Geschichte verliert, ist durchaus nachvollziehbar, warum sie sich so lange halten konnten.

Es heißt zum Beispiel, dass man sich sieben Jahre Unglück auflädt, wenn man einen Spiegel zerbricht. Ursprung dieses Aberglaubens ist die antike Theorie, dass das vom Wasser zurückgeworfene Spiegelbild eines Menschen seine Seele zeigt und Wellengekräusel an der Wasseroberfläche diese zerstören kann. Ein Hufeisen wiederum erinnert vage an den zunehmenden Mond, dem im alten Ägypten okkulte Kräfte zugeschrieben wurden. Im heidnischen England war der Hase Gegenstand eines Kults; als das Christentum sich durchsetzte, wurden die entsprechenden Rituale geächtet – was die Leute nicht hindert, sie zu praktizieren und als Glücksbringer eine Hasenpfote mit sich herumzutragen!

Infolge des allgemeinen Fortschritts und moderner Techniken und Technologien ist die historisch nachvollziehbare Grundlage solcher »abergläubischen« Verhaltensweisen inzwischen weitgehend überholt. Wenn man heute zum Beispiel glaubt, es bringe Unglück, Salz zu verschütten, bezieht man sich auf die Weisheit aus einer Zeit, in der Salz der wichtigste Grundstoff für die Konservierung von Lebensmitteln war. Für Seeleute, die zu monate-, jahre- oder jahrzehntelangen Reisen aufbrachen, war es gefährlich, ja fast ein Sakrileg, Salz zu verschütten oder zu verlieren, denn dadurch wurden die Überlebenschancen aller beträchtlich reduziert. Es gibt auch den Aberglauben, dass es Unglück bringt, wenn man sich als Dritter an einem brennenden Streichholz (oder Feuerzeug) die Zigarette anzündet. Dieser relativ junge Aberglaube – er stammt aus dem Zweiten Weltkrieg – hat ebenfalls einen praktischen, wenn auch makabren Aspekt: Wenn drei Soldaten sich nachts ihre Zigarette am selben Streichholz anzündeten, wurde der letzte oft von feindlichen Geschossen getroffen. Denn die zeitliche Abfolge erlaubte dem Gegner, beim ersten Aufblitzen der Flamme das Ziel zu orten, beim zweiten anzulegen und beim dritten zu schießen!

Es gibt Tausende anderer Glück oder Unglück verheißender Aberglauben, deren Herkunft oft nicht mehr erklärt werden kann, auch wenn wir uns weiterhin entsprechend verhalten.

Magie und Aberglauben sind zwar nicht dasselbe, lassen aber beide viele Fragen offen. Denn nicht alles ist erklärbar – schon gar nicht das Resultat von Ursache und Wirkung. Und genau hier liegt das Problem unserer modernen Gesellschaft, in der alles so zerlegt werden muss wie ein Leichnam unter dem Skalpell des Gerichtsmediziners.

Aber das Leben – das *wahre* Leben – ist nicht so; in ihm bleibt vieles unerklärlich.

Auch im Bereich der Magie ist es manchmal ziemlich schwierig, jahrhunderte- und jahrtausendealte Praktiken oder Rituale zu rekonstruieren. Archäologen, Anthropologen und Soziologen finden meist nur Bruchstücke. Ihre Interpretationen sind mehr oder weniger zutreffend, denn sie werden aus heutiger Sicht und mit unserem modernen Bewusstsein vorgenommen und sind von der für unsere Epoche charakteristischen Skepsis gefärbt. Einig ist man sich nur dahin gehend, dass der allgemeine Fortschritt das okkulte Wissen stark durchlöchert hat.

Bedeutet das, dass wir die alten *Rezepturen* nicht mehr benutzen dürfen, weil einzelne Angaben uns fehlen? Keineswegs, denn gerade die Magie spielt mit einem wesentlichen Faktor des Menschseins: der Kreativität.

Also müssen wir unsere Fantasie zu Hilfe nehmen, wenn wir uns zu magischen Ritualen entschließen. Wenn wir das tun, übernehmen wir zum einen die Verantwortung für unser Anliegen und lenken besonders viel Energie auf einen speziellen Punkt, der uns am Herzen liegt. So nehmen wir unser Schicksal in die Hand, anstatt andere entscheiden zu lassen, was gut für uns ist. Andererseits lernen wir die Energie, die Charakteristika der Kräuter, Pflanzen, Steine, Metalle und Farben wieder kennen und handhaben und alle Eigenschaften des uns umgebenden Universums zu nutzen.

Die Magie: Wissenschaft, Religion?

Magie ist also die Wissenschaft, die Religion der Magier. Und ein Magier ist dem *Larousse* zufolge, »jemand, der sich in den okkulten Wissenschaften, der Magie, auskennt«. Die Hexerei ist demselben Bereich zugeordnet, denn sie wird wie folgt definiert: »außergewöhnliche Erscheinungen und Ereignisse mysteriöser Herkunft, die mit magischen Praktiken oder übernatürlichen Kräften zu tun zu haben scheinen.« Weiter heißt es: »Fähigkeit eines Individuums, innerhalb einer Gesellschaft oder einer gegebenen Gruppe mit Hilfe magischer Verfahren und Rituale zu heilen oder zu schaden.« Das Wort »Hexe« jedoch ist im *Larousse* negativ besetzt:

»Person, die man im Bund mit dem Teufel glaubt und die Böses bewirken kann.«

Die Begriffe »Magie« und »Hexerei« werden bis auf einige kleine Abweichungen ziemlich ähnlich definiert, aber Magier und Hexen werden sehr unterschiedlich gesehen. Erstere – der bekannteste unter ihnen dürfte Merlin sein – wurden bewundert; Hexen verbrannte man auf dem Scheiterhaufen.

Das hat historische Gründe, die besonders deutlich werden, wenn man an die Magie als »Religion« denkt. Viele Christen bzw. Katholiken werden diese Sichtweise vielleicht ablehnen, denn für sie ist die Religion etwas von allem Profanen Abgehobenes. Aber wir müssen es nicht so sehen. Ich habe mich darüber einmal mit einem befreundeten Priester unterhalten. Statt, wie von mir erwartet, die heidnischen Praktiken zu attackieren, machte er mich mit einer modernen Auffassung zum Thema bekannt. Vor allem erklärte er mir, dass eine Magie, welche die Grundsätze der katholischen Kirche weder ablehne noch angreife und nicht zum Götzendienst führe, nicht *zwangsläufig* zur religiösen Lehre im Widerspruch stehe.

Zum besseren Verständnis: Ein bisschen Geschichte

Um zu verstehen, warum die Magie einen so schlechten Ruf hat, müssen wir einen kurzen Blick auf ihre Geschichte werfen.

Obwohl ich den zitierten befreundeten Priester sehr schätze, führt kein Weg an dem Eingeständnis vorbei, dass die »or-

ganisierten« Religionen seit mehreren hundert Jahren My-
then weiterspinnen, welche die Praktiken der Magie und der
alten Religion, wie die Magie seit undenklichen Zeiten genannt wird, diskriminieren. Dabei sind sie so geschickt vor-
gegangen, dass viele Menschen die Magie auch heute noch
spontan mit Satanismus assoziieren und meinen, Magier und
Hexen würden den Teufel anbeten, Menschenopfer bringen,
widerwärtige orgiastische Rituale veranstalten und unschul-
dige junge Menschen zur Teilnahme zwingen. Hier bedarf
einiges der Korrektur.

Jedes Mal, wenn eine neue Religion sich etabliert, versucht
sie mit allen ihr verfügbaren Mitteln, bestehende Kulte in
Misskredit zu bringen. Das zeigt die Geschichte immer wieder. Denken wir nur an die ersten Christen, die von den römischen Behörden abscheulicher Verbrechen verdächtigt wurden: Man beschuldigte sie, in den Katakomben orgiastische
Rituale abzuhalten, obwohl sie dort nur beteten. Man unter-
stellte ihnen, bei ihren Messen Menschenopfer zu bringen
und dem Kannibalismus zu frönen. Die Römer nahmen die
Feier der Eucharistie, bei der die Gläubigen den »Leib und
das Blut Christi« zu sich nehmen, wörtlich. Diese populäre
Auffassung (populär, weil im Volk verbreitet) nutzte man
aus, um die Christen der widerwärtigsten Verbrechen zu be-
schuldigen. Grundlage des Ganzen waren wohlgemerkt ausschließlich falsche oder falsch interpretierte Informationen.

Insofern ist es eine Ironie der Geschichte, dass die christlichen *Autoritäten* ein paar Jahrhunderte später dieselben
Techniken und Behauptungen benutzten, um Tausende von
Menschen – vor allem Frauen – zum Scheiterhaufen zu ver-
urteilen, weil sie die Magie und die *alten Religionen* ausgeübt
hatten – nicht ohne sie vorher gnadenlos für Verbrechen zu

foltern, die meist dem abartigen Denken der Inquisitoren entsprungen waren.

Feindschaft … und Konkurrenz!

Die christliche Kirche hat all ihre großen Feste den zentralen heidnischen Festen aufgepfropft; damit wurde das offensichtliche, aber uneingestandene Ziel verfolgt, Ursprung und Bedeutung dieser alten Rituale aus dem Gedächtnis des Volkes zu streichen. Verschiedene Bräuche, etwa das Dekorieren mit Misteln zu Weihnachten oder mit hart gekochten Eiern zu Ostern, sind direkt aus heidnischen Überlieferungen hervorgegangen.

Die Feindseligkeit des Christentums gegenüber der *alten Religion* hat mehrere Gründe. Der wichtigste ist zweifellos soziokultureller Art. Es lässt sich nicht verhehlen, dass das Christentum auf einem patriarchalischen System beruht und deshalb die Praktiken der *alten Religion*, die auf einem matriarchalischen System basieren, mit Unmut betrachtet. Der Gegensatz könnte deutlicher nicht sein: Im Christentum kommt zuerst der Mann; er lenkt und beherrscht alles. In der *alten Religion* hat der weibliche Aspekt den Vorrang, die Natur, die Fruchtbarkeit der Erde und als deren Weiterung die Frau, aus deren Schoß das Leben hervorgeht. Infolgedessen spielt die Frau im herrschenden Christentum nur eine Nebenrolle, und selbst bei der Ächtung der Magie lässt man die Göttin links liegen und schießt sich stattdessen auf Satan ein, die geschmähteste aller Kreaturen.

Aber das hätte nie passieren dürfen. Denn die Hexen und Magier, die die *alte Religion* ausüben, verehren zwar den weiblichen Aspekt der Schöpfung, werten deshalb die anderen Aspekte aber nicht ab. Wer sich mit dieser Thematik auseinander setzt, weiß, dass in der alten Religion die Natur, die Mysterien des Lebens und die Frau hoch geachtet wurden. Und er entdeckt einen einfachen, leicht anwendbaren Schlüssel zur Ethik, der ihn auf den Weg des Gleichgewichts bringt: die Magie.

Wer den Schleier aus Geheimniskrämerei und Vorurteilen hebt, der auf der Magie lastet, und sich ohne Angst mit ihr beschäftigt, entdeckt, dass die magischen Verfahren nur ein Hilfsmittel sind, um die uns umgebende, von der Erde, dem Universum und uns selbst ausgehende Energie zu nutzen. Er erkennt, dass Rituale, Anrufungen und magische Rezepte nur dazu da sind, unsere Willenskraft zu stärken. Sie helfen uns, unsere Aufmerksamkeit zu konzentrieren, und sie erlauben uns, spirituelle und psychische Reserven anzuzapfen, deren Existenz wir bislang ignorierten.

Die Prinzipien verstehen

Wie Sie auf den folgenden Seiten immer wieder feststellen werden, sind die Magie und die Ausübung der alten Religion einfach. Das kann auch nicht anders sein, stammen sie doch aus dem Volk, von »normalen Sterblichen«, und aus einer Epoche, in der magische Rituale ein fester Bestandteil des Alltags waren. In diesen weit zurückliegenden Zeiten hätte man sich im Übrigen unsterblich blamiert, ja, es war überhaupt undenkbar, die Wirksamkeit dieser Methoden anzuzweifeln – es wäre etwa so gewesen, als würde heute jemand in Frage stellen, dass die Erde rund ist.

Bei diesen Ritualen wurden und werden natürliche Energien verwendet und kanalisiert, die von der heutigen Wissenschaft und Technologie noch nicht erkannt wurden, die diese nicht quantifizieren können und deshalb ignorieren. Auch das wird sich ändern.

Trotzdem sind diese Energien real und in Luft und Erde, Feuer und Wasser, Pflanzen und Steinen enthalten; Magier, Hexen und Zauberlehrlinge glauben, dass sie die Energien freisetzen und so lenken können, dass eine bestimmte Situation positiv beeinflusst wird. Sie haben beschlossen, ihre inneren Ressourcen zu suchen und zu erforschen, um die in jedem von uns vorhandenen, aber verborgenen Kräfte zu entdecken. Sie arbeiten harmonisch mit der Erde und dem Universum zusammen, um konkrete Dinge zu bekommen, etwa einen Arbeitsplatz oder ein Problem zu lösen.

Alle in diesem Buch beschriebenen Verfahren sind aus der Erde und den kosmischen Gesetzen hervorgegangen und mit diesen im Einklang.

Die alte Religion – die heute allgemein als »Wicca« (siehe auch Seite 176) bezeichnet wird – ist im Grunde eine Verbindung mehrerer alter Kulte. Es handelt sich hier um ein Glaubenssystem, dessen Grundlage die Natur ist und in dem man die Göttin verehrt, den weiblichen Aspekt der Schöpfung, und ihren Gefährten, der für den männlichen Aspekt steht.

Obwohl die Jünger des modernen Heidentums aus verschiedenen Kulturen stammen und ihre Überzeugungen aus diversen Epochen beziehen, herrscht in Bezug auf die folgenden zentralen Punkte Übereinstimmung:

• Die Gottheit ist immanent und innen, das heißt in jedem Menschen vorhanden; sie ist auch transzendent und außen, das heißt in allem Existierenden präsent.

- Das Göttliche manifestiert sich vor allem durch die Frau; das erklärt, warum so viele Frauen Wicca-Anhängerinnen sind; und das war früher genauso wie heute.
- Alle Götter und Göttinnen haben im Wicca-Pantheon ihren Platz, was größtmögliche Toleranz gegenüber anderen religiösen Systemen bedeutet.
- Alle »Wiccaner« respektieren und lieben die Natur, die einen privilegierten Status innehat und als eigenständige Wesenheit gilt.
- Aufgrund der Unzufriedenheit mit den organisierten Religionen ist die Wicca-Bewegung eher ein Konglomerat autonomer Individuen als eine homogene Gruppe.
- Alle Wiccaner sind zutiefst davon überzeugt, dass es dem Menschen bestimmt ist, mit Freude, Liebe und Lust zu leben, dabei seine Mitmenschen zu respektieren und mit der Natur, der Erde und dem Universum in Harmonie zu sein.
- Der Ethikkodex der Wiccaner besteht hauptsächlich darin, niemandem zu schaden oder Böses anzutun.
- Alle Wiccaner sind absolut davon überzeugt, dass jeder mit entsprechender Ausbildung und Disziplin »zaubern« kann, wenn er seine medialen Ressourcen nutzt.
- Alle Wiccaner feiern die Feste und Rituale (siehe auch Seite 175) gemäß dem Sonnenkalender und den Mondphasen.
- Alle Wiccaner glauben fest an den Menschen und seine Möglichkeiten.

Die Magier und Hexen unserer Tage

Vielleicht fragen Sie sich, wer solche Rituale heutzutage noch praktiziert. Dabei brauchen Sie sich nur einmal umzuschauen! Jeder interessiert sich für sie, und viele führen sie aus, manchmal ohne es selbst zu wissen. Sehen Sie sich an, wie viele Leute Steine und Kristalle, Räucherwerk und Kerzen kaufen; beobachten Sie, wie viele Leute in einer Buchhandlung in den einschlägigen Büchern blättern.

Allerdings sollten wir auch im Hinterkopf behalten, dass die Magie weder eine Fernsehserie noch ein im Hollywoodstudio zusammengebrauter Film ist. Spezialeffekte gibt es nicht! Die Magie verwendet ausschließlich natürliche Energien, um Veränderungen zu materialisieren und zu provozieren. Geduld, Entschlossenheit und Ausdauer sind notwendig, um gesteckte Ziele zu erreichen. Aber grundsätzlich kann jeder die Magie ausüben; Sie brauchen dafür Ihre religiösen Überzeugungen nicht zu verändern. Um die Rituale zu feiern oder die Hilfe des Universums anzurufen, ist es weder zwingend vorgeschrieben noch überhaupt erforderlich, sich dem Wicca – der »Religion« der modernen Hexen – zu verpflichten.

Daseinsfreude, Lebensfreude

Seien Sie vor allem phantasievoll, tolerant und kreativ; nur so kann eine bessere Welt entstehen, in der alle spirituellen Werte harmonisch nebeneinander existieren und keiner versucht, die anderen zu zerstören, um seine Überlegenheit zu beweisen.

Seien Sie aufgeschlossen, aber lassen Sie sich nicht zu Praktiken verleiten, die Ihnen zweifelhaft erscheinen. Misstrauen Sie Menschen, die Ihnen sagen, dass sie die Wahrheit gepachtet haben und ihr Weg der einzige richtige ist. Experimentieren Sie selbst: Nur Sie können beurteilen, was für Sie und Ihr Gewissen gut ist.

Lassen Sie sich von diesem Buch dazu inspirieren, die Freude am Dasein, die Lebensfreude und die Schönheit der Natur zu feiern. Mit anderen Worten: Danken Sie der Erde für all das Gute, das sie Ihnen gibt.

Die Wicca-Ethik besagt, dass das Gute, das Sie tun, Ihnen dreifach zurückgegeben wird; auch das Böse, das Sie tun, kommt dreifach zu Ihnen zurück.

Was Sie letztendlich tun, ist Ihre Entscheidung, und nur Sie selbst sind für Ihre Handlungen verantwortlich. Unser Dasein auf der Erde ist kurz; nutzen Sie es positiv, zum Wohl aller.

Kapitel 2

• • • •

Vorbereitung

Sich reinigen

Bevor Sie ein Ritual durchführen oder ein Fest feiern, sollten Sie sich unbedingt die Zeit nehmen, sich in die entsprechende geistige Verfassung zu versetzen. Denn das ist unerlässlich, wenn Ihre Rituale den erwünschten Erfolg haben sollen.

Ähnlich wie Sie Ihre Wohnung sauber machen, wenn Sie Gäste erwarten, sollten Sie auch Ihren Körper und Ihren Geist reinigen, bevor Sie höhere Energien anrufen und bei sich aufnehmen. Diese Reinigung geschieht am besten durch ein spezielles Bad, das Sie völlig entspannt und auf die folgenden Rituale vorbereitet. Weil dieses spezielle Bad seiner Natur nach magisch ist, ist es nicht dazu gedacht, den Körper von materiellem Schmutz zu befreien. Nehmen Sie deshalb vorher zum Beispiel eine Dusche, benutzen Sie eine handelsübliche Seife oder waschen Sie sich die Haare. Das anschließende magische Bad verfolgt ausschließlich die Absicht, Ihren Geist auf das anstehende Ritual zu konzentrieren und negative Energie aus Körper und Geist zu entfernen. – Von den folgenden Rezepten werden Sie sicher profitieren.

Rezepte für magische Bäder

- *Zu Ihrer Entspannung und zur Beseitigung negativer Energien* geben Sie etwas Zitronensaft und ein paar Spritzer Rosen-, Lavendel- und Zedernwasser ins Badewasser.
- *Vor Reinigungs- und Schutzritualen* geben Sie dem Badewasser etwas Weihrauch und Myrrhe bei (ätherische Öle oder Pulver).
- *Vor Weissagungsritualen* setzen Sie dem Badewasser etwas Kiefer, Zitrone und Salbei zu (ätherische Öle oder Pulver).
- *Vor Liebesritualen* geben Sie ein paar Rosenblütenblätter oder etwas Rosenwasser in die Wanne; lassen Sie einige Margeriten auf dem Wasser schwimmen und träufeln Sie Maiglöckchen-, Lavendel- und Ylang-Ylang-Öl hinein.
- *Vor Ritualen für mehr mediale Sensibilität* streuen Sie wenige Blättchen Basilikum und Minze ins Badewasser und träufeln Sie Veilchen- oder Weidenrindenessenz hinein.
- *Vor Initiationsritualen* geben Sie 60 Milliliter (¼ Tasse) Apfelsaft, ein paar gelbe Blüten und einige Tropfen Olivenöl in die Wanne.
- *Vor Reinigungsritualen* fügen Sie dem Badewasser 60 Milliliter (¼ Tasse) Essig und Zitronensaft zu und streuen Sie einige Lorbeerblätter und Kiefernnadeln hinein.

Wenn nicht anders angegeben, brauchen Sie von diesen Kräutern und Ölen keine großen Mengen zu verwenden. Die meisten Aromatika sind als ätherisches Öl erhältlich: Wenige Tropfen genügen, um Ihr Bad zu parfümieren. Von den Kräutern reicht eine Prise.

Zünden Sie eine Kerze an und schalten Sie die übliche Beleuchtung aus, bevor Sie ins Badewasser steigen; das sanfte Kerzenlicht sorgt dafür, dass Sie wirklich entspannen.

Konzentrieren Sie sich und bitten Sie Ihre Geistführer und die Elemente um Hilfe, damit Ihr Ritual gelingt und Sie bestmöglich von ihm profitieren. Lassen Sie sich Zeit, sehen Sie nicht auf die Uhr. Fangen Sie mit Ihrem Ritual möglichst sofort nach dem Bad an. Bereiten Sie deshalb am besten schon vorher alles Nötige vor.

Ihre Kleidung bei Festen und Ritualen

Manche Menschen halten es für sehr wichtig, welche Kleidung man bei Ritualen oder Festen trägt. Aber im Grunde ist das eher eine Frage des Geschmacks und der Mittel – nicht so sehr der finanziellen als der kreativen und handwerklichen.

Früher war die Kleidung der Hexe ausschließlich von Hand genäht und mit Symbolen bestickt. Heute näht kaum noch jemand mit der Hand. Die meisten ziehen die praktischen Nähmaschinen vor. Dem steht nichts entgegen – der Charakter Ihres Ritualgewandes wird dadurch nicht beeinflusst. Wichtig ist jedoch, dass Sie dieses Kleidungsstück nur bei Ritualen und Festen tragen.

Und wie soll nun dieses Kleidungsstück aussehen? Traditionell besteht die Robe für Rituale und Zeremonien aus einer einfachen Tunika mit langen Ärmeln und V-Ausschnitt; wenn Sie sich nur ein bisschen mit der Schneiderei auskennen, können Sie den Schnitt leicht selbst anfertigen. Nehmen Sie ein großes T-Shirt und verlängern Sie die Seiten nach Belieben; machen Sie dasselbe mit den Ärmeln. Bringen Sie da, wo der Hals sein soll, einen Schlitz an und schlagen Sie den Stoff nach innen ein.

Für das Gelingen Ihrer Rituale ist das Gewand natürlich nicht entscheidend. Wichtiger ist, dass Sie sich seelisch und geistig auf sie vorbereiten und die verschiedenen Stufen, die zum eigentlichen Ritual hinführen, nacheinander absolvieren. Sie können also anziehen, was Sie wollen, solange Ihre Kleidung Ihnen die richtige Stimmung für Ihr Vorhaben vermittelt. Sie können sich ein langes Baumwoll- oder Finette-Nachthemd im Großvaterstil besorgen, was sehr bequem ist. Wenn Sie bestimmte Kleidungsstücke besonders gern mögen, hindert nichts Sie daran, sie bei Ihrem Ritual zu tragen, seien es nun Leggins mit T-Shirt oder ein bunter Rock mit Bluse.

Sie können Ihre Kleidung auch mit magischen Symbolen und Runen besticken. Wenn Ihre Fingerfertigkeit so weit nicht reicht oder Sie sich die Arbeit nicht machen wollen, ist Textilfarbe eine gute Alternative; es gibt auch wischfeste Stifte, deren Farben selbst nach mehrmaligem Waschen noch sehr kräftig sind.

Verwenden Sie auf jeden Fall Stoffe aus Naturfasern wie Baumwolle oder Seide. Damit können Sie mehr Energie speichern.

Lassen Sie Ihre Phantasie spielen! Einem prachtvollen Kostüm, etwa einem langärmligen Gewand im Stil des Mittelalters oder einer Robe nach Art der prunkvollen Renaissance, steht nichts entgegen. Es hat zu allen Zeiten Hexen gegeben, und die Kostüme verändern sich im Lauf der Geschichte.

Sie müssten bei der Auswahl leicht ein Kleidungsstück finden, das für Sie geeignet ist und Ihnen vor allem gefällt.

Kapitel 3
• • • •
Altar und Gerätschaften

Einen Altar einrichten

Wenn Sie sich zur Ausübung der weißen Magie entscheiden und die positiven Einflüsse der höheren Naturkräfte anziehen wollen, sollten Sie sich einen kleinen Altar einrichten. Dazu ist jede ebene Oberfläche geeignet. Sie brauchen keinen riesigen Tisch, der das ganze Zimmer ausfüllt. Für den Alltag kann der Platz durchaus beschränkt sein; für Zeremonien und spezielle Rituale können Sie dann immer noch eine größere Fläche bereitstellen.

Im Grunde muss der Altar für den Alltag nur so groß sein, dass Sie die symbolische Darstellung der vier Elemente auf ihm unterbringen können, das heißt ein Gefäß mit Wasser (Element Wasser), einen Kerzenhalter mit Kerze (Element Feuer), ein Schälchen mit Salz (Element Erde) und ein Behältnis für Räucherwerk (Element Luft). Diese Gegenstände bleiben *ständig* auf dem Altar.

Platzieren Sie Ihren Altar so, dass Sie um ihn herumgehen können. Wenn mehrere Personen anwesend sind, können sie sich um den Altar stellen.

Das Vorhandensein dieses kleinen Altars bedeutet nun nicht, dass Sie jeden Tag ein Ritual ausführen müssen. Sie können auch einfach eine Kerze anzünden oder Räucherwerk verbrennen, was Ihnen erlaubt, einen gewissen Abstand vom Alltag zu gewinnen, kurz über Ihr Leben zu meditieren und Ihre Gedanken Revue passieren zu lassen. Das können Sie so lange tun, wie Sie möchten; es gibt keine vorgeschriebene Dauer.

Die einzigen Regeln, die Sie im Hinblick auf Ihren Altar beachten müssen, sind sehr einfach. Sorgen Sie dafür, dass die Oberfläche immer absolut sauber ist; wechseln Sie das Altartuch häufig, und lassen Sie weder Wachs (von den Kerzen) noch Asche (von den Räuchersubstanzen) auf ihm herumliegen. Erneuern Sie auch täglich das Wasser und achten Sie darauf, dass Salz sauber und staubfrei ist.

Bei Ritualen oder Festlichkeiten werden diese Bestandteile Ihres »Alltagsaltars« durch andere Utensilien ergänzt, etwa das Pentagramm, Ihren Hexenkessel, Blumen und sonstiges Dekor.

Welche Werkzeuge brauchen Sie?

Jede gute »Hexe« ist es sich schuldig, die heiligen Werkzeuge zu besitzen, die ausschließlich bei Ritualen verwendet werden. Auch wenn es sich um Gegenstände handelt, die Sie normalerweise bei Ihren Küchenutensilien finden, empfehle ich Ihnen, sie neu anzuschaffen und ausschließlich der Verwendung in der Magie vorzubehalten.

Nicht alle unten beschriebenen Gerätschaften sind ein Muss. Suchen Sie die aus, die Sie bei den Ritualen, die Sie durchführen wollen, wirklich brauchen. Wenn Sie beschließen, zur Ausübung der weißen Magie bestimmte Gegenstände zu benutzen, müssen Sie sie weihen. Entsprechende Rituale finden Sie auf den nächsten Seiten.

Messer

Das Standardmodell eines Messers für die Hexe ist zweischneidig und hat einen schwarzen Griff. Es kommt bei Ritualen und Zauberprozeduren zum Einsatz und repräsentiert das mystische Element Luft. Außerdem symbolisiert es die Lebenskraft. Bei Ritualen und Feierlichkeiten wird mit ihm der magische Kreis gezeichnet, unheilvolle Kräfte und schlechte Verbindungen werden abgeschnitten. Außerdem sammelt es die magischen Energien, die bei den Ritualen aufgefangen werden.

Ein Messer mit weißem Griff dient vor allem dazu, magische Kräuter für die Zubereitung von Heil- und Zaubertränken und die Zweige zur Herstellung des Zauberstabs zu schneiden. Schließlich kann man mit ihm Symbole auf Kerzen ritzen und die Kürbisse für Halloween aushöhlen, den magischen Tag des Jahres par excellence.

Glöckchen

Meist ist das Glöckchen einer Hexe aus Kupfer oder Kristall (siehe auch Seite 173). Es wird eingesetzt, um Beginn und Ende der Rituale oder einer Gruppenmeditation anzuzeigen oder einen Elementargeist oder eine Gottheit herbeizurufen. Auch beim Tod einer Hexe oder einer Hochzeit innerhalb der Gruppe wird das Glöckchen geläutet.

Das Buch der Schatten

Suchen Sie dieses Buch nicht in einer Buchhandlung, dort werden Sie es nicht finden. Es handelt sich vielmehr um ein geheimes Tagebuch, in dem Sie alle Ihre Rituale und Zeremonien sowie Ihre Erfahrungen damit genau beschreiben. Außerdem enthält es die magischen Rezepturen für Heil-, Zauber- und Kräutertränke und die von Ihnen oder Ihrer Gruppe entwickelten Rituale und Zaubersprüche (die Ihnen schneller einfallen werden, als Sie es sich jetzt vielleicht vorstellen können). Auch Ihre prophetischen Träume können Sie darin festhalten.

Früher wurde dieses Buch beim Tod einer Hexe ihrer Tochter oder Enkelin übergeben, oder die Hohepriesterin der Gruppe nahm es in Verwahrung. Wenn keine Nachkommen da waren, verbrannte man das Buch, damit seine Geheimnisse gewahrt wurden.

Meißel

Mit einem Meißel werden magische Symbole, Runen, Namen und Zahlen auf die anderen Werkzeuge der Hexe sowie auf Metalle geritzt.

Kessel

Vom Hexenkessel hat wohl schon jeder einmal gehört. In allen einschlägigen Filmen ist er denn auch riesig und dient dazu, ein unheilschwangeres Gebräu zusammenzukochen.

Die Wirklichkeit sieht freilich anders aus: Es handelt sich in Wahrheit um einen kleinen schwarzen Kessel aus (Guss-)

Eisen, der den Uterus der Göttin und Mutter symbolisiert, den Ort, aus dem das Leben hervorgeht. Im Kessel werden Heiltränke geköchelt, Kräuter abgekocht, Räucherwerk verbrannt etc. Mit seiner Hilfe wird auch geweissagt, vor allem an Halloween. In dieser Nacht wird der mit Wasser gefüllte Kessel zum Zauberspiegel der Hexe.

Zeremonialstab (oder -schwert)

Der Säbel (bzw. das Schwert) repräsentiert das Element Feuer. Er symbolisiert auch die Macht der Hexe. In manchen Traditionen diente der Säbel dazu, den magischen Kreis zu zeichnen und wieder aufzuheben oder die magische Energie zu bewahren.

Kelch

Der heilige Kelch steht für das Element Luft. Bei Ritualen und Feierlichkeiten enthält er das Wasser oder den Wein, die der Göttin geweiht sind und von der Hohepriesterin getrunken werden, das heißt, der Person, die das Ritual ausführt.

Traditionell ist der Kelch aus Silber und mit magischen Symbolen und Runen verziert (hier kommt der Meißel zum Einsatz, mit dem Sie die erforderlichen Symbole eingravieren können). Heutzutage wird manchmal ein Kelch aus Messing oder anderen Metallen verwendet, auch aus Kristall oder Glas. Die Fachleute für Magie behaupten, dass dies eine Frage des persönlichen Geschmacks ist. Der Kelch sollte natürlich nicht Ihr Trinkgefäß für den Alltag, sondern ausschließlich für den rituellen Gebrauch reserviert sein.

Pentagramm

Das Pentagramm (siehe auch Seite 173) ist eine flache Scheibe aus Holz, Wachs, Metall oder Ton, auf der das mystische Symbol des fünfspitzigen Sterns (Drudenfuß) eingraviert oder aufgezeichnet ist. Es repräsentiert das Element Erde und die weibliche Energie.

Bei Weiheritualen platziert man die Gegenstände, die geweiht werden sollen, etwa Amulette (siehe Seite 169), Kräuter oder Kristalle, auf dem Pentagramm. Dieses unverzichtbare Werkzeug bleibt ständig auf dem Altar.

Stab

Der Zauberstab wird aus dem dünnen Ast eines Baums hergestellt; er repräsentiert das Element Feuer und symbolisiert die Kraft, die Überzeugung, den Willen und die Macht der Hexe. Bei magischen Zeremonien steht er für das Element Luft.

Der Zauberstab ist traditionell etwa 50 Zentimeter lang und muss von der Hexe aus einem Zweig gefertigt werden, den sie mit feinem Sandpapier langsam abschmirgelt. Mit dem Stab werden magische Symbole auf den Boden oder in die Luft gezeichnet, die Energien gelenkt und die magischen Tränke im Kessel umgerührt.

Je nach dem verfolgten Zweck verwendet man zur Herstellung eines Zauberstabs unterschiedliche Holzsorten:

- *Birke* für Heilungsrituale und weiße Magie,
- *Hasel* für weißmagische Rituale,
- *Eiche* für druidische Rituale und Sonnenmagie,

- *Weide* für Mondrituale und
- *Eberesche* für Schutzrituale

Schale

Dieses Symbol der Erde muss aus Kupfer oder Ton sein und
Salz, Reis oder Getreide enthalten. Auf dem magischen Kreis
ist ihr Platz im Norden.

Räucherstäbchenhalter

Der Räucherstäbchenhalter symbolisiert die Luft, ist aus
Bronze oder Messing und im magischen Kreis im Osten po-
sitioniert. Sie können auch ein Weihrauchfass verwenden,
um Ihr Räucherwerk zu verbrennen; dazu gibt es im Handel
spezielle Holzkohletabletten.

Besen

Jedes Kind kennt das Bild der Hexe, die auf ihrem Besen durch
die Luft reitet. Es stammt offenbar aus vorchristlicher Zeit.
In Wirklichkeit wird der Besen vor allem dazu verwendet,
Unreinheiten und böse Kräfte aus dem magischen Kreis her-
auszufegen.

Kerze

Wenn wir an Magie denken, sehen wir unweigerlich eine
Kerze vor uns – zu Recht, denn sie ist ein zentrales Element
weißmagischer Rituale. Sie verkörpert Wärme und Reinheit
und erzeugt eine gedämpfte, friedliche und romantische At-

mosphäre. Denken Sie daran, dass Magie und elektrisches Licht nicht zusammenpassen.

Spiegel

Er spielt in der weißen Magie eine wichtige Rolle. Seine Wirksamkeit steht außer Frage, und da außerdem seine Handhabung sehr einfach ist, freunden angehende Magier sich schnell mit ihm an. Verhängen Sie ihn mit schwarzem Samt, wenn Sie nicht mit ihm arbeiten.

Federkiel

Mit dem Federkiel notieren Sie Ihre Ausflüge in die Welt der weißen Magie. Traditionell handelt es sich um eine echte Feder, die in Tinte getaucht wird und auch Ihre Pentagramme aufzeichnet. Allerdings verwenden immer mehr moderne Hexen einen einfachen Kugelschreiber!

Flakon

Der Flakon wird auch als »Krug« bezeichnet und enthält die Heil- und Zaubertränke.

»Arbeitswerkzeug« und Kleidung weihen

Die Requisiten auf Ihrem Alltagsaltar brauchen Sie nicht besonders zu weihen; sobald Sie das Räucherwerk oder die Kerze anzünden, das Wasser oder das Salz erneuern, werden diese Utensilien aufgrund des ihnen innewohnenden

Charakters der Göttin und den von ihnen verkörperten Elementen sozusagen »automatisch« geweiht.

Alle anderen Gerätschaften jedoch, die Sie für Ihre Rituale brauchen, müssen Sie weihen.

Vergewissern Sie sich dazu als Erstes, dass Sie alle zu weihenden Gegenstände auf Ihrem Altar parat haben. Wenn Sie einen vergessen, müssen Sie ihn ein anderes Mal weihen, denn sobald Sie mit dem Weiheritual angefangen haben, dürfen Sie Ihren »Arbeitsplatz« nicht mehr verlassen. Das ist eine einfache Regel, die aber strikt befolgt werden muss.

Nehmen Sie den Gegenstand, den Sie weihen wollen, in die Hände, heben Sie ihn über Ihren Kopf, um ihn den Göttern und Göttinnen zu präsentieren, die Sie ehren wollen (wenn Sie sich nicht dafür entschieden haben, können Sie die Gegenstände den Archetypen weihen, das heißt der Großen Erdgöttin und ihrem Gefährten). Gehen Sie dann nacheinander die Elemente durch: Streuen Sie etwas Salz über den Gegenstand und sprechen Sie dabei die magischen Worte:

>*Ich weihe diesen Gegenstand* [sagen Sie seinen Namen]
mit dem Salz der Erde.«

Besprengen Sie dann den Gegenstand mit Wasser und sagen Sie:

>*Ich weihe diesen Gegenstand
mit dem Wasser des Himmels und der Flüsse.*«

Als Nächstes ist das Element Feuer an der Reihe; bringen Sie den Gegenstand in die Nähe der Flamme, ohne sie zu berühren (und sich zu verbrennen), und sprechen Sie die Zauberformel:

»Ich weihe dieses Werkzeug mit heiligem Feuer.«

Jetzt fehlt nur noch das Räucherwerk; halten Sie den Gegenstand über den Rauch und sagen Sie dabei:

»Ich weihe dieses Werkzeug mit wohlriechender Luft.«

Wie Sie sehen, ist das Ganze sehr einfach. Wichtig ist allerdings, dass Sie sich auf den heiligen Charakter Ihrer Gesten konzentrieren: Sie sind uralt, mehrere tausend Jahre. Denken Sie an all die Menschen, die diese Gesten vor Ihnen ausgeführt haben, und spüren Sie Ihre Gegenwart und Liebe.

Vergessen Sie bei solchen Übungen nie, dass Sie in einer sehr alten Tradition stehen. Nicht unbedingt beim ersten Mal, aber im Lauf der Zeit mit zunehmender Erfahrung müssten Sie die Energie der verflossenen Jahrhunderte spüren, genauso wie das Wohlwollen all der Menschen, die an dieser heiligen Energie teilhatten und -haben.

Der magische Kreis

Basis jedes Rituals und jeder Feier ist der magische Kreis (siehe auch Seite 113). Wenn Sie ihn ziehen, erzeugen Sie ein magisches Umfeld, in dem die positiven Energien sich konzentrieren können, sodass sie sich nicht in alle Richtungen zerstreuen.

Durch den Kreis entsteht so etwas wie eine Energieblase, die den enthaltenen Raum völlig umhüllt; sie ist den Energiefeldern vergleichbar, die in den »Star-Trek«-Filmen präsentiert werden. Sie können sich diese Energie als blassblaues

Licht vorstellen, das Ihr Heiligtum bzw. Ihren Altar vollständig umgibt.

Die Größe des Kreises hängt von der Anzahl der Personen ab, die in ihn hineinpassen sollen. Weil der Kreis während des Rituals möglichst nicht durchbrochen werden darf, sollte er so groß sein, dass die Anwesenden sich ungehindert in ihm bewegen können; wenn Sie allein sind, reicht ein Kreis mit einem Durchmesser von 1,80 bis 2,75 Metern völlig aus.

Zeichnen Sie den Kreis beim allerersten Mal mit Ihrem Finger, denn Ihr Messer und Ihr Schwert sind ja noch nicht geweiht. Schreiten Sie den Kreis dreimal ab und stellen Sie sich dabei vor, wie zwischen Ihnen und dem Rest Ihres Hauses ein blaues Licht entsteht. Im Moment brauchen Sie nichts zu sagen; bestimmen Sie lediglich die Ausdehnung des Kreises.

Nachdem Sie dreimal die Runde gemacht haben, stellen Sie sich vor Ihren Altar; nehmen Sie das Schälchen mit Salz in die Hände und gehen Sie an den Kreispunkt, der im Norden liegt.

Schreiten Sie von dort aus den Kreis noch einmal ab und sprechen Sie dabei die magischen Worte:

»Ich weihe diesen Kreis mit dem Salz der Erde.«

Kehren Sie zum Altar zurück, nehmen Sie das Gefäß mit Wasser, gehen Sie zum östlichen Kreispunkt und von dort aus wieder den Kreis ab. Diesmal sagen Sie:

»Ich weihe diesen Kreis mit dem Wasser
des Himmels und der Flüsse.«

Wenn Sie zum Altar zurückgekehrt sind, zünden Sie die Kerze an; begeben Sie sich zum südlichen Kreispunkt, und während Sie die Runde drehen, sagen Sie:

»Ich weihe diesen Kreis mit heiligem Feuer.«

Nach der Rückkehr vor den Altar zünden Sie das Räucherwerk an; wenn Sie dann vom nördlichen Kreispunkt aus die Strecke ein letztes Mal abschreiten, sprechen Sie die magische Formel:

»Ich weihe diesen Kreis mit wohlriechender Luft.«

Das war schon alles! Sie haben Ihren ersten magischen Kreis aufgebaut und ein günstiges Umfeld geschaffen, in das keine negative Energie eindringen und Sie berühren kann.

Wenn Sie bei der Durchführung dieser Rituale zu mehreren sind und ein Mitglied der Gruppe besonders negativ ist, wird es nicht lange im Kreis bleiben können, sondern diesen verlassen müssen. Wenn so etwas geschieht, brauchen Sie den Kreis nur symbolisch zu zerschneiden, damit der oder die Betreffende herausgehen kann; schließen Sie ihn dann wieder mit Ihrer Hand. Stellen Sie sich vor, die Kreislinie wäre ein riesiger Reißverschluss!

Den Kreis aufheben

Wenn Sie das Ritual beendet haben, müssen Sie den magischen Kreis aufheben bzw. ihn, wie es in der Sprache der Magie heißt, »bannen« (siehe auch Seite 116). Das ist eine

Frage der Etikette, des Respekts gegenüber der kosmischen Energie. Wenn diese im Kreis gefangen bleibt und sich ungelenkt ziellos hin und her bewegt, nutzt sie sich ab; schicken Sie sie stattdessen respektvoll in den Kosmos zurück und danken Sie den Elementen und dem Universum für ihre Gaben.

Nehmen Sie sich also ein paar Augenblicke Zeit, um den anwesenden Kräften zu danken, gehen Sie langsam die Kreislinie ab und sagen Sie dabei:

»Ich danke dem Universum für diesen Kreis,
ich schicke die Energie zu ihrem Ursprungsort zurück,
alles ist jetzt wie zuvor.«

Kapitel 4

• • • •

Räucherwerk und Kerzen

Räucherstoffe und ihre Wirkung

Räucherwerk wird oft nur verwendet, damit die Wohnung gut riecht bzw. unangenehme Ausdünstungen kaschiert werden, die etwa durch Hund und Katze oder das Kochen entstanden sind. Für solche Fälle gibt es jedoch angemessenere Lösungen, sodass Sie für das Ritual einen milderen Räucherstoff verbrennen können, von dem Sie wirklich profitieren.

Denn Räucherwerk ist ursprünglich ein »Werkzeug«, das Körper und Geist positiv beeinflusst; es »verfrachtet« uns auf eine höhere Schwingungsebene und befreit den Geist. Aber dazu müssen wir wissen, wie die verschiedenen Räuchersubstanzen auf unsere Sinne wirken.

Während der rationale Aspekt unseres Wesens sich damit zufrieden gibt, den Geruch zu mögen und von ihm zu profitieren, registriert unser Gehirn ihn, kramt aus dem Gedächtnis ähnliche Referenzpunkte hervor und aktiviert das Unterbewusstsein. Wenn der verwendete Räucherstoff sich für unser Vorhaben eignet, werden bestimmte Aspekte unseres Ichs sensibler und aufnahmebereiter, auch wenn es uns gar nicht bewusst wird.

Deshalb ist es ganz wichtig, dass die verwendete Räuchersubstanz unser Ziel unterstützt und nicht unterminiert. Kenntnisse über die Wirkung der verschiedenen Räucherstoffe sind also unerlässlich. Kaum jemand weiß zum Beispiel, dass Räucherwerk auf der Basis von Sandel-, Zedern- und Kiefernbzw. Nadelhölzern generell vor allem aphrodisisch wirkt; dass Räucherwerk, dessen Ausgangsmaterial Zitrusfrüchte (Zitronen, Orangen, Grapefruits) und Vanille sind, in der Regel den Appetit anregen. Ersteres werden wir deshalb nur bei bestimmten Gelegenheiten verwenden, zum Beispiel wenn wir mit unserem Liebsten zusammen sind; Letztere werden wir meiden, wenn wir eine Diät machen oder fasten.

Unwissenheit ist nur dann ein Übel, wenn man nicht bereit ist, etwas dazuzulernen. In diesem Sinne liste ich nachstehend die wichtigsten Räuchersubstanzen und ihre Wirkung auf Körper und Geist auf (zunächst die, die einen günstigen Einfluss auf die Meditation und also die Kommunikation mit Geistern, unserem Schutzengel und anderen immateriellen Wesenheiten haben):

- *Jasmin* stimmt sanft, macht ruhig und friedlich, es eignet sich sehr gut zum Meditieren.
- *Lavendel* beseitigt negative Schwingungen, entspannt das Nervensystem und beruhigt.
- *Linde* beseitigt von der Umwelt ausgehende negative Gedanken und begünstigt spezielle Anliegen.
- *Sandelholz* weckt Liebe und Freude, schärft die Sinne. Es wirkt aphrodisisch.
- *Zeder, Kiefer und andere Nadelhölzer* bringen Ruhe und Frieden, schärfen die Sinne, wirken aphrodisisch.
- *Rose:* Die meisten Räucherstoffe auf Rosenbasis (es gibt über 200 Sorten dieser Pflanze!) fördern den Wohlstand.

Viele Firmen vertreiben Räucherwerk, das oft aber nur mit chemischen Düften angereichert wurde; ihr Einfluss auf unsere Sinne ist begrenzt. Achten Sie deshalb beim Kauf auf den Hinweis »naturrein« oder »natürlich«.

- *Weihrauch* begünstigt das klare Denken; er beseitigt Negatives und befördert ausgesandte Gedanken weiter.
- *Benzoe* beruhigt den Geist und reinigt, wirkt antiseptisch.
- *Kopalharz* wird zur Begrüßung geräuchert; es hat eine tröstende Wirkung.
- *Myrrhe* verbessert die Rezeptivität sowie die Beziehungen zur Umwelt und fördert die Durchblutung.
- *Fichte* wirkt aphrodisisch, begünstigt aber auch die Konzentration.

Nachstehend nun die Wirkung einiger Räucherstäbchen, die von der amerikanischen Firma Blue Pearl (www.bluepearl-world.com) vertrieben werden.

- *Silver Lotus* begünstigt die universelle Liebe und die Bewusstwerdung. Wird oft für Initiationen und wichtige Rituale verwendet.
- *Champa* eignet sich sehr gut zum Meditieren und zur Entspannung; es öffnet den Zugang zur höchsten Quelle.
- *Henna* macht gelassen, führt zur Wahrheit und prädisponiert zu innerer Ruhe.
- *Majmua* erlaubt den Kontakt mit göttlichen Kräften. Es ist sehr gut für jeden, der mit den Engeln kommunizieren will.
- *Shrinagar* ist günstig, um die Wahrheit zu finden.

Räucherbündel haben ebenfalls eine sehr gute Qualität. Räucherstäbchen sind einfach anzuwenden und besser als Räucherkegel, die im Allgemeinen zwar teurer, aber qualitativ weniger gut sind.

Achten Sie vor allem darauf, dass die Substanzen natürlich sind; lassen Sie die Finger von chemischen Düften und Parfümimitationen.

Kerzen: Farben und Wirkungen

Das Anzünden und Brennenlassen einer Kerze ist wahrscheinlich das einfachste und am leichtesten durchzuführende Ritual überhaupt. Es reicht, wenn Sie eine Kerze anzünden und sich auf einen Wunsch oder ein Anliegen konzentrieren. Die ab der nächsten Seite aufgelisteten Entsprechungen zeigen Ihnen, wie Sie am besten vorgehen (siehe auch Kapitel 12 im »Zweiten Buch«).

Die Art der Kerze

Für magische Rituale sind alle Arten von Kerzen geeignet. Preisgünstige handelsübliche Kerzen führen zum selben Ergebnis wie teure handgemachte. Es ist eine Frage des Geschmacks – und der finanziellen Mittel. Gleiches gilt für die Art des verwendeten Wachses.

Ein bisschen anders verhält es sich, wenn Sie Ihre Kerzen selbst herstellen. Bei diesem Vorgang, der mehrere Stunden dauert, können Sie die Kerzen mit mehr Energie aufladen, was so zu einem eigenständigen Ritual wird. Wenn Sie die

Zeit und das Talent haben, ist dagegen nichts einzuwenden; notwendig ist es nicht.

Wenn Sie bei einem Ritual eine Kerze anzünden, brauchen Sie nicht bewegungslos vor ihr zu warten, bis sie ganz heruntergebrannt ist. Falls nicht anders angegeben, reicht es, wenn Sie die Kerze anzünden, Ihr Gebet oder Ihren Zauberspruch sprechen und sich etwa 10 Minuten auf Ihren Wunsch konzentrieren. Denken Sie daran, negative Gedanken gleich wieder wegzuschicken, wenn sie auftauchen. Danken Sie der Göttin oder der spirituellen Wesenheit für ihre Hilfe und lassen Sie die Kerze langsam herunterbrennen.

Einige Ratschläge

- Stellen Sie die Kerze fest in einen Kerzenständer und diesen in die Mitte eines Tellers. Dann bleibt die Kerze, falls sie umfallen sollte, auf dem Teller, und es besteht nicht die Gefahr, dass sie irgendetwas in Brand setzt.
- Sie können Dauerbrenner verwenden, die Sie in einen kleinen Glasbehälter stellen; sie sind ohne weiteres geeignet und in punkto Sicherheit optimal.
- Achten Sie darauf, dass die Kerze nicht in einem Luftzug oder in der Nähe von Vorhängen und Wandbehängen steht.
- Stellen Sie die angezündete Kerze so auf, dass Kinder und Haustiere sie nicht erreichen können.
- Lassen Sie nie eine Kerze brennen, wenn Sie den Raum oder das Haus verlassen.
- Bewahren Sie die Kerzen an einem kühlen Ort auf, damit sie nicht durch Wärme verformt werden. Es soll sogar Leute geben, die sie im Kühlschrank lagern!

Kurzrituale: Entsprechungen und Einflüsse nach Wochentagen

- *Der Sonntag* wird von der Sonne regiert; er ist günstig, um Wohlstand zu mehren, negative Einflüsse zu vertreiben und Heilungsprozesse zu fördern.
- *Am Montag* herrscht der Mond. Dieser Tag ist günstig für alles, was mit Landwirtschaft, Gartenbau, Haustieren, Fruchtbarkeit und Versöhnung zu tun hat.
- *Dienstag:* Herrscher des Dienstags ist Mars; Themen sind Mut und körperliche Kraft. Der Tag ist günstig, um eine Pechsträhne zu beenden oder eine Verwünschung bzw. andere unheilvolle Einflüsse loszuwerden.
- *Über den Mittwoch* gebietet Merkur, der für Kommunikation, Wissen und alles Schriftliche »zuständig« ist. Der Mittwoch ist günstig für die Verbesserung hellsichtiger Fähigkeiten und Finanzgeschäfte.
- *Der Donnerstag* steht unter der Herrschaft Jupiters; Themen sind das Glück, die männliche Fruchtbarkeit und juristische Angelegenheiten. Donnerstage sind günstig, um das Glück auf seine Seite zu ziehen und Reichtum zu erwerben.
- *Der Freitag* wird von Venus regiert, die über die Gefühle und körperliche Schönheit gebietet. Der Tag ist somit günstig, um Liebe anzuziehen, sexuelle Probleme zu lösen, freundschaftliche Bande zu verstärken und dauerhafte Bindungen zu fördern.
- *Am Samstag* herrscht Saturn, weswegen dieser Tag günstig für die Kommunikation mit den Geistern, die Meditation, die Verteidigung gegen mediale Angriffe und die Lokalisierung verlorener Gegenstände ist.

Die Farben und ihre Wirkung

- *Silber* neutralisiert schädliche Einflüsse. Es fördert Ihr diplomatisches Geschick und zieht den wohlwollenden Blick der Götter an.
- *Weiß* ist die Farbe für Weihe- und Widmungsrituale, das Weissagen und Hellsehen. Sie verbessert die medialen Fähigkeiten.
- *Braun* hilft beim Lokalisieren verlorener Gegenstände; es fördert die Konzentrationsfähigkeit und begünstigt die Telepathie. Es bietet Haustieren Schutz.
- *Grau* neutralisiert negative Einflüsse.
- *Gelb* stärkt das Selbstvertrauen, vermehrt den Charme und die persönliche Anziehungskraft. Die Farbe weckt verborgene Fähigkeiten.
- *Schwarz* vertreibt negative Einflüsse, bannt den bösen Blick (siehe auch Seite 170) und vertreibt böse Geister. Es ist die Farbe für alle Bannrituale.
- *Gold* zieht positive kosmische Einflüsse an und ist bei Ritualen für Sonnengottheiten gut geeignet.
- *Orange* aktiviert die Energie. Es ist die Farbe der Liebe, Weiblichkeit und Freundschaft.
- *Rot* eignet sich für Fruchtbarkeits- und Liebesrituale. Es steht für Leidenschaft, körperliche Kraft und Mut. Rot stärkt die Willenskraft.
- *Grün* ist die Farbe der Fruchtbarkeit, des Erfolgs und des Ehrgeizes im positiven Sinne. Mit der Heilung, glückliche Zufälle, Wohlstand und Geld assoziiert. Grün neutralisiert die Folgen von Neid und Geiz; es trägt ferner dazu bei, Eifersucht in den Griff zu bekommen bzw. abzustellen.

- *Violett* erhöht das mediale Potenzial. Die Farbe symbolisiert Heilung und persönliche Macht. Sie trägt dazu bei, unabhängig zu werden oder zu bleiben; und sie schützt das nähere Umfeld.

II.

Rezepte und Rituale

Das Schicksal,
das Sie sich wünschen,
die Zutaten, die Sie brauchen,
das Geheimnis der Rituale

Kapitel 5

• • • •

Mondrituale

Die Bedeutung des Mondes

Der Mond spielt bei allen magischen Ritualen eine wichtige Rolle. Aber auch für unser alltägliches Leben hat er eine zentrale Bedeutung, selbst wenn uns das manchmal nicht so ganz klar ist.

Die Magie versucht nicht, unter dem einen oder anderen Vorwand seinen Einfluss zu leugnen. Im Gegenteil, sie setzt vielmehr alles daran, seine Möglichkeiten maximal zu nutzen. Deshalb muss bei der Planung aller Rituale der Mondzyklus berücksichtigt werden. Dabei gibt es einige einfache Grundregeln.

So ist die Wirkung eines Rituals, das den Wohlstand mehren, Liebe anziehen oder uns verführerisch machen soll, bei zunehmendem Mond sehr viel stärker, das heißt zwischen Neumond und Vollmond; ein Ritual, bei dem etwas vermindert werden soll, etwa Ihr Gewicht oder eine schlechte Gewohnheit, hat mehr Effekt, wenn Sie es bei abnehmendem Mond durchführen, das heißt zwischen Vollmond und Neumond.

Die Vollmondnacht selbst ist der beste Zeitpunkt für den Abschluss mehrtägiger Wohlstandsrituale.

Nicht empfehlenswert ist die Durchführung von Ritualen in mondlosen Nächten; sie werden im Allgemeinen mit der schwarzen Magie in Verbindung gebracht, das heißt Aktionen, die destruktive Einflüsse wecken.

Ein Gesetz der Magie sollten Sie bei allem, was Sie tun, nie vergessen. Es lässt sich in dem folgenden Vierzeiler zusammenfassen:

> *Das Gute, das du tust,*
> *kommt dreifach dir zurück;*
> *das Böse, das du tust,*
> *wird dreifach dir angetan.*

Wenn Sie mit der Ausübung der Magie erst anfangen, werden Sie die folgenden Informationen sicher interessieren.

Entsprechungen zwischen Mondphasen und Ritualen

Die Stellung des Mondes besagt, welcher Zeitpunkt sich für ein bestimmtes Ritual am besten eignet.

Nachstehend nenne ich Ihnen die gängigsten und nützlichsten Entsprechungen. Verwenden Sie sie als Entscheidungshilfe bei Ihren Vorhaben, vor allem den am Schluss des Kapitels beschriebenen Ritualen. Wenn Sie sich an diese elementaren Empfehlungen halten, können Sie die Wirkung Ihrer Rituale verstärken.

• *Von Neumond bis Vollmond:* alle Heilungsrituale; positive, das heißt weiße Magie; Rituale für mehr Liebe, Wohlstand, Glück, sexuelles Verlangen, Reichtum.

- *Vollmond:* Rituale zur Verbesserung der medialen und außersinnlichen Fähigkeiten und zur Entfaltung der Spiritualität; günstig für die Anrufung der Mondgöttinnen und Geister, für Fruchtbarkeits- und Transformationsrituale sowie für prophetische Träume.
- *Abnehmender Mond:* alle Rituale mit dem Ziel, negative Einflüsse zu verbannen, Unglück abzuwenden, schlechte Gewohnheiten abzulegen, schlanker zu werden und Personen loszuwerden, die auf Ihr Leben einen unguten Einfluss haben.
- *Mondlose Nächte:* Weißmagische Rituale sind unwirksam. Es ist besser, an solchen Abenden keine Energien anzurufen.
- *Mond im Widder:* Rituale zur Stärkung der eigenen Autorität und Führungsposition. Früher rief man in dieser Phase die Kriegsgötter an.
- *Mond im Stier:* Rituale, die mit dem Kauf eines Hauses, dem Erwerb von Gütern, der Mehrung von Reichtum und Wohlstand zu tun haben.
- *Mond in den Zwillingen:* alle Rituale, die mit Kommunikation zu tun haben; günstig für Umzüge, Öffentlichkeitsarbeit und Schriftstellerei.
- *Mond im Krebs:* Rituale zu Ehren der Mondgottheiten; Schutzzauber für Haus und Hof, Hab und Gut; Anrufung der Familiengeister zur Förderung eines friedlichen Familienlebens.
- *Mond im Löwen:* Rituale zur Stärkung des gesellschaftlichen Status, für mehr Mut und männliche Fruchtbarkeit.
- *Mond in der Jungfrau:* Rituale mit dem Ziel, einen Arbeitsplatz zu finden, die intellektuellen Fähigkeiten zu vermehren und die Gesundheit zu verbessern.

- *Mond in der Waage:* Rituale für mehr Kreativität und Gerechtigkeitsgefühl, zur Beilegung von juristischen Konflikten und für spirituelles, karmisches oder emotionales Gleichgewicht.
- *Mond im Skorpion:* Rituale zur Beendigung sexueller Probleme, zur Beschleunigung der medialen Entwicklung und für den Erfolg tief greifender Veränderungen.
- *Mond im Schützen:* Rituale, die Reisen, Ortsveränderungen, sportliche Aktivitäten und das Erkennen der Wahrheit begünstigen sollen.
- *Mond im Steinbock:* Rituale mit dem Ziel, ehrgeiziger und/ oder anerkannt zu werden, die Karriere zu fördern; günstig für politische Aktivitäten.
- *Mond im Wassermann:* Rituale für mehr Kreativität und Kunstverstand; günstig für Freiheit, Freundschaft und den Bruch mit schädlichen Gewohnheiten.
- *Mond in den Fischen:* Rituale zur Förderung von Träumen, der Hellsichtigkeit und anderen außersinnlichen Fähigkeiten, der musikalischen und generell künstlerischen Aktivitäten.

Ausgewählte Rituale für einzelne Mondphasen

Eine schlechte Gewohnheit ablegen

Schreiben Sie beim Licht des abnehmenden Mondes auf ein Stück Papier, was Sie loswerden wollen (eine schlechte Gewohnheit, einen schlechten Einfluss etc.). Reißen Sie das Blatt einmal durch. Wiederholen Sie dies dreimal. Nehmen Sie die Papierschnipsel und vergraben Sie sie (wenn Sie in einer

Etagenwohnung leben, werfen Sie sie ins WC und betätigen die Spülung). Sprechen Sie dann diesen Bannspruch:

>*Ich bitte den abnehmenden Mond,*
mich von dem Übel, das mich quält, zu befreien,
Das, was mir schadete, ist jetzt
tief in der Erde begraben.«

Schutzritual

Legen Sie am Vorabend des Vollmonds ein silbernes Schmuck-stück in einen Kelch mit Wasser. Rühren Sie am nächsten Abend, dem Vollmond, das Wasser mit Ihrem Finger drei-mal im Uhrzeigersinn um. Nehmen Sie den Kelch in die Hände und gehen Sie im Zimmer dreimal im Uhrzeigersinn einen Kreis ab. Anschließend sprechen Sie die magischen Worte:

>*Licht des Mondes,*
hülle mich ein,
schütze mich
Tag und Nacht.«

Trinken Sie das Wasser und nehmen Sie das Schmuckstück aus dem Kelch. Damit der Schutz wirkt, müssen Sie es bis zum nächsten Vollmond tragen.

Führen Sie dieses Ritual jeden Monat aus.

Um im Traum die Zukunft zu sehen

Gehen Sie in einer Vollmondnacht mit einer weißen Rose in der Hand ins Freie. Nehmen Sie die Blüte zwischen Ihre bei-

den Hände, sodass das Mondlicht sie umspielt, und sagen
Sie dabei:

>*Wecke meine prophetischen Fähigkeiten.*«

Drücken Sie die Rose an Ihre Stirn und sagen Sie:

>*Durch die Kraft dieses Rituals.*«

Legen Sie die Rose vor dem Schlafengehen unter Ihr Kopfkissen.

Um eine Antwort auf Fragen zu erhalten

Bilden Sie am Vollmondabend mit dem Daumen und dem
Zeigefinger Ihrer »starken« Hand (rechts, wenn Sie Rechts-
händer sind, links, wenn Sie Linkshänder sind) einen Kreis.
Heben Sie den Arm, bis Sie durch den Kreis den Mond sehen
können, und flüstern Sie dann diesen Zauberspruch:

>*Guter Mond, runder Mond,*
>*Vollmond, der du mir erscheinst,*
>*lass mich in die Zukunft sehn.*«

Während Sie weiter den Mond betrachten, stellen Sie eine
Frage. Die Antwort wird nicht auf sich warten lassen.

Es gibt viele Rituale und Zaubersprüche, die man an den
Mond richten kann – der allen gegenteiligen Behauptungen
zum Trotz in unserem Leben eine wichtige Rolle spielt. Ehren wir ihn, dann werden wir auf ungeahnte Weise von seinem Einfluss profitieren.

Kapitel 6

• • • •

Rezepte und Rituale für die Liebe

Leidenschaft wecken (1)

Sie brauchen
- 2 Stoffherzen
- getrocknetes Eisenkraut
- einige Haare Ihres Wunschpartners
- einige Haare von sich
- 1 Nadel

Ritual
Fertigen Sie zwei kleine Stoffherzen an und stopfen Sie sie mit dem getrockneten Eisenkraut aus. Geben Sie in das eine Herz einige Haare von dem geliebten Menschen und in das andere einige Haare von Ihnen. Nähen Sie dann die Herzen zu. Drücken Sie das eine Herz gegen das andere und durchbohren Sie beide mit einer Nadel. Vergraben Sie die Herzen in einer Vollmondnacht am Fuß einer Eiche.

Leidenschaft wecken (2)

Sie brauchen
- 1 Schmuckstück mit Diamant
- 1 kleine Glasflasche
- Quellwasser
- 1 Getränk

Ritual
Legen Sie das Schmuckstück mit dem Diamanten (es kann ein ganz kleiner, auf Gold montierter Diamantsplitter sein) in eine lichtdurchlässige Flasche mit Quellwasser. Stellen Sie die Flasche 3 Tage in die Sonne. Nehmen Sie dann das Schmuckstück heraus und mischen Sie das nunmehr energetisch aufgeladene Wasser mit einem Getränk, das Sie dem Menschen servieren, dessen Leidenschaft Sie wecken wollen.

Jemanden verführen

Sie brauchen
- 1 Getränk
- wenige Tropfen Ihres Blutes
- 1 Stecknadel
- 1 Feuerzeug
- 1 Papiertaschentuch

Ritual
Hier ein einfaches Ritual für unerschrockene Zeitgenossen. Bieten Sie der Person, die Sie verführen wollen, ein Getränk

an, in das Sie 2 oder 3 Tropfen Ihres Blutes gemischt haben
(natürlich nur dann, wenn Sie hundertprozentig genau wissen, dass Sie an keiner Krankheit leiden, die dadurch übertragen werden könnte). Das Blut bekommen Sie folgender-
maßen: Sterilisieren Sie eine kleine Nadel, indem Sie sie über
der Flamme eines Feuerzeugs kurz erhitzen. Wischen Sie sie
dann an dem Taschentuch ab. Stechen Sie mit der Nadel vorsichtig in die Daumenkuppe und lassen Sie das Blut heraus-
tropfen.

Jemanden verliebt machen

Sie brauchen
- 1 Foto oder ein Bild eines Raubvogels
- 1 Foto oder ein Bild einer Schwalbe
- 1 kleines Sträußchen Majoran

Ritual
Wenn Sie wollen, dass sich jemand in Sie verliebt, der Ihnen
gleichgültig gegenübersteht, nehmen Sie die beiden Abbildungen und verbrennen Sie sie mit dem Majoransträußchen.
Stellen Sie die Asche 21 Nächte ins Mondlicht und werfen
Sie dann eine kleine Menge davon über das »Objekt« Ihrer
Leidenschaft. Rufen Sie es dabei laut beim Namen und fügen Sie leise für sich hinzu: *»Bei Scheva, ich will, dass du mich
liebst.«*

Liebe anziehen (1)

Sie brauchen
- 1 Blatt weißes Papier
- 1 Schere
- 1 kleine Schachtel aus Karton oder Holz
- 60 ml getrocknete Blütenblätter einer Rose
- 2 Stücke Rosenquarz
- 1 Fingerring
- 1 rosafarbene Kerze

Ritual
Um die Gegenstände mit Liebe aufzuladen, müssen Sie sich konzentrieren und sich zirka 5 Minuten lang vorstellen, wie die Liebe in Ihr Leben tritt.

Schneiden Sie aus dem Papier ein Herz aus, in das Sie zwei ineinander verschlungene Herzen malen, und deponieren Sie es in der Schachtel. Drücken Sie die Rosenblätter 1 Minute lang an Ihr Herz und legen Sie sie ebenfalls in die Schachtel.

Laden Sie die Rosenquarzstücke mit Liebe auf, indem Sie sie über der Schachtel in den Händen halten und dann hineinlegen. Nehmen Sie den Ring in die Hände und sprechen Sie dabei drei Mal die magische Formel:

»Symbol der Liebe, schick mir Liebe.«

Legen Sie den Ring dann vorsichtig in die Schachtel. Laden Sie die Kerze mit Liebe auf und stellen Sie sie links von der Schachtel auf. Zünden Sie sie an und lassen Sie sie exakt

13 Minuten brennen. Malen Sie sich dabei aus, wie die Liebe in Ihr Leben Einzug hält. Löschen Sie die Kerze und verschließen Sie die Schachtel mit dem Deckel.

Wiederholen Sie das Ritual jeden Abend, bis die Kerze ganz heruntergebrannt ist. Nehmen Sie dann den Ring aus der Schachtel und tragen Sie ihn (oder bewahren Sie ihn an einem sicheren Ort auf). Vergraben Sie die Schachtel mit dem restlichen Inhalt. Die Liebe wird nicht auf sich warten lassen.

Liebe anziehen (2)

Sie brauchen
- eine Substanz vom Körper des geliebten Menschen (am besten Haare, möglich sind aber auch Fingernägelschnipsel etc.)
- dieselbe Substanz von Ihrem Körper
- 1 rotes Band

Ritual
Nehmen Sie die Substanz vom Körper des geliebten Menschen und geben Sie dieselbe Substanz von Ihrem Körper dazu. Schreiben Sie mit Ihrem Blut (oder wenn Sie welches von ihm haben sollten, mit seinem Blut) Ihrer beider Namen auf das rote Band. Wickeln Sie die Substanzen in das Band ein und verknoten Sie es so, dass die Namen hintereinander lesbar sind. Tragen Sie dieses Päckchen 3 Tage unter Ihrer Achselhöhle und verbrennen Sie es dann.

Liebe anziehen (3)

Sie brauchen
- 1 kleine Glasflasche
- Quellwasser
- 1 kühles Getränk

Ritual
Stellen Sie die Glasflasche mit dem Quellwasser 3 Vollmondnächte lang in den Mondschein. Bewahren Sie die Flasche zwischendurch an einem dunklen Ort auf. Vermischen Sie dann das von den Mondstrahlen aufgeladene Wasser mit einem kühlen Getränk, das Sie dem Menschen anbieten, von dem Sie geliebt werden wollen.

Liebe anziehen (4)

Sie brauchen
- 3 Haare Ihres Wunschpartners
- 3 eigene Haare
- 1 roten Wollfaden
- 3 Lorbeerblätter
- wenige Gramm Eisenkraut

Ritual
Binden Sie die Haare Ihres Wunschpartners und die eigenen mit dem roten Faden zusammen und sprechen Sie dabei die magische Formel:

»Ure igne Sancti spiriti renes nostros et cor nostrum Domine.«
(= »Herr, durchglühe uns Nieren und Herz
mit dem Feuer des Heiligen Geistes.«)

Verstecken Sie das Ganze an einem Ort, den der Mensch, der sich in Sie verlieben soll, oft aufsucht. Wenn das nicht möglich ist, verbrennen Sie die Haare an einem Freitag bei Mondschein, zusammen mit den Lorbeerblättern und dem Eisenkraut; konzentrieren Sie sich dabei auf Ihren Wunsch.

Liebe anziehen (5)

Sie brauchen
- 1 weiße Lilie
- Ambra

Ritual
Dieses Ritual muss in der Johannisnacht praktiziert werden, das heißt am 24. Juni. Kaufen Sie 5 Wochen vor diesem Datum eine weiße Lilie, die Sie trocknen lassen, zu feinem Pulver zerreiben und mit der Ambra vermischen. Geben Sie die Masse in ein Stoffbeutelchen, das Sie 9 Tage lang an einer Kordel um den Hals tragen, sodass es über Ihrem Herzen liegt. Bringen Sie das Pulver an Johanni in Kontakt mit der Haut des Menschen, der Sie lieben soll.

Liebe anziehen (6)

Sie brauchen
- 50 sehr kleine neue Stecknadeln
- 1 ganz kleine Zitrone, grün und hart
- 3 m weißes Band

Ritual
Stoßen Sie eine Stecknadel bis zum Kopf in die Spitze der Zitrone und eine Zweite in das andere Ende. Gehen Sie genauso mit den übrigen Nadeln vor, aber ordnen Sie sie so auf der Zitrone an, dass ein Kreuz entsteht. Sagen Sie dann mittags und um Mitternacht diese magischen Worte:

>»[Name Ihres Wunschpartners],
> *ich lasse dich nicht wachen und nicht schlafen,*
> *bis du zu mir kommst,*
> *ich lasse dich nicht trinken und nicht essen*
> *und nirgendwo zur Ruhe kommen,*
> *bis du zu mir kommst.«*

Anschließend fügen Sie hinzu:

>*»Diese magische Handlung führe ich aus, damit*
> [Name Ihres Wunschpartners]
> *durch die Kraft dieser Zitrone und der Liebe,*
> *die ich für ihn/sie habe, die ganze Welt außer mir vergisst.«*

Wiederholen Sie die Beschwörung sieben Mal und machen Sie dabei jedes Mal in die Mitte des Bandes einen Knoten.

Befestigen Sie die Zitrone an dem Band und tragen Sie sie an 7 aufeinander folgenden Tagen über Ihrem Herzen, ohne sie einen einzigen Augenblick abzunehmen.

Damit er/sie nur noch an Sie denkt

Sie brauchen
- 1 neuen Spiegel
- 1 kleinen schwarzen Schleier

Ritual
Kaufen Sie einen neuen Spiegel, den Sie, sobald Sie zu Hause sind, mit dem schwarzen Schleier bedecken. Ziehen Sie jeden Abend zur gleichen Zeit den Schleier vor dem Spiegel fort und stellen Sie die liebevollen Gesten, die Sie von Ihrem Zukünftigen erwarten, pantomimisch dar. Fangen Sie damit bei Neumond an und schenken Sie den Spiegel, der jetzt ein Zauberspiegel ist, nach 14 Tagen dem Mann oder der Frau Ihrer Träume.

Um den Partner lebenslang an sich zu binden

Sie brauchen
- 1 kleinen Glasflakon mit Quellwasser

Ritual
Halten Sie beim nächsten Liebesakt mit diesem Partner den Flakon mit Quellwasser in der linken Hand.

Konzentrieren Sie sich nicht auf den Sex, sondern nur auf

das Ziel, das Sie erreichen wollen: diesen Menschen für das ganze Leben an sich zu binden. Bieten Sie ihm nach dem Orgasmus ein Getränk an, in das Sie dieses aktivierte Wasser gemischt haben.

Damit Ihr Partner Ihnen treu bleibt

Sie brauchen
- wenige Tropfen eigenes Blut
- 1 Blatt Papier
- 3 Haare Ihres Partners
- 3 eigene Haare
- 1 roten Apfel
- 1 kleine Jutekordel
- 1 Gefrierbeutel

Ritual
Schreiben Sie mit einigen Tropfen Ihres Bluts Ihren Vor- und Nachnamen und den Vor- und Nachnamen des Menschen, der Ihnen treu sein soll, auf ein Stückchen weißes Papier. Auf ein anderes Stückchen Papier schreiben Sie das Wort »Scheva«.

Binden Sie die Papierstückchen mit den Haaren zusammen. Halbieren Sie den Apfel, entfernen Sie das Kerngehäuse und geben Sie an seine Stelle das Papier. Binden Sie die Apfelhälften mit der Jutekordel zusammen und legen Sie sie in den Gefrierbeutel. Schieben Sie diesen 1 Nacht lang unter das Kopfkissen des geliebten Menschen. Wiederholen Sie das Ritual jeden Monat.

Damit er/sie sich bei Ihnen meldet

Sie brauchen
- 1 Stift
- 1 Blatt Papier
- 1 Briefumschlag

Ritual
Schreiben Sie einen Brief an sich selbst und formulieren Sie ihn so, als würde der geliebte Mensch ihn abfassen; legen Sie den Brief in einen Umschlag, den Sie an sich selbst adressieren. Vergraben Sie ihn in einer Vollmondnacht am Fuß einer Eiche. Nach spätestens 21 Tagen wird der geliebte Mensch sich mit Ihnen in Verbindung setzen.

Um von einem lieben Menschen zu träumen

Sie brauchen
- 1 kleines Terrarium
- 1 kleine Schildkröte
- 3 Minzeblättchen
- 3 blaue Kerzen
- 1 Glöckchen

Ritual
Ziehen Sie einen Schutzkreis um Ihr Bett und stellen Sie ein geeignetes Glasbehältnis mit einer Schildkröte darunter; legen Sie die Minzeblättchen in Ihr Kopfkissen. Zünden Sie

die Kerzen an und lassen Sie sie 1 Stunde lang brennen. Blasen Sie sie dann aus, klingeln Sie mit dem Glöckchen und murmeln Sie neunmal nacheinander: »Orpheus, Orpheus, Orpheus.«

Damit Ihr Partner zurückkommt

Sie brauchen
- 1 rote Kerze
- kleine Stecknadeln

Ritual
Er/sie hat Sie verlassen, und jetzt wollen Sie, dass er/sie zu Ihnen zurückkommt? Gravieren Sie mit der Messerspitze den Namen des Partners in eine rote Kerze. Stecken Sie über jedem Buchstaben seines Vornamens eine kleine Stecknadel in die Kerze; zünden Sie dann die Kerze an und denken Sie liebevoll an den Menschen, der Sie verlassen hat. Jedes Mal, wenn die Flamme mit einer Nadel in Kontakt kommt, wird er sich an Sie erinnern, und nur einen Wunsch haben: zu Ihnen zurückzukommen.

Damit ein begehrter Mensch Ihnen seine Gunst schenkt

Sie brauchen
- 5 frische Lorbeerblätter
- 1 Tongefäß

Ritual
Schreiben Sie auf die Lorbeerblätter folgende Worte: *»Ecce quam bonum et quam iucundum.«* (= *»Siehe, wie fein und lieblich es ist.«) Ecce* auf das erste Lorbeerblatt, *quam* auf das zweite; *bonum* auf das dritte, *et quam* auf das vierte und *iucundum* auf das fünfte.)

Geben Sie die Blätter anschließend in das Tongefäß, gießen Sie so viel Öl dazu, dass sie bedeckt sind, und bringen Sie das Ganze zum Kochen. Reiben Sie mit der abgekühlten Substanz Ihr Gesicht ein und seien Sie sicher, dass Ihnen die erhoffte Gunst gewährt wird.

Den zukünftigen Geliebten im Traum sehen

Betrachten Sie den Mond, wenn er im ersten Viertel ist, und konzentrieren Sie sich einige Minuten: Wenn Ihre Gedanken zur Ruhe gekommen sind, wiederholen Sie dreimal:

> *»Mond, mein Guter, lass mich sehn,*
> *wie der aussieht, der mich bald*
> *heiß und innig lieben wird.«*

Wiederholen Sie dies an sieben aufeinander folgenden Abenden. In der siebenten Nacht werden Sie Ihren Zukünftigen im Traum sehen.

Eine Person des anderen Geschlechts anziehen

Sie brauchen

je 5 ml (1 Teelöffel) der folgenden Kräuter:

- Enzian
- Ringelblume
- Passionsblume
- Veilchen

Ritual

Geben Sie alle Kräuter in 1 Liter abgekochtes Wasser; lassen Sie sie 33 Minuten ziehen und seihen Sie sie dann ab. Werfen Sie die Kräuter fort und bewahren Sie das Wasser in einem (Einmach-)Glas auf, das Sie hermetisch verschließen.

Gießen Sie an 7 aufeinander folgenden Abenden die Menge, die einem halben Glas Wasser entspricht, in Ihr Badewasser.

Wenn Sie jemanden verführen wollen

Sie brauchen

- Quellwasser
- 1 Prise Rosmarin
- 10 ml (2 Teelöffel) schwarzen Tee
- 3 Prisen Thymian
- 3 Prisen Muskat
- 3 Blättchen frische Minze
- 6 frische Blütenblätter einer Rose
- 5 ml (1 Teelöffel) Zitronensaft

Ritual

Bringen Sie 3 Tassen Quellwasser zum Kochen und lassen Sie die angegebenen Kräuter rund 15 Minuten darin ziehen. Sprechen Sie dann an einem Freitag bei zunehmendem Mond oder Vollmond die folgenden magischen Worte:

> *»Beim Licht des zunehmenden Mondes*
> *lasse ich diesen Trank ziehen, damit* [Name] *mich begehrt.«*

Trinken Sie einige Schlucke und fahren Sie dann mit der Beschwörung fort:

> *»Liebesgöttin, hör mein Fleh'n,*
> *mach, dass* [Name] *mich begehrt.*
> *So soll es sein. – So soll es sein.«*

Wiederholen Sie dieses Ritual an drei Freitagen, dann müssten Ihre Verführungsversuche Erfolg gehabt haben. Aber aufgepasst: Vergewissern Sie sich vor dem Ritual, dass Ihr Wunschpartner frei ist, sonst könnte der Zauber für Sie schlimme Folgen haben.

Den idealen Partner finden

Sie brauchen
- 1 Stück Papier
- etwas Gartenerde
- 1 kleinen Tontopf
- einige Stiefmütterchensamen
- wenige Schnipsel von Ihren Fingernägeln

Ritual

Die Resultate dieses Rituals sind besser, wenn Sie es am Valentinstag (14. Februar), am Beltane-Tag (1. Mai), am Tag der Sommersonnenwende (21. Juni) und am Lammas-Tag (1. August) ausführen.

Schreiben Sie Ihren Namen auf das Stück Papier. Legen Sie es – idealerweise an einem der genannten Tage, aber auch jeder andere Tag ist möglich – in die Erde im Tontopf und säen Sie die Blumensamen darüber. Wässern Sie ausreichend, aber vorsichtig, und legen Sie die Nagelschnipsel auf die Erde. Wenn die ersten Blüten erscheinen – was ein paar Wochen dauern kann –, schneiden Sie an einem Vollmondabend eine Blüte ab; lassen Sie sie trocknen und zerreiben Sie sie zu einem Pulver, das Sie in einem kleinen Beutel aus roter Seide bei sich tragen.

Kapitel 7

• • • •

Andere Rezepte und Rituale

Die Sympathie
Ihrer Mitmenschen anziehen

Sie brauchen
- 4 Vogelfedern
- 7 Katzenhaare
- 1 kleinen Beutel aus grüner Seide

Ritual
Zerkleinern Sie die Federn und die Haare zu Pulver und geben Sie dieses in den Beutel aus grüner Seide. Tragen Sie ihn an einem Freitag im Frühling oder am Tag der Wintersonnenwende auf der linken Seite Ihres Oberkörpers in direktem Kontakt mit der Haut.

Wohlstand anziehen

Sie brauchen
- 5 1-Cent-Münzen
- 5 10-Cent-Münzen
- 5 1-Euro-Münzen

- 5 Maiskörner
- 5 Sesamsamen
- 25 ml (5 Teelöffel) Weizenvollkornmehl
- 1 kleines Glasgefäß mit Deckel.

Ritual
Geben Sie alle Zutaten in das Glasgefäß und schrauben Sie
den Deckel fest zu. Während Sie das Gefäß 5 Minuten lang
schütteln, wiederholen Sie den folgenden Zauberspruch:

>*»Samen und Silber,*
>*Kupfer und Körner,*
>*lasst den Wind sich drehn,*
>*mir Reichtum zuwehn.«*

Bewahren Sie das Glas auf einem Ess- oder Schreibtisch in
Ihrer Wohnung auf. Legen Sie, wenn Sie zu Hause sind, Ihre
Handtasche, Ihr Portemonnaie oder Ihr Scheckheft in seine
unmittelbare Nähe und lassen Sie den Wohlstand in Ihr Leben treten!

Schutz anziehen, negative Schwingungen vertreiben

Sie brauchen
- 45 ml (3 Esslöffel) Rosmarin
- 3 Lorbeerblätter
- 15 ml (1 Esslöffel) Basilikum
- 3 Gewürznelken
- 3 Zimtstangen oder 45 ml (3 Esslöffel) gemahlenen Zimt

Ritual

Vermischen Sie die Zutaten mit den Händen und geben Sie so viel Wasser zu, dass Sie alles mindestens 15 Minuten bei sehr schwacher Hitze vor sich hin köcheln lassen können – vorzugsweise in einem Glas- oder Tongefäß.

Bereiten Sie diesen Trank einmal wöchentlich zu; er wird Ihr Zuhause schützen und negative Schwingungen, die von außen kommen (unliebsame Verwandtschaft, Besucher etc.), fern halten.

Um Dinge zu sehen, die niemand sonst sehen kann

Sie brauchen
- einige Tropfen Speichel eines Katers
- einige Tropfen Fett eines weißen Huhns
- 1 kleines Stück Seide

Ritual

Vermischen Sie den Katzenspeichel mit dem Hühnerfett und streichen Sie die Substanz auf ein Stückchen Seide, das Sie sich in einer Vollmondnacht auf die Augen legen. Sie werden Dinge sehen, die niemand sonst sehen kann.

Wenn Sie erfahren wollen, wo ein Schatz vergraben ist

Sie brauchen
- 1 Brettchen aus Zypressenholz, etwa 7,5 mal 5 cm

Ritual
Gravieren Sie die nachstehende Zauberformel auf das Brettchen: »+ Alphis + Alphaus + «.

Legen Sie das Brettchen vor dem Schlafengehen unter Ihren Kopf; dann sehen Sie im Traum den Ort, an dem ein Schatz vergraben ist.

Damit jemand anders an Sie denkt

Sie brauchen
- 1 m Band (rot, wenn es um die Liebe geht; gelb, wenn gesellschaftlicher Erfolg Ihr Motiv ist; grün bei finanziellen oder beruflichen Angelegenheiten)

Ritual
Wenn Sie möchten, dass jemand anders an Sie denkt (aus Liebe, Freundschaft oder wegen eines Geschäfts), ziehen Sie sich, sobald Sie im Lauf des Tages 10 Minuten Zeit haben, aus dem allgemeinen Getriebe zurück und wickeln Sie das ganze Band um Ihren rechten Zeigefinger. Legen Sie ihn auf Ihr »Drittes Auge« (es befindet sich auf der Stirn genau zwischen den Augenbrauen) und konzentrieren Sie sich auf den Menschen, der an Sie denken soll. Sehen Sie ihn deutlich vor sich und befehlen Sie ihm im Geiste, an Sie zu denken. Ma-

chen Sie die Übung 5 Minuten lang (wie Sie sehen werden, ist sie schwieriger, als Sie denken). Räumen Sie dann das Band weg.

Wiederholen Sie dies mindestens eine Woche lang mehrmals täglich.

Freunde gewinnen

Sie brauchen
- 1 weiße Kerze
- rote Tinte
- 1 Stück pflanzliches Pergament
- 1 Hand voll feinen Sand
- 1 Gänsefeder

Ritual
Schreiben Sie bei Kerzenlicht mit roter Tinte den folgenden Zauberspruch auf das Pergament:

»Bitte, Mond, du bist so stark,
mach mir [Name des Betreffenden] *zum Freund.«*

Lassen Sie die Kerze ganz herunterbrennen und bewahren Sie das Pergament an einem sicheren Ort auf.

Eine Freundschaft fürs Leben besiegeln

Sie brauchen
- 1 sterilisierte Nadel
- 1 Räucherkegel mit Patschuli-Duft
- 1 Apfel

Ritual
Stechen Sie mit der Nadel vorsichtig in den Finger des Menschen, mit dem Sie ewige Freundschaft schließen wollen, und lassen Sie 2 oder 3 Tropfen Blut auf den Räucherkegel fallen. Sprechen Sie dann die magischen Worte:

>*Das Blut von* [Name Ihres Gegenübers],
>*die Freundschaft von* [wiederholen Sie den Namen].«

Lassen Sie anschließend 2 oder 3 Tropfen von Ihrem Blut auf den Räucherkegel fallen und sagen Sie:

>*Das Blut von* [nennen Sie Ihren Namen],
>*die Freundschaft von* [wiederholen Sie Ihren Namen].«

Zünden Sie den Räucherkegel an, führen Sie den Apfel dreimal durch den aufsteigenden Rauch und halbieren Sie ihn mit Ihrem Ritualmesser. Bieten Sie Ihrem Gegenüber die eine Hälfte an und essen Sie die andere.

Ihre Freundschaft wird ein Leben lang halten.

Streit beenden

Sie brauchen
- Fotos der Streitenden
- 1 Glas Honig
- 1 weißes Band

Ritual
Dieser Zauber wirkt bei Streitigkeiten, die Sie direkt oder indirekt, stark oder weniger stark betreffen.

Legen Sie die Fotos in das Glas mit Honig, verschließen Sie es gut und verschnüren Sie es mit dem weißen Band. Sprechen Sie dabei diese Beschwörung:

> *»Mögen* [Name des ersten Beteiligten]
> *und* [Name des zweiten Beteiligten] *ihr Gezänk vergessen.*
> *Mögen sie wieder zueinander finden und Frieden schließen.*
> *So soll es sein.«*

Die Vergangenheit loslassen

Sie brauchen
- 1 Gegenstand, der als Symbol für das dienen kann, was Sie loswerden wollen (ein Messer als Symbol für stürmische Diskussionen; ein leeres, weißes Blatt als Symbol für fehlende Kommunikation; die Abbildung einer Ameise als Symbol für etwas, das mit der Arbeit zu tun hat, etc. Alle Gegenstände sind geeignet, wenn Sie eine Verbindung zur Vergangenheit herstellen können.)

- 1 Tontopf
- 1 junge Rosen- oder Geranienpflanze
- etwas Gartenerde

Ritual
Legen Sie den Gegenstand morgens unmittelbar nach Sonnenaufgang in den Tontopf (wenn die Temperatur es erlaubt, können Sie ihn auch im Garten vergraben). Bedecken Sie ihn mit Erde und pflanzen Sie die Rose bzw. die Geranie darüber. Nach sieben Tagen wird die Vergangenheit Sie nicht mehr beschäftigen.

Um etwas in Erfahrung zu bringen

Sie brauchen
- 1 Spiegel
- 1 weiße Kerze
- Benzoe-Räucherwerk
- 2 Gläser Wein

Ritual
Wollen Sie etwas in Erfahrung bringen, was man Ihnen nicht gesagt hat, muss dieses Ritual am siebten Tag des Monats ausgeführt werden. Laden Sie den Menschen, von dem Sie glauben, dass er Ihnen etwas verheimlicht, zu sich ein. Bitten Sie ihn, vor Ihrem Spiegel Platz zu nehmen, und bieten Sie ihm unter irgendeinem Vorwand an, ihm den Nacken zu massieren. Zünden Sie die Kerze und das Räucherwerk an.

Während Sie den anderen massieren, bitten Sie ihn, ganz locker zu werden. Wenn Sie das Gefühl haben, dass er gut entspannt ist, stellen Sie ihm drei Fragen; sehen Sie dabei sein Gesicht im Spiegel an. Die ersten beiden Fragen sollten eher unverfänglich sein; beobachten Sie trotzdem im Spiegel, welches Gesicht der andere bei der Antwort macht. Flechten Sie dann die Frage ein, die Sie beschäftigt, wenn der andere die Wahrheit sagt, werden Sie es am Spiegelbild erkennen. Bieten Sie ihm anschließend ein Glas Wein an.

Negative oder lästige Menschen loswerden

Sie brauchen
- 1 Kerze
- 1 kleines Stück weißes Papier
- 1 weißen Briefumschlag
- 1 kleine Plastikdose
- Quellwasser

Ritual
Dieses Ritual muss bei abnehmendem Mond ausgeführt werden. – Schreiben Sie den Namen des Menschen, von dessen Anwesenheit oder Einfluss Sie sich befreien wollen, bei Kerzenlicht auf das Stück Papier; schieben Sie es in den Umschlag und kleben Sie ihn zu.

Legen Sie den Umschlag in die Plastikdose, füllen Sie sie mit Quellwasser und wiederholen Sie dabei dreimal:

>*Ich will, dass* [Name des Betreffenden]
>*aus meinem Leben verschwindet*
>*und aufhört, mich zu belästigen.*
>*Ich will, dass sein Einfluss in diesem Eis gefangen bleibt.«*

Stellen Sie die Plastikdose ins Gefrierfach Ihres Kühlschranks und sagen Sie dabei:

»Möge mein Wunsch Wirklichkeit werden.«

Nehmen Sie die Dose nach 3 Tagen aus dem Kühlschrank heraus und vergraben Sie sie – oder schütten Sie den Inhalt ins WC und betätigen Sie die Spülung.

Zur Verbesserung der Konzentration

Sie brauchen
- etwa 30 g frisches Eisenkraut
- Rosenöl
- unparfümierte Nachtcreme

Ritual
Bereiten sie 1 Liter Eisenkrauttee zu und trinken Sie davon 3 Tassen pro Tag (wenn Sie wollen, können Sie ihn mit Honig süßen). Reiben Sie sich abends vor dem Schlafengehen die Schläfen mit einer Lotion ein, die Sie aus 2 Tropfen Rosenöl und 15 ml (1 Esslöffel) Nachtcreme zusammengemixt haben. Wiederholen Sie dies 7 Abende lang.

Damit das Glück auf Ihrer Seite ist

Sie brauchen
- 1 grüne Kerze
- 1 Stück pflanzliches Pergament, 7 mal 7 cm

- 1 Gänsefeder und rote Tinte
- 1 grünen Seidenfaden, etwa 7 cm lang

Ritual
Schreiben Sie beim Licht der Kerze die folgenden magischen Worte auf das Pergament:

> *»Ich bitte Merkur, den Starken, bring mir das Glück,*
> *das ich brauche* [Sie können präzisieren,
> was genau Sie brauchen], *gib dem, was ich tue, Erfolg.«*

Rollen Sie das Pergament zusammen, wickeln Sie den grünen Seidenfaden darum und machen Sie einen Knoten. Tragen Sie die Rolle bei sich und denken Sie oft an das, was Sie sich wünschen.

Zur Verbesserung Ihrer Finanzlage

Sie brauchen
- Ysopöl
- 1 neutrales Räucherstäbchen
- 1 Stück grünen Stoff
- 1 m rotes Band
- 1 grüne Kerze
- 1 Geldschein

Ritual
Dieses Ritual muss bei zunehmendem Mond ausgeführt werden; optimal wäre ein Donnerstag (oder ein Samstag, wenn es um einen Vertrag geht).

Träufeln Sie etwas Ysopöl auf ein neutrales Räucherstäbchen und zünden Sie dieses an. Schneiden Sie 2 oder 3 Margeriten ab und legen Sie sie auf das grüne Stoffstück. Wickeln Sie das rote Band um Ihren rechten Ringfinger und drücken Sie ihn an Ihr Herz.

Konzentrieren Sie sich auf das, was Sie bekommen wollen, benetzen Sie dann die Kerze mit Ysopöl, und während Sie sie mit dem Geldschein anzünden, sprechen Sie die folgenden Zauberworte:

»Binnen einer Woche
nimmt das, was ich will und mir vorstelle,
Gestalt an.
Hindernisse gehen weg,
und von Stund' an
fließt das Geld mir zu.«

Um Geschenke zu erhalten

Sie brauchen
- 1 goldfarbene Kerze
- Benzoe-Öl
- etwas Zucker
- 1 Kerzenhalter
- 1 Perlenkollier (es kann auch eine Imitation sein)

Ritual
Benetzen Sie an einem Donnerstagabend vor dem Vollmond die Kerze mit dem Benzoe-Öl und rollen Sie sie über den Zucker. Warten Sie, bis er gut angetrocknet ist, und stellen

Sie die Kerze dann in den Kerzenhalter. Drapieren Sie das Kollier um den Kerzenhalter herum, zünden Sie die Kerze an und sprechen Sie den folgenden Zweizeiler:

»Die Leute mich schätzen, die Leute mich lieben,
und durch Geschenke sie's mir beweisen.«

Während die Kerze brennt, bis sie ausgeht, wiederholen Sie in regelmäßigen Abständen die obige Beschwörung.

Damit niemand sich über Sie lustig macht

Sie brauchen
- 1 Prise Salbei
- 1 Prise Meersalz
- 1 Prise Schutzpulver
- 1 schwarzes oder weißes Stoffbeutelchen

Ritual
Vermischen Sie die Zutaten und sagen Sie dabei:

»Ich weihe dieses Amulett,
damit es mich vor allen negativen Wesen schützt,
den sichtbaren genauso wie den unsichtbaren.«

Geben Sie die Mischung in ein Beutelchen aus schwarzem oder weißem Stoff und tragen Sie es ständig bei sich.

So erfahren Sie, ob jemand Sie verhext hat

Sie brauchen
- 1 Behältnis, das 1 l Flüssigkeit fasst
- 1 l Weihwasser
- 1 Foto von sich (oder der eventuell verhexten Person)

Ritual
Füllen Sie den Behälter mit Weihwasser und lassen Sie das Foto des Menschen hineingleiten, der unter Umständen Opfer eines bösen Zaubers ist. Wenn das Bild verblasst oder ganz verschwindet, handelt es sich tatsächlich um eine Verhexung.

Kapitel 8

• • • •

Traumkopfkissen, Zauberflaschen und Geldstücke

Jede Nacht träumen wir, was im Übrigen für unsere seelische Gesundheit unerlässlich ist. Durch Träume kommuniziert das Unterbewusstsein mit dem Bewusstsein. Dabei benutzt es die Sprache der Symbole – die, damit wir auf sie aufmerksam werden, manchmal ganz erstaunlich sind.

Auf diese Weise können Träume komplexe Probleme erhellen oder uns helfen, erschütternde bzw. belastende Erlebnisse zu verarbeiten. Das Unterbewusstsein weiß, wo unsere psychischen Grenzen liegen und wie viel unser Bewusstsein ertragen kann. Es verbirgt uns bestimmte Aspekte einer Situation so lange, bis wir sie verarbeiten können. Manchmal taucht ein Traum wochen- oder auch monatelang auf – bis wir ihn ganz verstehen.

Um unser Unterbewusstsein so zu programmieren, dass es sich an unseren Bedürfnissen und Wünschen orientiert, können wir spezielle Traumkopfkissen anfertigen.

Traumkopfkissen

Das Traumkopfkissen muss so groß sein, dass wir es bei Bedarf unter unser normales Kopfkissen schieben können; ansonsten sind seine Abmessungen nicht so wichtig. Entscheidend ist, dass unser Kopf auf ihm liegt, wenn wir schlafen, und der angenehme Duft der in ihm enthaltenen Kräuter oder Aromaöle uns umfängt. Das Kissen sollte auch nicht zu dick bzw. zu voll gestopft mit Kräutern sein, denn bei einem zu intensiven Duft können wir möglicherweise nicht mehr normal atmen.

Die Duftöle geben Sie am besten auf Wattestückchen, die sehr gut absorbieren. Die ideale Größe für das Traumkopfkissen beträgt etwa 30 mal 20 Zentimeter. Nehmen Sie Baumwolle oder Musselin für das Innenfutter, das in direktem Kontakt mit den Kräutern ist, und einen dickeren, waschbaren Stoff für den äußeren Bezug. Lassen Sie sich bei der Dosierung vor allem von Ihrer Nase leiten; vergessen Sie nicht, dass schon wenige Tropfen ätherisches Öl genügen, um Ihr Kopfkissen für Monate zu parfümieren:

- *Um sich an frühere Leben zu erinnern*, geben Sie einige Tropfen Fliederöl auf das Kopfkissen.
- *Ängste abbauen:* Parfümieren Sie das Kopfkissen mit wenigen Tropfen Bergamotteöl.
- *Damit Vergessenes Ihnen wieder einfällt*, legen Sie Gewürznelken in das Kopfkissen.
- *Gegen Depressionen* geben Sie Majoran ins Kopfkissen.
- *Kopfschmerzen lindern:* Geben Sie Rosmarin in das Kopfkissen.

- *Für einen gesunden, erholsamen Schlaf:* 75 ml (5 Esslöffel) Lavendel, 25 ml (5 Teelöffel) Baldrian und 75 ml (5 Esslöffel) Kamille ins Kopfkissen geben.
- *Wenn Sie von der Zukunft träumen wollen:* 75 ml (5 Esslöffel) Engelwurz, 75 ml (5 Esslöffel) Wermut und 5 Tropfen Jasminöl ins Kopfkissen geben.
- *Gegen Albträume:* 75 ml (5 Esslöffel) Zedernspäne (oder 5 kleine Zweiglein), 75 ml (5 Esslöffel) Johanniskraut und 5 Tropfen Hyazinthenöl ins Kopfkissen geben.

Die Magie der Zauberflaschen

Seit alters verwendet man zum Zaubern Behältnisse aus Ton, weil sie die magische Energie lange Zeit bewahren – sie eignen sich sozusagen für Langzeitzauber. Die alten Ägypter zum Beispiel deponierten in ihren Gräbern Amphoren, die die persönliche Habe des Verstorbenen und Nahrung für seine Seele enthielten. Obwohl die Amphoren im Lauf der Zeit durch Glasflaschen ersetzt worden sind, hat das Ritual nichts von seiner Kraft eingebüßt.

Diese Zauberhilfsmittel sind sehr praktisch, weil man die Flaschen leicht besorgen und unterbringen kann; wenn hier und da in der Wohnung eine Zauberflasche steht, kann das sogar dekorativ wirken und erinnert Sie außerdem daran, dass ein Zauber am Werk ist. Es handelt sich also um eine sehr amüsante und manchmal hübsche Art, alte Riten zu praktizieren, deren Wirksamkeit seit Jahrtausenden garantiert ist.

Aber aufgepasst, diese Form der Magie ist sehr subtil, und Sie müssen das Ihre dazutun. Die »Sorgenflaschen« zum

Beispiel können Ihre Probleme verkleinern und Ihnen helfen, wieder den Durchblick zu bekommen, aber sie können nicht verhindern, dass Sie sich alle möglichen Scherereien einhandeln, wenn Sie falsche Entscheidungen treffen. Das Gleiche gilt für die Neutralisierung eines bösen Zaubers: Alle Magie der Welt kann Ihnen nicht helfen, wenn Ihre Einstellung zum Leben nicht positiv ist und Sie negativ denken.

Beachten Sie bei allen magischen Aktivitäten auch, dass das Ergebnis direkt der Energie, der Konzentration und der Entschlossenheit entspricht, die Sie aufwenden. Wenn Sie nicht mit Ihrer ganzen Aufmerksamkeit bei der Sache sind, wenn Sie den Anweisungen nicht folgen oder das, was Sie tun, nicht glauben, werden die Resultate – wenn sie denn überhaupt zustande kommen – ziemlich dürftig sein.

Bevor Sie mit einer Zauberhandlung anfangen, sollten Sie alle ungelegenen Gedanken, alle Zweifel aus Ihrem Kopf verbannen. Lassen Sie die Hoffnung in sich wachsen, vertrauen Sie der Kraft Ihrer Vorstellungen; das ist die Voraussetzung, damit ein Zauber gelingt. Nichts hindert Sie, Ihre Zweifel und Sorgen später wieder vorzuholen, aber solange Sie ein Ritual ausführen, sollten Sie sie weit wegschicken.

Schutzzauber

Sie brauchen
- 45 ml (3 Esslöffel) Salz
- 3 Knoblauchzehen
- 3 Lorbeerblätter
- 3 Prisen Basilikum
- 3 Prisen getrockneten Fenchel
- 3 Prisen Salbei

- 3 Prisen Anis
- 3 Prisen schwarzen oder weißen Pfeffer
- 1 Glasflasche mit Korken oder Schraubverschluss

Ritual
Sprechen Sie bei jeder Zutat, die Sie in die Flasche geben, die folgenden magischen Worte:

> *»Schützendes Salz* [Knoblauch usw.],
> *behüte mein Haus*
> *und alles, was drinnen ist.«*

Schütteln Sie die Flasche kräftig durch, sodass der Inhalt durcheinander gerät, und sagen Sie dabei:

> *»Durch die Kraft dieser Substanzen*
> *beschwöre ich die Energien, die alles Gute beschützen,*
> *dafür zu sorgen, dass mein Haus unversehrt bleibt.*
> *So soll es sein.«*

Verstecken Sie die verschlossene Flasche gut, damit ihre Wirkung nicht gestört wird.

Reichtum und Geld anziehen

Sie brauchen
- 1 grüne Flasche oder 1 grünes Glas mit Korken und Schraubverschluss
- 5 1-Cent-Münzen
- 5 1-Euro-Münzen
- 5 Körner getrockneten Mais

- 25 ml (5 Teelöffel) Mehl
- 5 Sesamkörner
- 5 Prisen (oder 5 Stangen) Zimt
- 5 Gewürznelken
- 5 Körner Piment
- 5 Pekannüsse

Ritual

Geben Sie eine Zutat nach der anderen in die Flasche; konzentrieren Sie sich dabei auf den Wohlstand und das Einkommen, die Ihnen zufließen sollen. Lassen Sie vor allem keine negativen Gedanken zu, während Sie diese Gesten ausführen.

Schütteln Sie dann die Zutaten in der verschlossenen Flasche kräftig durch und sprechen Sie die folgende Beschwörung:

>*»Samen und Silber,*
>*Kupfer und Körner,*
>*tut euch zusammen,*
>*mehrt meinen Wohlstand.«*

Wiederholen Sie den Spruch fünfmal, während Sie die Flasche weiter schütteln. Stellen Sie sie an einen leicht zugänglichen Ort, an dem Sie sie jeden Tag sehen.

Probleme aus der Welt schaffen

Sie brauchen
- 1 Glasflasche mit Korken oder Schraubverschluss
- max. 5 cm lange bunte Fäden
- 1 Kerze

Ritual

Ideal ist eine kleine Flasche (wenn Sie eine große nehmen, dauert die Prozedur länger). Beschaffen Sie sich Fäden in allen Farben, außer Schwarz. Geben Sie einen Faden nach dem anderen in die Flasche und sagen Sie dabei:

»Bringt Licht in mein Dunkel, löst auf meine Sorgen.«

Wiederholen Sie diesen Satz bei jedem einzelnen Faden. Lassen Sie sich Zeit, konzentrieren Sie sich auf Ihr Ziel; dies ist ein Projekt, das mehrere Tage dauern kann.

Wenn die Flasche voll ist, verschließen Sie sie. Versiegeln Sie sie mit Kerzenwachs und vergraben Sie sie.

Die Schutzflasche

Sie brauchen
- 1 kleine Glasflasche mit Korken oder Schraubverschluss
- Stecknadeln
- Nähnadeln
- Rosmarin
- 1 rote Kerze

Ritual

Füllen Sie die Flasche mit Stecknadeln, Nähnadeln und Rosmarin und wiederholen Sie dabei diesen Zauberspruch:

»Stecknadeln, Nähnadeln, Kräuter,
behütet mich, beschützt mich vor Unglück,
Stecknadeln, Nähnadeln, Kräuter,
behütet mein Haus, beschützt meine Habe.«

Verschließen Sie die Flasche und versiegeln Sie den Verschluss mit Kerzenwachs. Wenn Sie einen Garten oder ein Stückchen Land haben, können Sie die Flasche in der Erde vergraben; wenn Sie in einer Etagenwohnung leben, müssen Sie die Flasche gut verstecken. Sie wird Ihr Zuhause vor negativen Energien schützen.

Die Sorgenflasche

Manchmal fühlt man sich von Problemen, Ärgernissen und Sorgen geradezu überschwemmt. Unser Denken dreht sich im Kreis, wir sehen keinen Ausweg und meinen, das Leben wäre zu Ende; wir sind unfähig, unsere Probleme zu lösen, denn wir wissen gar nicht mehr, wo wir anfangen sollen.

Jeder kennt solche Situationen; die Magie kann uns helfen, sie in den Griff zu bekommen. Die Probleme lösen sich dann nicht in Luft auf, aber durch das Ritual gewinnen wir Abstand und können die Dinge wieder im richtigen Verhältnis sehen. Wenn wir das Gefühl haben, in einer unkontrollierbaren Abwärtsspirale festzusitzen, wird alles zu einem Problem; dank der magischen Wirkung dieser Flasche können Sie durchatmen, zur Ruhe kommen und Lösungen finden.

Sie brauchen
- 1 weiße Kerze
- Weihrauch zum Räuchern oder Myrrhe
- 1 Prise Basilikum
- 1 Prise Gewürznelke
- 1 Prise Minze
- Kiefern-, Zedern- oder Tannennadeln (oder eine Mischung davon)

- 1 Glasflasche (am besten bernsteinfarben) mit Korken
- 1 Blatt Durchschlagpapier
- 1 schwarze Kerze

Ritual
Zünden Sie die weiße Kerze und das Räucherwerk an. Zerstoßen Sie die Kräuter zu feinem Pulver. Lösen Sie die Nadeln von den Zweigen; Sie brauchen so viel, dass die Flasche voll wird. Schneiden Sie das Papier in 5 Zentimeter breite Streifen, nehmen Sie die Papierstreifen und schreiben Sie auf jeden ein Problem oder ein Ärgernis, das Sie loswerden wollen (Achtung: Es muss sich um *Ihre* persönlichen Probleme und Ärgernisse handeln – die Probleme anderer Leute gehen Sie nichts an, Sie dürfen nicht eingreifen).

Schütten Sie eine Schicht Kräuter und Nadeln in die Flasche. Nehmen Sie ein Stück Papier, lesen Sie sich die Worte laut vor, falten Sie es so zusammen, dass es in die Flasche passt, und bedecken Sie es mit Kräutern und Nadeln. Machen Sie so weiter, bis all Ihre Probleme unter den Kräutern und Nadeln verschwunden sind.

Wenn Sie fertig sind, sprechen Sie den folgenden Zauberspruch:

»Bei der Kraft meiner magischen Kräuter
und der heiligen Kraft der Kiefernnadeln
bitte ich die Götter, meine Schwierigkeiten zu beseitigen
und mir die Stärke zu geben,
all meine Probleme zu lösen.
Ich schließe meine Schwierigkeiten in dieser Flasche ein,
damit sie mich nicht mehr behelligen.
Ich befreie mich von meinen Problemen,
ich finde eine Lösung,

und ich erbitte dazu die Hilfe der Götter.
So soll es sein.«

Verschließen Sie die Flasche mit dem Korken und versiegeln Sie sie mit schwarzem Kerzenwachs.

Die Liebesflasche

Sie brauchen
* Blüten und Blütenblätter von frischen oder getrockneten Blumen
* getrocknete oder frische Kräuter (Minze, Rosmarin, Thymian, Orangenschale)
* 1 Glasflasche mit Verschluss oder 1 verschließbares Glas in Rosa
* 1 rosafarbene Kerze
* etwa 60 ml Honig
* etwa 250 ml Wodka, Gin oder Rum
* Wasser zum Auffüllen der Flasche

Ritual
Um die Liebe anzuziehen oder eine Liebe zu erhalten, geben Sie nacheinander die Blumen und Kräuter in Ihr Gefäß; denken Sie dabei an die Liebe, daran, wie schön sie ist, und an alle Menschen, die Sie lieben. Achten Sie darauf, dass Sie nur an die Freuden und Wonnen der Liebe denken, denn mit ihnen befüllen Sie Ihre Flasche. Vermischen Sie den Honig mit dem Alkohol und gießen Sie den Mix auf das Pflanzenmaterial. Füllen Sie die Flasche anschließend mit Wasser auf und versiegeln Sie sie sorgfältig mit dem rosafarbenen Wachs.

Nehmen Sie die Flasche in die Hand und sprechen Sie die nachstehende Zauberformel:

> *Ich habe diese Flasche mit Gedanken*
> *an Liebe und Zuneigung gefüllt.*
> *Jetzt sind sie für immer in ihr*
> *und ziehen Liebe und zärtliche Gefühle an,*
> *auf dass ich immer geliebt werde.*
> *So soll es sein.«*

Wenn Sie das Gefühl haben, dass Sie nicht oder nicht richtig geliebt werden, gehen Sie zu der Flasche und schütteln Sie sie sanft; das aktiviert den Zauber.

Die Eisflasche

Hier legen Sie Ihren Wunsch auf Eis, damit die Kräfte des Universums ihn realisieren.

Sie brauchen
- 1 silberfarbene oder blaue Kerze
- Weihrauch zum Räuchern
- 1 Stückchen weißes Papier
- 1 kleine Glasflasche mit Verschluss
- Wasser zum Auffüllen der Flasche

Ritual
Zünden Sie die Kerze und das Räucherwerk an. Schreiben Sie Ihren Wunsch auf das Stückchen Papier. Es muss groß genug sein, dass Sie Ihren Wunsch darauf schreiben können, aber auch so klein, dass es zusammengerollt in die Flasche

passt. Deponieren Sie es in der Flasche. Während Sie die Flasche zu drei Vierteln mit Wasser füllen, sprechen Sie diese
magischen Worte.

»Ich vertraue meinen Wunsch den Kräften des Universums an,
ich lege ihn auf Eis und kümmere mich nicht mehr um ihn,
denn andere als ich werden ihn für mich verwirklichen.
Ich vertraue und danke ihnen.
So soll es sein.«

Verschließen Sie die Flasche und legen Sie sie ins Gefrierfach
Ihres Kühlschranks. Vermeiden Sie es, an Ihren Wunsch zu
denken, aber wenn es zufällig doch vorkommen sollte, danken Sie den Kräften des Universums und lenken Sie Ihre Gedanken in eine andere Richtung. Wenn Ihre Bitte erfüllt ist,
nehmen Sie die Flasche und werfen Sie sie fort, ohne sie auf-
zutauen oder zu öffnen.

Die Glücksflasche

Sie brauchen
- 7 grüne Kerzen
- Patschuli-Räucherwerk
- 1 grüne Glasflasche mit Verschluss oder ein verschließbares grünes Glas
- 1 oder mehrere Glückssymbole
- 7 Münzen von 1,5 oder 10 Cent

Ritual
Damit das Glück Ihnen hold ist, zünden Sie die sieben Kerzen und das Räucherwerk an und füllen Sie das Glas (oder

die Flasche) mit allen Glückssymbolen, die Sie zur Hand haben (zum Beispiel ein altes Lotterielos, auf das Sie mit grüner Tinte »Hauptgewinn« schreiben, eine Hasenpfote, ein Hufeisen, die aus einem Karton ausgeschnittene Zahl 7 etc.), und mit den Geldstücken. Heben Sie die Flasche zum Himmel und sprechen Sie dabei die magische Formel:

»Viel edle Frau Fortuna, sei mir hold,
erfüll mit deinem Atem diese Flasche
und lass das Glück auf meiner Seite sein.
So soll es sein.«

Verschließen Sie die Flasche sofort und versiegeln Sie sie mit dem grünen Kerzenwachs. Schütteln Sie sie jeden Tag, bevor Sie aus dem Haus gehen, damit das Glück Sie auf allen Wegen begleitet.

Einem bösen Zauber ein Ende setzen

Manchmal hat man das Gefühl, das Opfer eines bösen Zaubers zu sein. Nichts klappt, alles wendet sich gegen einen, alle Unternehmungen enden katastrophal, und wir müssen unsere Projekte zu Grabe tragen, bevor sie das Licht der Welt erblickt haben. Dann ist es an der Zeit, mit einer Hexenflasche den bösen Zauber zu bannen. Die Flasche zieht die negativen Energien und die unheilvollen Einflüsse an, die Ihr Leben zu bestimmen scheinen.

Sie brauchen
• 1 weiße und 1 schwarze Kerze
• 1 Flasche mit Korken

- Stecknadeln, Nähnadeln, Eisennägel, Rasierklingen (so viel, dass die Flasche voll wird)
- etwas schwarzen Pfeffer
- etwas Cayennepfeffer
- etwas zerstoßenen Piment

Ritual
Zünden Sie die beiden Kerzen und das Räucherwerk an; geben Sie Stück für Stück die Stecknadeln, Nägel usw. in die Flasche, bis sie voll ist (je größer die Flasche mit Korken, desto mehr Zutaten brauchen Sie zum Befüllen). Vermischen Sie den schwarzen Pfeffer, den Cayennepfeffer und den zerstoßenen Piment und geben Sie das Ganze ebenfalls in die Flasche. Stellen Sie sich vor, dass jeder Gegenstand die Ärgernisse und negativen Einflüsse anzieht, die Sie bedrücken.

Verschließen Sie die Flasche und versiegeln Sie sie sorgfältig mit schwarzem Kerzenwachs; stellen Sie sie dann an eine gut sichtbare Stelle und visualisieren Sie jedes Mal, wenn Ihr Blick auf sie fällt, wie die negativen Energien auf sie umgelenkt werden.

Die Engelflasche

Sie brauchen
- 1 goldfarbene und 1 grüne Kerze
- Vetiver- oder Zimträucherwerk
- grüne Tinte
- 1 Blatt Papier
- Vetiveröl
- 1 grüne Kordel
- getrocknete Minze

- gemahlenen Zimt
- getrockneten Salbei
- Honig
- 1 verschließbare Glasflasche mit größerer Öffnung oder 1 verschließbares Glas, vorzugsweise grün
- 1 1-Euro-Münze

Ritual

Die Engelflasche bringt Wohlstand und Überfluss in Ihr Leben. Führen Sie dieses Ritual bei Vollmond aus.

Zünden Sie die beiden Kerzen und das Räucherwerk an und schreiben Sie mit grüner Tinte auf das Blatt Papier:

> *»Mein Leben ist voll Überfluss und Wohlstand,*
> *ich habe genug Geld,*
> *um all meine Bedürfnisse zu befriedigen, und noch mehr.«*

Setzen Sie Ihren Namen unter die Zeilen, geben Sie einige Tropfen Vetiveröl auf das Papier und falten Sie es. Während Sie das Geldstück dazulegen und das Ganze mit der grünen Kordel zu einem kleinen Paketchen verschnüren, sprechen Sie die magischen Worte:

> *»Schutzengel, ich rufe dich, bring mir deine Hilfe,*
> *du bist mir vonnöten, lass den Zauber wirken,*
> *komme mir zu Hilfe, darum bitt ich dich.«*

Vermischen Sie die Kräuter und stellen Sie sich dabei vor, wie Geld und Überfluss in Ihr Leben treten. Gießen Sie den Honig in die Flasche, lassen Sie aber so viel Platz, dass die Kräuter und das Paketchen mit dem Geldstück noch hineinpassen. Lassen Sie es in den Honig fallen, geben Sie die Kräuter dazu und vermischen Sie das Ganze vorsichtig, indem Sie es im Uhrzeigersinn umrühren. Nehmen Sie das Glas in die Hände, führen Sie es über die Kerzenflamme und sagen Sie dabei:

>*Gold für den Erfolg, Grün für das Geld,*
ich ziehe euch an, durch die Kraft meiner magischen Kräuter
und dieses Zauberhonigs.
Mein Engel steht mir zur Seite und hilft mir,
seine Macht verbindet sich mit meiner,
sodass Erfolg und Wohlstand mein Leben bestimmen.
So soll es sein.«

Versiegeln Sie das Glas bzw. die Flasche mit grünem Kerzenwachs. Danken Sie Ihrem Schutzengel für seine Hilfe und stellen Sie die Flasche in Ihr Zimmer an eine Stelle, an der Sie sie morgens beim Aufwachen sehen.

Die Anziehungsflasche

Diese Flasche hilft Ihnen, das anzuziehen, was Sie haben wollen. Sie können alles hineintun, was Sie sich wünschen. Wenn das nur eine einzige Sache ist, müssen Sie, wenn Ihr Wunsch in Erfüllung gegangen ist, die Flasche wegstellen und mit einer neuen von vorn anfangen. Sie dürfen die Flasche nicht öffnen, auch dann nicht, wenn Ihre Bitte erhört worden ist, denn dann könnten Sie das Erhaltene wieder verlieren. Deshalb ist es besser, alles in eine Flasche zu geben; wenn ein Wunsch sich realisiert hat, kann der entsprechende Gegenstand in der Flasche bleiben.

Sie brauchen
- 3 grüne und 2 braune Kerzen
- Vetiver- oder Zimträucherwerk
- je 1 Bild dessen, was Sie sich wünschen
- 1 Flasche mit Verschluss oder 1 verschließbares Glas, grün oder bernsteinfarben
- 125 ml getrocknete Kräuter

Ritual
Ordnen Sie die Kerzen so an, dass die grünen zwischen den braunen stehen, und zünden Sie sie an. Lassen Sie auch das Räucherwerk brennen. Nehmen Sie ein Bild nach dem anderen in die Hände und konzentrieren Sie sich auf den jeweiligen Wunsch (das kann eine Zeichnung, ein Foto oder eine Illustration aus einem Katalog sein). Setzen Sie keine Frist oder andere Grenzen; denken Sie einfach daran, wie sehr Sie sich diese Sache wünschen. Führen Sie ein Bild nach dem anderen über den aufsteigenden Rauch und geben Sie es dann in die Flasche. Anschließend streuen Sie die Kräuter hinein (5 von den folgenden: Zimtstange, Eisenkraut, Wintergrün, Mandeln, Vetiver, Gewürznelke, Kiefer, Zeder, Eichenmoos, Farn, Ingwer) und sprechen dabei die folgende magische Formel:

> *»Zauberkräuter mächtig,*
> *bringt mir, was mein Herz begehrt,*
> *und mit eurer Zauberkraft sei ein goldnes Leben mein.*
> *So soll es sein.«*

Verschließen Sie die Flasche, versiegeln Sie sie mit Kerzenwachs und stellen Sie sie an einen Ort, an dem Sie sie sehen. Schütteln Sie sie täglich, um den Zauber zu aktivieren.

Damit Sie immer gut bei Kasse sind

Obwohl Geldstücke in der Geschichte der Menschheit eine relativ neue Erfindung sind, hatten auch unsere fernen Vorfahren Gegenstände, die sie zum Kaufen oder Tauschen von Waren einsetzten. Aus dieser weit zurückliegenden Zeit stammen Bräuche, die von manchen als Aberglaube betrachtet werden und sich im Lauf der Jahrhunderte verändert haben. Sie sollen das Einkommen steigern und Geld anziehen. Die Folgenden sind auch heute noch bekannt.

- Lassen Sie immer ein paar Geldstücke in der Wohnung, bevor Sie zu einer (Urlaubs-)Reise aufbrechen. Es wäre ein schlechtes Omen, wenn Sie alles Geld aus dem Haus entfernten.
- Wenn Sie in Ihrer Wohnung versehentlich Geld auf den Boden fallen lassen, sagen Sie: »Geld auf dem Fußboden bedeutet, dass bald Geld durch die Haustür hereinkommt.«
- Wenn Sie auf der Straße oder dem Bürgersteig Geld finden, bringt das tatsächlich Glück. Allerdings wissen die wenigsten, dass man dieses Geld nicht behalten, sondern möglichst schnell wieder ausgeben sollte; nur so kommt noch mehr nach. Außerdem sollte man nicht darüber sprechen, wo das Geld herkommt.
- Geld als Talisman: Münzen haben in der Mitte ein Loch, Geldscheine müssen dreimal zusammengefaltet sein. Wenn Sie Wohlstand anziehen wollen, sollten Sie immer das eine oder andere bei sich haben.
- Wenn Sie eine Münze finden, die in Ihrem Geburtsjahr geprägt wurde, ist das ein starker Glücksbringer, den Sie unter diesen besonderen Umständen behalten können. Das

Geldstück darf nicht ausgegeben werden, sondern wird zu einem Talisman.

- Um immer gut bei Kasse zu sein, können Sie eine Kordel so zusammenknoten, dass sie einen Kreis bildet; tragen Sie sie ständig bei sich, vorzugsweise in Ihrer Handtasche oder Ihrem Portemonnaie.

- Halten Sie bei einbrechender Dunkelheit ein silbernes Geldstück in der hohlen Hand; sehen Sie über die Schulter zurück; und wenn der erste Stern erscheint, äußern Sie einen Wunsch. Er wird sich innerhalb von 48 Stunden erfüllen.

- Wenn Sie drei Nächte nacheinander von Geld träumen, bedeutet das, dass Sie in kurzer Zeit (3 bis 7 Wochen) unerwartet Geld erhalten werden.

- Geld anziehen: Reiben Sie mit einer Gewürznelke über eine grüne Kerze. Stellen Sie die Kerze in einen Kerzenständer und diesen auf einen Geldschein. Zünden Sie am folgenden Donnerstag exakt drei Stunden nach Sonnenuntergang die Kerze an und lassen Sie sie ganz herunterbrennen (ohne die Kerze allein zu lassen). Vergraben Sie am folgenden Tag den verbliebenen Kerzenstummel – das heißt eigentlich nur das übrig gebliebene Wachs –, streichen Sie mit einer Gewürznelke über den Geldschein und verstecken Sie ihn irgendwo in Ihrer Wohnung.

- Deponieren Sie am Silvesterabend etwa 10 Münzen außerhalb Ihres Hauses. Sammeln Sie sie am folgenden Morgen wieder ein und bewahren Sie sie das ganze Jahr über auf. Das bewirkt, dass Ihre Einnahmen größer sind als Ihre Ausgaben.

- Reiben Sie am Neujahrsmorgen Ihren Körper mit einem silbernen Geldstück ein. Das fördert den Wohlstand für das kommende Jahr.

Kapitel 9

• • • •

Das Ritual der Anrufungen und Beschwörungen

Anrufungen und Beschwörungen sind sprachliche Wendungen, die wiederholt werden, um die Aufmerksamkeit einer spirituellen Wesenheit anzuziehen. Es handelt sich also im Grunde um eine Bitte, die man an einen Gott, einen Engel, einem Geist oder dergleichen richtet, damit er uns auf bestimmte Weise hilft oder uns die Energie zufließen lässt, die wir brauchen.

Bevor wir eine Anrufung oder Beschwörung aussprechen, müssen wir bestimmte Regeln befolgen. Wenn wir sie auslassen oder von ihnen abweichen, kann das Ritual nicht positiv wirken.

Jeder Klang und also auch jedes Wort hat eine ihm eigene Schwingung; bei einer Anrufung verbinden sich daher verschiedene Schwingungen, die die Ätherebene beeinflussen und eine bestimmte spirituelle Wesenheit erreichen. Jede Anrufung ist ein Ganzes, das dem »Empfänger« eine Botschaft bringt. Fehler machen diese Botschaft unverständlich.

Empfehlungen

- *Denken Sie daran, den magischen Kreis (siehe unten) aufzubauen und während des ganzen Rituals nicht zu verletzen,* bevor Sie eine Wesenheit anrufen oder ein Ritual ausführen. Auch eventuell vorhandenen anderen Teilnehmern muss klar sein, dass niemand während des Rituals den Kreis verlassen darf. Sorgen Sie deshalb dafür, dass alles, was Sie für das Ritual brauchen, im Kreis vorhanden ist. So bleiben die positiven Energien darin bewahrt.
- Wenn Sie eine traditionelle Anrufung durchführen, sollten Sie sich die Mühe machen, sie auswendig zu lernen, versuchen Sie, sich beim Sprechen nicht zu verhaspeln. Die Worte, aus denen sie besteht, sind aus einem guten Grund gewählt worden; Abweichungen würden die Kraft der Anrufung mindern oder ihren Nutzen ganz zunichte machen.
- Artikulieren Sie laut ausgesprochene Anrufungen klar und deutlich. Sie wenden sich an eine höhere Wesenheit; Sie können nicht erwarten, dass sie die Ohren spitzt, um zu verstehen, was Sie sagen.
- Fassen Sie selbst erfundene Zauberformeln respektvoll und sorgfältig ab; ändern Sie sich nicht im letzten Augenblick – Versprecher sind dann nicht ausgeschlossen, und die Wohltaten, die Sie von dem Ritual erwarten, wären dahin. Seien Sie daher sicher, die Worte auswendig sprechen zu können.

Den magischen Kreis aufbauen und die Himmelsrichtungen anrufen

Sie brauchen
- ½ Pfund Mehl
- 1 Räucherstäbchen (am besten Kirchenweihrauch)
- 1 weiße Kerze
- etwas Salz
- etwas Wasser in einem Glas

Ritual
Jedes Ritual fängt damit an, dass der magische Kreis aufgebaut und die vier Himmelsrichtungen sowie die ihnen zugeordneten Elemente angerufen werden.

Bezeichnen Sie zunächst die Grenzen Ihres Kreises, indem Sie – eventuell mit Hilfe eines kleinen Trichters – eine feine Schicht Weizenmehl auf den Boden streuen. Denken Sie daran, dass der Kreis so groß sein muss, dass alle Teilnehmer sich ungehindert darin bewegen können, ohne ihn zu verletzen. Da Sie einige Zeit in diesem Kreis verbringen werden, sollten sich Getränke, die zum Ritual passen – Wasser, Fruchtsäfte, Kräutertees oder auch Wein – in Reichweite befinden.

Traditionell beginnt die Anrufung der vier Himmelsrichtungen mit dem Osten und endet mit dem Norden. Wenn mehrere Personen am Ritual teilnehmen, können Sie vier von ihnen bitten, sich an die den Himmelsrichtungen entsprechenden Kreispunkte zu stellen und die passende Anrufung zu sprechen. Wenn Sie allein sind oder lieber alles selbst machen, müssen Sie bei jeder Anrufung Ihren Standort verändern.

Grüßen Sie also zunächst nach Osten, und während Sie ein Räucherstäbchen anzünden, sprechen Sie die folgenden magischen Worte:

»Ich rufe den Wächter des Turmes im Osten,
der über die Himmel wacht und die Luft regiert.
Wir laden dich ein, mit uns zu feiern
und uns mit deinem segensreichen Einfluss zu überschütten.
So soll es sein.«

Wenden Sie sich dann nach Süden, grüßen Sie diese Himmelsrichtung, zünden Sie eine Kerze an und sagen Sie dabei:

»Ich rufe den Wächter des Turmes im Süden,
der über das heilige Feuer wacht und dieses Element regiert.
Wir laden dich ein, mit uns zu feiern
und uns mit deinem segensreichen Einfluss zu überschütten.
So soll es ein.«

Wenden Sie sich nach Westen und grüßen Sie ihn, und während Sie ein paar Tropfen Wasser in diese Richtung sprengen, sagen Sie:

»Ich rufe den Wächter des Turmes im Westen,
der über die heiligen Wasser wacht und dieses Element regiert.
Wir laden dich ein, mit uns zu feiern
und uns mit deinem segensreichen Einfluss zu überschütten.
So soll es sein.«

Als Letztes grüßen Sie den Norden; streuen Sie etwas Salz in diese Richtung und sprechen Sie dabei die nachstehende Zauberformel:

»Ich rufe den Wächter des Turms im Norden,
der über die Erde wacht und dieses Element regiert.
Wir laden dich ein, mit uns zu feiern,
und uns mit deinem segensreichen Einfluss zu überschütten.
So soll es sein.«

Sie können auch die Erzengel anrufen und um ihre Teilnahme bitten. Dazu nennen Sie zusätzlich die Namen der vier Erzengel – Gabriel für den Osten, Raphael für den Westen, Uriel für den Süden und Michael für den Norden. Oder nennen Sie vier Engel, deren Einfluss Ihrem Anliegen entspricht. Eine Liste mit den 72 planetarischen Engeln und ihren Zuständigkeitsbereichen finden Sie im Anhang. Wenn Sie sich zu dieser Weiterung entscheiden, würde unter Einbeziehung des Erzengels Gabriel die Anrufung wie folgt lauten:

»Ich rufe den Wächter des Turmes im Osten,
der über die Himmel wacht und die Luft regiert.
Ich rufe auch den Erzengel Gabriel,
dessen Kraft und dessen Macht unermesslich sind.
Wir laden euch ein, mit uns zu feiern
und uns mit eurem segensreichen Einfluss zu überschütten.
So soll es sein.«

Nachdem damit der magische Kreis aufgebaut ist und die Elemente präsent sind, steht den von Ihnen geplanten Beschwörungen und Ritualen nichts mehr im Wege.

Den Kreis aufheben,
die Beschwörungen beenden

Danken Sie nach einem Ritual den Elementen (und den
Erzengeln, wenn Sie sie zu Beginn gerufen haben) für ihre
Anwesenheit. Fangen Sie auch diesmal mit dem Osten an,
hören Sie mit dem Norden auf und sprechen Sie die folgenden Worte:

> *»Wir danken euch, Wächter des Turmes im Osten,*
> *den Elementargeistern und dem Erzengel Gabriel,*
> *für eure Anwesenheit und euren Schutz bei diesem Ritual.*
> *Wir hoffen, dass ihr bald wieder bei uns sein werdet.*
> *Auf Wiedersehen.*
> *Wir danken euch.«*

Gehen Sie entsprechend für die anderen drei Himmelsrichtungen vor und nennen Sie den jeweiligen Erzengel (siehe
Seite 115). Um die Energien des magischen Kreises zu neutralisieren, gehen Sie entgegen dem Uhrzeigersinn um den
Kreis herum und sprechen anschließend die Zauberworte:

> *»Die Energien zerstreuen sich langsam,*
> *sie kehren in die Erde und in den Äther zurück,*
> *aus denen sie gekommen sind.*
> *Alles ist jetzt wie zuvor.*
> *So soll es sein.«*

Anrufungen und Beschwörungen

Rituale für das »Dritte Auge«

Dieses Ritual, das dazu dient, die hellsichtigen Fähigkeiten zu verbessern, wird allein oder maximal zu dritt praktiziert.

Nachdem der magische Kreis aufgebaut wurde und die Elemente an Ort und Stelle sind, nehmen Sie sich ein paar Minuten Zeit, um sich zu entspannen und einen Kräutertee oder ein Glas Wein zu trinken. Essen dürfen Sie erst nach dem Ritual.

Wenn Sie so weit sind, nehmen Sie einen Kristall oder eine kleine Pyramide in die Hand und rezitieren die folgende Anrufung:

»Ich rufe dich, Asariel, Erzengel Neptuns,
der du die Gabe des Hellsehens regierst.
Demütig bitte ich dich, mein ›Drittes Auge‹ zu öffnen,
damit ich das verborgene Licht sehen kann.
Lass mich in die Zukunft sehen.
Lass mich die Vergangenheit sehen.
Gewähre mir Zutritt zu den geheimnisvollen
Reichen des Unbekannten.
Lass mich die Weisheit des kosmischen
Universums erkennen und verstehen.
So soll es sein.«

Wiederholen Sie die Anrufung dreimal laut und deutlich.

Jeder Teilnehmer, der seine hellseherischen Fähigkeiten verbessern möchte, kann den Spruch wiederholen.

Anrufung Aphrodites

Die Anrufung Aphrodites wird vollzogen, damit die Liebe in Ihr Leben tritt. Wer könnte Ihnen bei diesem Unterfangen besser helfen als die Göttin der Liebe? Seien Sie sich jedoch ganz sicher, dass Ihre Absichten rein sind, denn Sie dürfen Ihr Glück nie auf dem Unglück anderer aufbauen.

Nennen Sie möglichst auch nicht den Namen eines bestimmten Menschen. Malen Sie sich zunächst aus, wie der Mensch, den Sie sich für Ihr Leben wünschen, sein soll. Schneiden Sie ein Blatt Papier so zurecht, dass es die Form eines Herzens hat, und schreiben Sie Ihre Vorstellungen mit roter Tinte darauf.

Schmücken Sie Ihren Altar mit Blumen, Muscheln, Herzen etc. und zünden Sie ein Räucherstäbchen mit Rosen-, Patschuli- oder Jasminduft an. Stellen Sie mitten auf den Altar eine rosafarbene Kerze, ohne sie anzuzünden, und sprechen Sie die Zauberworte:

> *»Aphrodite, Aphrodite, Göttin der Liebe und Leidenschaft.*
> *Hör mein Rufen, lass deinen huldvollen Blick auf mir ruhen*
> *und gewähre mir die Gunst, mit einem guten und treuen Mann*
> (einer guten und treuen Frau)
> *eine einzigartige Liebe zu erleben.«*

Sterilisieren Sie eine kleine Nadel (siehe Seite 63), stechen Sie sich vorsichtig in den linken Daumen und lassen Sie 3 Tropfen Blut auf das Blatt fallen. Stellen Sie die rosafarbene Kerze mitten auf das Blatt, zünden Sie sie an und sagen Sie:

>*Mit meinem Blut und Feuer beginnt die Magie.*
Der Wunsch wird mir den (die) zuführen,
der (die) mir bestimmt ist.«

Konzentrieren Sie all Ihre Gedanken und Ihre gesamte psychische Energie auf den Menschen, den Sie erwarten, und fahren Sie mit den folgenden Worten fort:

>*Schlag jetzt für mich, sterbliches Herz,*
spür die Leere, die durch Trennung entsteht,
träume von mir beim Schein des Mondes,
komm zu mir, geführt von den Strahlen der Sonne
und der universellen Energie der kosmischen Liebe.
So soll es sein.«

Richten Sie Ihre Gedanken weiter auf diese Liebe, die auf Sie zukommt, bis die rosafarbene Kerze heruntergebrannt ist (einen Dauerbrenner können Sie nach etwa einer halben Stunde löschen).

Anrufung der Engel

Um in schwierigen Zeiten oder einer persönlichen Krise Unterstützung zu erhalten, kann es sehr nützlich sein, wenn Sie Ihren Schutzengel oder den für Ihr Anliegen zuständigen planetarischen Engel anrufen.

Stellen Sie sich ins Zentrum Ihres magischen Kreises, zünden Sie eine graue oder silberfarbene Kerze an und sprechen Sie die folgende Beschwörung:

»O Engel, du, dem ich ganz vertraue,
hör meine Bitte. Nimm mich an die Hand
und geleite mich auf allen Wegen.
Ich weiß, dass ich manchmal starrsinnig
meinen eigenen Weg durchsetze und nur das tue,
was mir richtig erscheint, anstatt die Empfehlungen,
die du mir zuflüsterst, anzunehmen.
O du Engel, ich bitte dich, nimm mich an der Hand,
denn ich verlasse mich immer und bei allem auf dich.
Sei mein Reisegefährte,
damit ich dich immer besser kennen lerne,
je weiter mein Weg mich führt,
und gelassener weitergehen kann.«

Wiederholen Sie dieses Gebet dreimal und danken Sie dem Engel für die Hilfe, die er Ihnen bringen wird; blasen Sie dann die Kerze aus und bewahren Sie sie auf, bis Ihre Schwierigkeiten vergehen.

Eigene Zaubersprüche erfinden

Die Möglichkeiten, eigene Zaubersprüche zu erfinden sind unbegrenzt. Viele der hier beschriebenen Rituale können im magischen Kreis abgehalten werden. Die verwendeten Anrufungen und Beschwörungen sind im Grunde ein Appell an eine höhere Macht, mit dem Sie um Hilfe bitten, für eine Gunst danken oder ein wichtiges Ereignis betonen. Wenn Sie eigene Worte verwenden wollen, sollten Sie an Folgendes denken:

- Formulieren Sie möglichst einfach.
- Entspannen Sie sich vor jeder Anrufung oder Beschwö-rung und lassen Sie Ihre Gedanken ganz still werden.
- Legen Sie vorher fest, an welche Gottheit (Gott, Engel, Geist) Sie sich wenden wollen.
- Bei jeder Anrufung zählen vor allem Ihre Energie und Ihre Konzentration. Die Formulierungen sollten einfach sein, damit Sie sie nicht vergessen oder sich vertun, was Ihr Ri-tual unwirksam machen würde.

Gehen Sie langsam und kreativ vor und lernen Sie vor allem, die positiven Ergebnisse Ihrer Rituale zu genießen.

III.

Die großen Feste der Magie

Feiern im Rhythmus der Jahreszeiten

Kapitel 10

• • • •

Die magischen Feste feiern

Die vorchristlichen Religionen haben im Rhythmus der Jahreszeiten und analog dem Geschehen in der Natur wichtige Momente im Leben der Menschen hervorgehoben. Sie sind zu manchmal mehrtägigen Festen geworden.

Im Gegensatz zur landläufigen bzw. von vielen Hollywoodfilmen vermittelten Vorstellung waren und sind die heidnischen Feste nie ein Deckmantel für schwarze Messen, Orgien oder andere destruktive, schädliche Praktiken gewesen. Die Feiernden kamen auch nicht zusammen, um andere zu verhexen, Tiere zu quälen oder Menschenopfer zu bringen. All das gehört eher in den Bereich der schwarzen Magie, die zur weißen Magie in einem diametralen Gegensatz steht.

Die weißmagischen heidnischen Feste unterstreichen vielmehr den Wechsel der Jahreszeiten und sind Gelegenheiten, der Erde und den anderen Naturelementen für ihre Güte zu danken.

Es gibt acht dieser Feste; das erste ist die Halloween-Feier am 31. Oktober, dem Tag, mit dem in der Magie ein Jahr endet und ein neues anfängt.

Auf den folgenden Seiten beschreibe ich kurz die Geschichte und das Ritual der einzelnen Feste, die jeweils anzurufenden Gottheiten, die Art des Altarschmucks, die zugehörigen Symbole und Entsprechungen sowie die passenden Lebensmittel und Gerichte.

Halloween

Samhain-Fest, 31. Oktober
Halloween ist das bekannteste der großen heidnischen Feste, wird paradoxerweise aber auch am häufigsten falsch dargestellt. Mit schwarzer Magie oder unheilschwangeren Zeremonien hat es rein gar nichts zu tun. Im Gegenteil, für die Anhänger des Wicca, wie die neuen Heiden sich nennen, ist es das wichtigste heilige Fest überhaupt, denn es bezeichnet das Ende des einen Jahres und den Beginn eines neuen. Die Alten behaupteten, dass der Schleier zwischen unserer Welt und der Welt der Geister – der Verstorbenen – in dieser Nacht am dünnsten ist und deshalb die Seelen der Verstorbenen für ein paar Stunden auf die Erde zurückkommen können. Von Sonnenuntergang bis Sonnenaufgang ist die Kommunikation mit den Geistern daher leichter.

Die Tradition, einen Kürbis auszuhöhlen und eine Kerze hineinzustellen, stammt aus Schottland; dort glaubte man, dass die fratzenartigen Gesichter der Laternen den bösen Geistern Angst machen würden, die in dieser Nacht die Menschen heimsuchen, weil sie die ewige Ruhe nicht gefunden haben. In etwas anderer Form ist diese Tradition noch älter, denn im Altertum stellte man in Griechenland, Ägypten und Rom eine Lampe ins Fenster, um den Weg zum Haus zu erhellen und so den Seelen lieber Verstorbener zu signalisieren, dass sie willkommen waren.

Ritual

Der erste Teil des modernen Rituals findet vor Mitternacht statt. Man nutzt die Gelegenheit, um sich von dem zu Ende gehenden Jahr zu verabschieden, und gedenkt der Menschen, die im Laufe der vergangenen Jahre verstorben sind, besonders der Toten des gerade abgelaufenen Jahres. Bei diesem Ritual zündet man nur eine einzige Kerze an; ein Feuer im Ofen lässt man ausgehen. Wenn im Haus keine Feuerstelle vorhanden ist, verbrennt man zumindest ein paar Blätter im Hexenkessel.

Schlag Mitternacht werden dann möglichst viele Kerzen angezündet; das Feuer im Ofen wird wieder in Gang gebracht, oder man verbrennt einige neue Blätter im Kessel. Das ist auch der richtige Zeitpunkt, um kleine Papierstückchen zu verbrennen, auf denen man die schlechten Gewohnheiten notiert hat, die man loswerden will. Anschließend wird gefeiert; man isst und trinkt, singt und lacht und begrüßt so das neue Jahr.

Es versteht sich von selbst, dass die Zeit zwischen Sonnenuntergang und Mitternacht ideal für jede Art des Wahrsagens geeignet ist. Alle diesbezüglichen »Werkzeuge« – Pendel, Tarotkarten, Spielkarten, Würfel, Quija-Brett – haben mehr Kraft. An die Erzengel Michael, Raphael, Uriel und Gabriel gerichtete Anrufungen fördern die gefahrlose Kommunikation mit verstorbenen Seelen. Wenn es Ihnen nicht gelingt, mit dem von Ihnen anvisierten Verstorbenen in Kontakt zu treten, hat er es wahrscheinlich vorgezogen, sich weiterzuentwickeln, und empfindet nicht das Bedürfnis, zurückzukommen und sich mit Ihnen zu unterhalten.

Wenn Sie vor solchen Ritualen Angst haben, sollten Sie

daran denken, dass Sie sich gegen böse Geister wappnen
können: Der magische Schutzkreis schließt böse Wesenheiten aus und hindert sie daran, mit uns Kontakt aufzuneh-
men.

Gottheiten, die gefeiert oder angerufen werden

- *Hektate:* griechische Göttin des Mondes, der Nacht und
  der Unterwelt; Beschützerin der Hexen und Magier.
- *Morrigan:* keltische Todesgöttin.
- *Cernunnos:* keltischer Fruchtbarkeitsgott.
- *Osiris:* ägyptischer Gott, der einen ähnlichen Zyklus von
  Tod und Wiedergeburt durchläuft wie Persephone.

Altarschmuck

Ein ausgehöhlter Kürbis mit einer Kerze im Inneren; Äpfel;
Kerzen in Form von Phantasiegestalten, Hexen oder schwarzen Katzen; Fotos von verstorbenen Freunden und Verwandten; Weissagungszubehör: Kristallkugel, Tarotkarten, Pendel
etc.; Chrysanthemen; vom Herbst rot gefärbte Blätter; Walnüsse; Granatäpfel.

Symbole und Entsprechungen

- *Räucherwerk:* Apfel, Zypresse, Salbei, Minze.
- *Baum:* Zypresse.
- *Blumen:* Ringelblume, Chrysantheme.
- *Farben:* Orange, Schwarz.
- *Kerzen:* Orangefarbene, Schwarze.
- *Steine:* Obsidian, Onyx, Jett, Karneol.

- *Planet:* Pluto.
- *Tarotkarte:* »Tod«, Große Arkana 13.
- *Einfluss:* Metamorphose, Meditation, Kommunikation mit den Geistern der Verstorbenen.

Traditionelle Lebensmittel

Da dieses Fest das Ende und den Anfang des Jahres bezeichnet und in dieser Nacht die Seelen der Toten auf der Erde weilen, stellt man traditionell einen gut gefüllten Teller für sie auf den Tisch.

Der Granatapfel ist die heilige Frucht dieses Festes: Hades bot ihn Persephone an, um sie davon zu überzeugen, dass sie besser bei ihm bliebe. Auch der Kürbis nimmt einen wichtigen Platz ein – er wird zum Laternenschmuck. Alle Wurzelgemüse – Kartoffeln, Rote Bete, Karotten, Pastinaken – sind angesagt, denn sie symbolisieren unsere Verbindung zur Welt der Toten. Auch Getreide (Weizen, Hafer etc.) und Nüsse gehören zu diesem Fest.

Passende Gerichte

Fleischragout und Gemüse; Kürbistorte; Nussbrot; Muffins mit Blaubeeren; Bier, Glühwein, gewürzter Apfelwein, Kräutertees.

Wintersonnenwende

Julfest, um den 21. Dezember
Dieses Fest bezeichnet den ersten Tag des Winters, die längste Nacht des Jahres, somit die Geburt der neuen Sonne, die im nächsten Jahr die Erde erhellen wird. Die Geburt mehrerer vorchristlicher Gottheiten, insbesondere Dionysos, Attis und Wotan, wurde an diesen Zeitpunkt gelegt; im Christentum entspricht ihm die Geburt Jesu.

In fast allen Kulturen und Religionen begann mit der Wintersonnenwende eine mehr oder weniger lange Festperiode. Das ist verständlich, denn unsere Vorfahren lebten im Rhythmus der Jahreszeiten und der Abfolge von Tag und Nacht. Für sie waren dies wesentliche Elemente, der rote Faden, an dem ihr Leben sich orientierte. Mit der Wintersonnenwende begann ein neuer Sonnenzyklus: Die Tage wurden länger, das Wetter besser. Das war ein Anlass zur Freude. Außerdem arbeitete in dieser Jahreszeit niemand auf den Feldern, und die landwirtschaftlichen Beschäftigungen beschränkten sich auf ein Minimum.

Ritual

In ältesten Zeiten veranstalteten die Sonnenanbeter riesige Feuer, um die Wiedergeburt der Sonne zu unterstützen. Eine dunkle Welt, in der nichts wuchs, war ihre größte Angst. Später hat man dieser Tradition die Geburt verschiedener Götter an die Seite gestellt, und im Lauf der Zeit haben die Feuer im Freien dem Brauch Platz gemacht, an der Feuerstelle einen Eichenscheit zu entzünden.

Eine der mit dem Julfest in Verbindung gebrachten Pflanzen ist die Mistel, die heilige Pflanze der Druiden; sie schnitten sie mit einer kleinen Kupfersichel, deren Griff einem Hirschgeweih nachgebildet war.

Diese Tradition stammt offenbar aus dem alten Griechenland, wo die Mistel die Geschlechtsorgane des Zeus symbolisierte; ihre weißen Früchte galten als Spermatropfen. Misteln wachsen nur auf Eichen, dem Baum, der dem Zeus geweiht war. Die Tradition, Nadelbäume zu schmücken, datiert aus der matriarchalischen Epoche, in der die Priesterinnen Opfergaben an die Götter und Darstellungen von Mond, Sonne und Sternen an die Pinienzweige ihrer Heiligtümer hängten.

Schon in alten Zeiten war es Brauch, in dieser Zeit Geschenke auszutauschen. Im Mittelalter dauerten die Festlichkeiten rund 12 Tage; die römischen Saturnalien erstreckten sich über 7 Tage.

Eine der interessantesten Arten, das Julfest zu feiern, besteht darin, einen Baum zu schmücken. Alles ist erlaubt, wiewohl Darstellungen des Mondes und der Sterne überwiegen sollten. Sie können das Baumschmücken in Ihr Ritual einbeziehen und die ganze Hausgemeinschaft an ihm teilnehmen lassen. Das Julfest ist ein Fest der Freude. Der Satz aus dem christlichen Evangelium »Frieden den Menschen auf Erden, die guten Willens sind« eint alle Religionen und Völker.

Gottheiten, die gefeiert oder angerufen werden

- *Luciana:* römische Göttin der Mysterien des Mondes.
- *Attis:* phrygischer Gott der Fruchtbarkeit.

- *Dionysos:* griechischer Gott des Weins, des Rausches und der Fruchtbarkeit.
- *Wotan:* deutscher Name des nordischen Gottes Odin, höchster Gott, Gott des Krieges und der Toten.

Altarschmuck

Misteln; Stechpalmenzweige; Zweige von Nadelhölzern (Tanne, Kiefer); Kerzen in Form des Weihnachtsmannes; nett verpackte Geschenke, Blumen: Weihnachtsstern, Weihnachtskaktus und weiße oder rote Rosen. Verwenden Sie Ihre Weihnachtsdekoration!

Symbole und Entsprechungen

- *Räucherwerk:* Zeder, Kiefer, Tanne, Rosmarin.
- *Bäume:* Eiche (wegen der Holzscheite), Nadelhölzer.
- *Blumen:* Weihnachtsstern, Weihnachtskaktus, rote Rosen.
- *Farben:* Gold, Silber.
- *Kerzen:* grüne, rote, weiße.
- *Steine:* Tigerauge, Rubin.
- *Planet:* Jupiter.
- *Tarotkarte:* »Mäßigkeit«, Große Arkana 14.
- *Einfluss:* Mäßigung, Gleichgewicht, Harmonie, Freude.

Traditionelle Lebensmittel

Da dieses Fest mehrere Tage dauert, können und dürfen Sie über die Stränge schlagen. Äpfel gelten als heilig, und alle Apfelgerichte sowie Apfelwein sind angebracht.

Ingwer und Gewürze generell spielen eine große Rolle.

Vergessen wir nicht, dass insbesondere der Ingwer im Mittelalter mehr wert war als Diamanten. Eine moderne Version der Kuchen vergangener Zeiten ist das Lebkuchenhaus, das an die mehrstöckigen Kuchen erinnert, die man den versammelten Adligen präsentierte.

Plätzchen gehören unbedingt zum Fest dazu, weil Zucker früher selten und Honig schwer zu sammeln war. Geben Sie ihnen die Form von Sternen, Monden, Sonnen und Tieren, dann setzen Sie einen Brauch fort, der aus der Vorgeschichte stammt. Archäologen haben in Gräbern aus dieser Zeit versteinerte Kuchen entdeckt, die die Form von Sternen und Monden hatten oder das Bild von Gottheiten trugen.

Passende Gerichte

Huhn, Hähnchen, Rebhuhn, Gans (gebraten); Spanferkel; Wildpastete in Blätterteig; Hasen- oder Kaninchenpfeffer; Taubenpastete; Früchtebrot; Lebkuchen; Plätzchen; Eierflip; Glühwein; gewürzter Apfelwein.

Lichtmess

Imbolc-Fest, 2. Februar
Lichtmess ist ein Fest des Feuers und des Lichts, das der keltischen Göttin Brigid geweiht ist, der Patronin des Feuers, der Weisheit und der Dichtkunst. Heilung und Wahrsagekunst stehen ebenso unter ihrem Schutz. Am Imbolc-Fest endete auch ein weibliches Reinigungsritual, das 40 Tage nach der Wintersonnenwende stattfand.

In Europa veranstalteten die Bauern zu Lichtmess eine

Prozession auf die Felder; sie trugen Fackeln, um vor der Aussaat die Erde zu reinigen. Außerdem wollten sie die verschiedenen Erntegottheiten ehren und ihre Gunst erbitten. Man betete darum, die große Göttin möge zurückkehren, mit ihrem Atem die Erde beleben und den Frühling bringen.

Ritual

Mit diesem Fest werden spirituelles Wachstum, Läuterung und Neubeginn gefeiert. Es ist *die* Gelegenheit, lästige, hinderliche Dinge aus der Vergangenheit loszuwerden.

Die weiß gekleidete Hohepriesterin trägt als Symbol für Weisheit und Wissen eine Krone mit 13 roten Kerzen. Sie beginnt ihr Ritual damit, dass sie das Innere des magischen Kreises ausfegt, um negative Einflüsse zu vertreiben.

Die übrigen Anwesenden rufen die Naturelemente und deren Herrscher an und bitten sie, der Göttin zu helfen und ihre magischen Energien in das allgemeine Wirken einfließen zu lassen. Die Anrufung ist einfach, muss aber an den König des jeweiligen Volks von Elementargeistern gerichtet werden, der wie alle Herrscher alter Zeiten die vollständige Gewalt über seine Untertanen hat.

Am besten geschieht diese Anrufung zu Beginn des Rituals an den Kreispunkten für die vier Himmelsrichtungen: Der Osten entspricht dem Reich der Luft, das von den Sylphen und ihrem König Paralda bevölkert wird; im Süden, dem Reich des Feuers, wirken die Salamander unter ihrem König Djinn; im Westen herrscht König Niksa über die Undinen und das Reich des Wassers; der Norden schließlich entspricht dem Reich der Erde, in dem die Gnomen unter der Herrschaft ihres Königs Ghob geschäftig sind. Wenn Sie die Elemente und die vier Himmelsrichtungen anrufen, bitten Sie einfach zusätzlich um die Hilfe des Königs, der das entsprechende Volk von Elementargeistern regiert.

Jedes kleine Dorf ehrte zudem eine lokale Gottheit. Als das Christentum aufkam, schlossen die Menschen die Jungfrau Maria in ihre Anrufungen ein.

Auch heute noch finden, vor allem in Spanien, am 2. Februar Prozessionen zu Ehren der Jungfrau Maria statt. Interessanterweise entspricht Lichtmess dem Neujahrstag der Azteken.

Gottheiten, die gefeiert oder angerufen werden

- *Brigid:* keltische Göttin des Feuers, der Weisheit und der Dichtkunst.
- *Aradia:* Tochter der römischen Göttin Diana und Begründerin der *Alten Religion*.

Altarschmuck

Eine Krone mit 13 roten Kerzen; Tannen-, Fichten- oder Zedernzweige; ein Hexenbesen (aus Reisig), um symbolisch die Vergangenheit wegzufegen; weiße Kerzen; alle weißen Blumen.

Symbole und Entsprechungen

- *Räucherwerk:* Basilikum, Myrrhe, Gardenie.
- *Baum:* Birke.
- *Blumen:* Schneeglöckchen, weiße Lilien (weiße Blumen generell).

- *Farbe:* Weiß
- *Kerzen:* weiße, rote, rosafarbene.
- *Steine:* Amethyst, Granat, Onyx, Türkis.
- *Planeten:* Saturn und Uranus.
- *Tarotkarte:* »Der Stern«, Große Arkana 17.
- *Einfluss:* spirituelle Erneuerung, Hoffnung, Reinigung.

Traditionelle Lebensmittel

Bei diesem Fest des Feuers und des Lichts sind alle gewürzten Gerichte angesagt. Denken Sie dabei auch an exotische Speisen und die chinesische, thailändische und mexikanische Küche; wenn Sie keine stark gewürzten Gerichte mögen, ist Ihre Phantasie gefragt. Servieren Sie zum Beispiel ein flambiertes Dessert als Symbol für das Feuer.

Die Farbe Rot – die Farbe des Feuers – sollte ebenfalls nicht zu kurz kommen. Dekorieren Sie einen Salat mit Rotkohlblättern oder bringen Sie ein Nudelgericht mit Tomatensauce auf den Tisch – es greift die Farben des Festes, Rot und Weiß, wieder auf.

Samen, etwa von Mohn, Sonnenblume und Sesam, sind bei diesem Fest heilig, denn sie tragen Wachstum und Hoffnung in sich.

Passende Gerichte

Alle gewürzten Gerichte; mit Sesamkörnern bestreutes Gebäck; Mohnkuchen; geräucherter Lachs; saurer Hering; Chili con carne.

Frühlings-Tag-und-Nacht-Gleiche

Ostara-Fest, um den 21. März
Die Frühlings-Tag-und-Nacht-Gleiche ist ein Fruchtbarkeitsfest, mit dem die Ankunft des Frühlings, der Rückkehr der
Göttin und das Erwachen der Natur gefeiert werden. In England widmeten die Sachsen dieses Fest Eostra, der sächsi-
schen Fruchtbarkeitsgöttin, oder Ostara, der germanischen
Fruchtbarkeitsgöttin. Andere heidnische Traditionen ehren
die Grüne Göttin und den Herrn des Waldes.

Ritual

Interessanterweise finden wir bei den Feierlichkeiten zur Auf-
erstehung Christi alle heidnischen Elemente dieses Festes
wieder – seien es nun die Glocken, die »aus Rom zurückkommen« und die man früher läutete, damit die Natur erwachte, oder die verzierten Eier, die man als Opfer für die
Fruchtbarkeitsgöttin ins Feuer warf oder in der Erde ver-
grub.

Bei allen Festen im Zusammenhang mit der Frühlings-
Tag-und-Nacht-Gleiche ging es um die Felder und die Aussaat; in den Anrufungen bat man um Regen in Maßen, damit
die Saat schneller keimte, und um Sonne, damit der Boden
sich erwärmte und die Pflanzen wachsen konnten.

Das Fest hat aber auch einen spirituellen Aspekt. Es ist
der richtige Zeitpunkt, um schlechte Einflüsse oder Gewohnheiten zu vertreiben und gegen Dinge oder Personen einen
Bann auszusprechen.

Gottheiten, die gefeiert oder angerufen werden

- *Eostra:* sächsische Fruchtbarkeitsgöttin.
- *Ostara:* germanische Frühlingsgöttin.

Altarschmuck

Hart gekochte Eier, die verziert oder mit leuchtenden Farben bemalt werden, als Symbol der Fruchtbarkeit; Glücksbringer (Hasenpfote, Glückspfennig etc.). Wenn Sie einen Garten bepflanzen wollen, stellen Sie die Samentütchen oder die neuen Setzlinge auf den Altar. Geeignete Blumen sind alle Frühjahrsblüher wie Tulpen, Narzissen, Krokus, Hyazinthen etc.

Symbole und Entsprechungen

- *Räucherwerk:* Jasmin, Salbei, Erdbeere.
- *Baum:* Weide.
- *Blumen:* Veilchen, Tulpe, Hyazinthe, Frühlingsblumen generell.
- *Farben:* Grün, Gelb, Blasslila, Rosa.
- *Kerzen:* grüne, gelbe.
- *Steine:* Aquamarin, roter Jaspis, Heliotrop.
- *Planeten:* Jupiter und Neptun.
- *Tarotkarte:* »Der Mond«, Große Arkana 18.
- *Einfluss:* Intuition, esoterisches Wissen, karmische Gesetze.

Traditionelle Lebensmittel

Da der herannahende Frühling und die erwachende Natur gefeiert werden, gelten alle Pflanzentriebe als heilig; die ersten Senf- und Löwenzahnblätter waren ein großartiges Geschenk, wenn man bedenkt, dass unsere Vorfahren im Winter fast keine frischen Nahrungsmittel hatten.

Um die Rückkehr Persephones aus der Unterwelt zu feiern, verzierte man Salate mit Blumen. Die wichtigste Rolle bei diesem Fest spielen die Eier, denn sie sind auf der ganzen Welt ein Symbol für Fruchtbarkeit. Sie kündigen eine Phase an, in der Fruchtbarkeit und Überfluss herrschen.

Passende Gerichte

Salate aus Keimlingen und Sprossen; Luzerne und Petersilie als Beilage; Blüten von Rosen, Kapuzinerkresse, Veilchen etc. als Beilage für Salate; bemalte oder auf andere Weise verzierte hart gekochte Eier; Omelette; Quiche; Soufflé; Honigkuchen; Baklava; Hefeplatz; Waffeln; Met; Milch; Milchpunsch; Kräutertee.

Beltane

Walpurgisnacht/Maifest, 1. Mai

Das Beltane-Fest geht auf die Druiden zurück, die an diesem Tag ein Fest des Feuers feierten, das die Vereinigung der Göttin mit ihrem Gefährten Cernunnos symbolisierte. In der Natur wurden die ersten Früchte reif und verhießen eine reiche Ernte.

Ritual

Der Vorabend des 1. Mai, der als Walpurgisnacht bezeichnet wird, ist den Elementargeistern gewidmet, den Sylphen, Undinen, Gnomen und Salamandern. Es ist auch das Fest der Elfen und Feen.

In dieser magischen Nacht ist der Schleier zwischen ihrer und unserer Welt sehr dünn, und manchmal werden sie von Sterblichen gesehen. Der 1. Mai selbst ist ein Tag der Freude; der Winter ist vergangen, und man kann unter freiem Himmel die wieder erwachte Natur genießen.

Dies ist auch der richtige Zeitpunkt, um das eigene Geschick mit dem eines anderen Menschen zu verbinden. Am Morgen des 1. Mai begab das Paar sich in den Wald, und die Partner gelobten sich für ein Jahr und einen Tag Liebe und Treue. Es war Brauch, dass der Mann wilde Blumen für seine Liebste pflückte und zu einer Krone zusammenflocht; die Frau wiederum fertigte für ihren Schatz eine Krone aus Eichenblättern an. So wurden sie zu einer Verkörperung der Göttin und ihres Gefährten. Am Ende dieses Zeitraums konnten sie entscheiden, ob sie sich trennen oder weitermachen wollten.

Gottheiten, die gefeiert oder angerufen werden

- *Flora:* römische Göttin der Blumen.
- *Diana:* römische Göttin des Mondes, der Wälder und der Jagd.
- *Pan:* griechischer Gott des Waldes und der Fruchtbarkeit.

Altarschmuck

Eine sehr große Kerze, die Sie mit Bändern in Rosa, Grün, Gelb und Blasslila schmücken; eine Blumenkrone, etwa aus Margeriten; wild wachsende Frühlingsblumen wie Veilchen, Primeln und gelber Hahnenfuß.

Symbole und Entsprechungen

- *Räucherwerk:* Flieder, Maiglöckchen.
- *Bäume:* blühende Obstbäume, Weide, Weißdorn.
- *Blumen:* Flieder, Maiglöckchen, Maiblumen.
- *Farben:* Rosa, Zartgrün, Blasslila, Gelb.
- *Kerzen:* grüne, rosa- blasslilafarbene.
- *Steine:* Smaragd, Saphir, Rosenquarz.
- *Planeten:* Venus, Mond.
- *Tarotkarte:* »Der Hierophant«, Große Arkana 5.
- *Einfluss:* Intelligenz, Freude.

Traditionelle Lebensmittel

Dieses Fruchtbarkeitsfest feiert die ersten Früchte der Saison. Aus Schottland stammt der Brauch, Kekse, Brot und Kuchen aus Hafer zu backen; Letztere, die so genannten Bannocks, gelten bei den Pikten (den »blauen Menschen« Schottlands) als heilige Speise. *Das* heilige Nahrungsmittel dieses Festes ist jedoch die Milch und alles, was aus ihr hergestellt wird: Käse, Joghurt, Eiscreme, Schlagsahne etc. Auch Waldmeisterbowle ist »angesagt«. Lassen Sie einige Waldmeisterblätter ein paar Tage lang in einem trockenen Weißwein ziehen und legen Sie vor dem Servieren eine Erdbeere in das Glas!

Passende Gerichte

Käse; Quiche mit Gruyere; Milcheis; Erdbeeren mit Schlagsahne; Mürbeteigtörtchen mit Erdbeeren; Erdbeercharlotte; Haferbrot; Haferplätzchen; Käsefondue.

Sommersonnenwende

Mittsommerfest, um den 21. Juni

Die Sommersonnenwende bezeichnet den längsten Tag des Jahres. Es ist der Höhepunkt des Sonnenzyklus, ein Fest der Freude, bevor die Tage wieder kürzer werden. Jetzt wird dem Gefährten der Göttin, beim Ritual vertreten durch den Hohepriester, eine Krone aus Eichenblättern aufs Haupt gesetzt.

Moderne Druiden zelebrieren zu diesem Zeitpunkt in Stonehenge in England jahrtausendealte Rituale; für die Druiden, die Nachkommen der Sonnenanbeter, war dieses Fest das Wichtigste.

Ritual

Zu Mittsommer werden traditionell auch die magischen Kräuter zur Zubereitung von Heil- und Zaubertränken geerntet. Von alters her ist bekannt, dass die Eigenschaften der Pflanzen an diesem Tag maximal entfaltet sind.

Die Hexen und Hebammen früherer Zeiten, die Kräuterkundigen, Druiden und Magier sammelten ihre Kräuter an diesem Tag oft auch zu genau festgelegten Stunden. Manche Pflanzen mussten bei Sonnenaufgang gepflückt werden, andere später am Morgen, wieder andere beim höchsten Stand der Sonne und noch andere später am Nachmittag. Wer die magischen, esoterischen oder mystischen Künste ausübte, benutzte zum Schneiden der Pflanzen eine kleine Kupfersichel. Das Einsammeln brauchte seine Zeit, denn bei jeder Pflanze musste vor dem Abschneiden meditiert und gebetet werden; außerdem durfte an einem Pflanzenstandort nur so viel abgeschnitten werden, dass das Überleben der Art gesichert war. Am Schluss musste der Pflanze und den Elementargeistern, die sich um sie kümmerten, gedankt werden.

Weil die an diesem Tag geernteten Pflanzen eine besonders starke magische Wirkung hatten, brauchte man nur ganz wenig abzuschneiden; einen Anbau in großem Stil gab es nicht, und die Kräuter wurden nur für Zauber- und Heilrituale verwendet.

An diesem Tag schnitt man auch die Zweige, die zur Herstellung von Zauberstäben und Wünschelruten verwendet wurden.

Früh am Morgen, unmittelbar nach Sonnenaufgang, gingen Interessierte in den Wald, um den Zweig zu finden, der ihren Bedürfnissen entsprach. Es war ein gutes Omen, wenn man einen Ast fand, der frisch von einem passenden Baum heruntergefallen war; es bedeutete, dass die Göttin diesem Suchenden gewogen war, und Rutengänger konnten in Kürze mit interessanten Entdeckungen rechnen.

Für Hexen und Magiere war der Tag tatsächlich mit sehr viel Arbeit verbunden, denn es war auch bekannt, dass alle im Lauf dieses Festes zubereiteten Kräutermischungen stärker wirkten.

Viele abergläubische Überzeugungen ranken sich um diesen Tag, von denen ich hier nur wenige nennen will:

- Was man in dieser Nacht träumt, wird im Lauf des Jahres wahr.
- Wenn man bei Sonnenaufgang Blumen pflückt, stellt sich im nächsten Jahr die Liebe ein.
- Wenn man beim Aufwachen einen weißen Schmetterling sieht, der von Blüte zu Blüte fliegt, kündigt das für das kommende Jahr Wohlstand an.

Gottheiten, die gefeiert oder angerufen werden

- *Aphrodite:* griechische Göttin der Liebe.
- *Astarte:* altseminitische Göttin der Liebe und Fruchtbarkeit.
- *Freyja:* nordische Göttin der Liebe und des Krieges.
- *Venus:* römische Göttin der Liebe und Schönheit.
- Alle Göttinnen, die Liebe und Lust repräsentieren.

Altarschmuck

Alle Symbole der Liebe; Heil- und Zaubertränke sowie Kräuter und Öle zu ihrer Herstellung; alle Blumen der Saison.

Symbole und Entsprechungen

- *Räucherwerk:* Rose, Jasmin.
- *Baum:* Eiche.
- *Blumen:* Rose, Fingerhut.
- *Farbe:* Grün.
- *Kerzen:* grüne.
- *Steine:* Jade, Aventurin, Moosachat.
- *Planet:* Merkur.

- *Tarotkarte:* »Der Wagen«, Große Arkana 7.
- *Einfluss:* Kommunikation, Intuition.

Traditionelle Lebensmittel

Dieses fröhliche Fest soll die Fülle der Natur unterstreichen und die feurige Kraft der in ihrem Zenit stehenden Sonne feiern.

Die ersten Früchte können geerntet werden und sind deshalb heilig. Was die Erde hervorgebracht hat, wird froh und glücklich in Empfang genommen, denn es macht deutlich, dass alles, was im Frühjahr verheißen wurde, Wirklichkeit geworden ist. Wein und Met nehmen bei diesem Fest ebenfalls einen wichtigen Platz ein.

Passende Gerichte

Alles, was auf den Grill zubereitet werden kann; flambierte Gerichte; Salat aus frischen Gemüsen; Kartoffel-, Nudel- und Reissalat; frischer Obstsalat; Erdbeer-, Himbeer- und sonstige Obstkuchen; Rosinenbrötchen; Weißbrot.

Lammas

Lugnasad-Fest/Schnitterfest, 1. August
Lammas ist das Fest des Brotes; an diesem Tag erntet man die ersten Getreide, die dann zu Mehl weiterverarbeitet werden. Man dankt der Göttin für den Einfluss, den die erste Ernte bringt, und bittet sie, diese Fülle auch in Zukunft zu gewähren.

Ritual

Morgens begaben Priesterinnen und Priester sich auf die Felder und schnitten symbolisch einige Halme ab; mit dem Dreschflegel trennten sie die Körner von den Spelzen und brachten sie dann zur Mühle (oder zum Mahlstein), wo sie zu Mehl zermahlen wurden. Alle Vorkommnisse wurden genau beobachtet, denn aus ihnen ließ sich schließen, wie die Ernte verlaufen würde. Auch die Qualität des Mehls wurde genau untersucht. Erst dann wurde gefeiert.

Die Druiden huldigten bei diesem Anlass Lug, dem keltischen Sonnengott, und zelebrierten Schutzrituale. Alle Schutz bringenden Zauberhandlungen und -tränke, die an diesem Tag ausgeführt bzw. hergestellt wurden, bekämpften die Kräfte des Bösen und negative Einflüsse besonders wirksam. Man nahm an, der Tag stehe unter dem Schutz der kosmischen Energie.

Kennzeichnend für dieses Fest sind auch spezielle Symbole, vor allem die heilige Kraft der Schlange. Bei einigen Völkern der amerikanischen Mesas finden bei dieser Gelegenheit heilige Tänze zu Ehren der Schlange statt.

Gottheiten, die gefeiert oder angerufen werden

• *Lug:* keltischer Sonnengott.
• *Demeter:* griechische Göttin des Ackerbaus.
• *Ceres:* römische Göttin des Ackerbaus.
• Alle Göttinnen und Götter, die für Ackerbau, Ernte und Weinlese zuständig sind.

Altarschmuck

Mais; aus Maisblättern hergestellte Puppen; frisches Gemüse als Symbol für die erste Ernte; Nüsse; Eichenblätter; Nelken; generell alle Blumen, die zu dieser Zeit blühen.

Symbole und Entsprechungen

- *Räucherwerk:* Salbei, Zeder.
- *Bäume:* Haselnuss, Walnuss.
- *Blumen:* Rose, Tollkirsche.
- *Farben:* Gelb, Orange, Dunkelgrün.
- *Kerzen:* grüne, gelbe.
- *Steine:* roter Jaspis, Jade, Malachit.
- *Planet:* Sonne.
- *Tarotkarte:* »Gerechtigkeit«, Große Arkana 8.
- *Einfluss:* Mut, Erfolg.

Traditionelle Lebensmittel

Da zum Zeitpunkt dieses Festes die ersten Getreide geerntet werden, gebührt der Ehrenplatz dem Brot. Das Korn wurde zu Mehl gemahlen, und voll Ehrfurcht stellte man Brot daraus her.

In Italien bereitet man seit dem Mittelalter zu diesem Fest Tortellini zu; sie symbolisieren den Nabel der Venus, der Göttin der Liebe und Fruchtbarkeit. Die amerikanischen Indianer buken Maisbrot, die Mexikaner Tortillas.

Passende Gerichte

Lamm am Spieß (dies ist der ideale Zeitpunkt für ein Méchoui); Reis mit Gemüse; Brot; Maisbrot; Tortillas; Ratatouille; Tortellini; Obstkuchen mit kleinen Früchten (Erdbeeren, Himbeeren, Blaubeeren, Brombeeren); Pfirsichkuchen; Obstsalat mit Pfirsichen, Birnen und anderen Früchten der Saison; Met, Bier, Wein.

Herbst-Tag-und-Nacht-Gleiche

Mabon-Fest, um den 21. September
Der produktive Zyklus der Natur geht zu Ende, und es ist Zeit, das, was im Frühling begonnen wurde, zum Abschluss zu bringen. Der Legende zufolge bemerkte Hades, der Gott des Totenreichs, an diesem Spätsommertag Persephone, die in den Feldern Blumen pflückte. Er verliebte sich in sie und entführte sie, damit sie auf ewig an seiner Seite regierte.

Als Demeter, die Göttin der Ernte, vom Verschwinden ihrer Tochter erfuhr, brach sie auf, sie zu suchen. Weil sie sie nirgendwo fand, waren ihr Kummer und ihre Verzweiflung so groß, dass alle Blumen, Bäume und Pflanzen welkten und die gesamte Vegetation auf der Erde zum Stillstand kam. Die Götter im Olymp hörten die Hilferufe der Menschen, konnten aber nicht direkt in dieses Drama eingreifen. Deshalb drängten sie Hades zu einem Kompromiss: Persephone würde nur sechs Monate des Jahres mit ihm im Schattenreich verbringen. Demeter verkündete, dass die Natur in diesen sechs Monaten Trauer tragen sollte und nichts auf Erden wachsen sollte – so lange, bis Persephone die Unterwelt verließ.

Ritual

Im Zentrum dieses ernsten Festes, bei dem die Göttin zu ihrem Ruheort geleitet wird, stehen Meditation und Introspektion. Alle Weihe- und Widmungsrituale sind an diesem Tag angebracht.

Gottheiten, die gefeiert oder angerufen werden

* *Persephone:* griechische Göttin des Wachstums und der Unterwelt.
* *Thor:* nordischer Gott des Donners.

Altarschmuck

Räucherkegel mit Tannen- oder Fichtenduft; Herbstblätter; Herbstgemüse (Rote Bete, Karotten); ein Zopf mit Zwiebeln oder Knoblauch; eine große braune oder dunkelgrüne Kerze; Walnüsse; Trauben; Granatäpfel.

Symbole und Entsprechungen

* *Räucherwerk:* Lotus, Zypresse, Gartennelke, Sandelholz.
* *Baum:* Apfelbaum.
* *Blumen:* Chrysantheme, Nelke.
* *Farben:* Braun, Gelb, Orange.
* *Kerzen:* gelbe, orangefarbene.
* *Steine:* Achat, Karneol, Zitrin.
* *Planet:* Merkur.
* *Tarotkarte:* »Der Eremit«, Große Arkana 9.
* *Einfluss:* Intelligenz, verborgenes Wissen, Introspektion.

Traditionelle Lebensmittel

Dies ist die Zeit der Ernte und der Weinlese. Alles, was die Erde so reichlich hervorgebracht hat, wird verzehrt oder als Vorrat für den kommenden Winter angelegt.

Da zu dieser Zeit auch die Jagdsaison beginnt, darf ein Stück Wildbret nicht fehlen.

Ein anderes heiliges Lebensmittel dieses Festes sind Äpfel, in Amerika auch Mais.

Passende Gerichte

Wild; Fleisch vom Grill; Schweinekotelett mit Apfelkompott; Mais (Kolben, Grieß); Äpfel (in allen Formen); Pfirsich- und Aprikosenkompott; Obstkuchen; Apfelcharlotte.

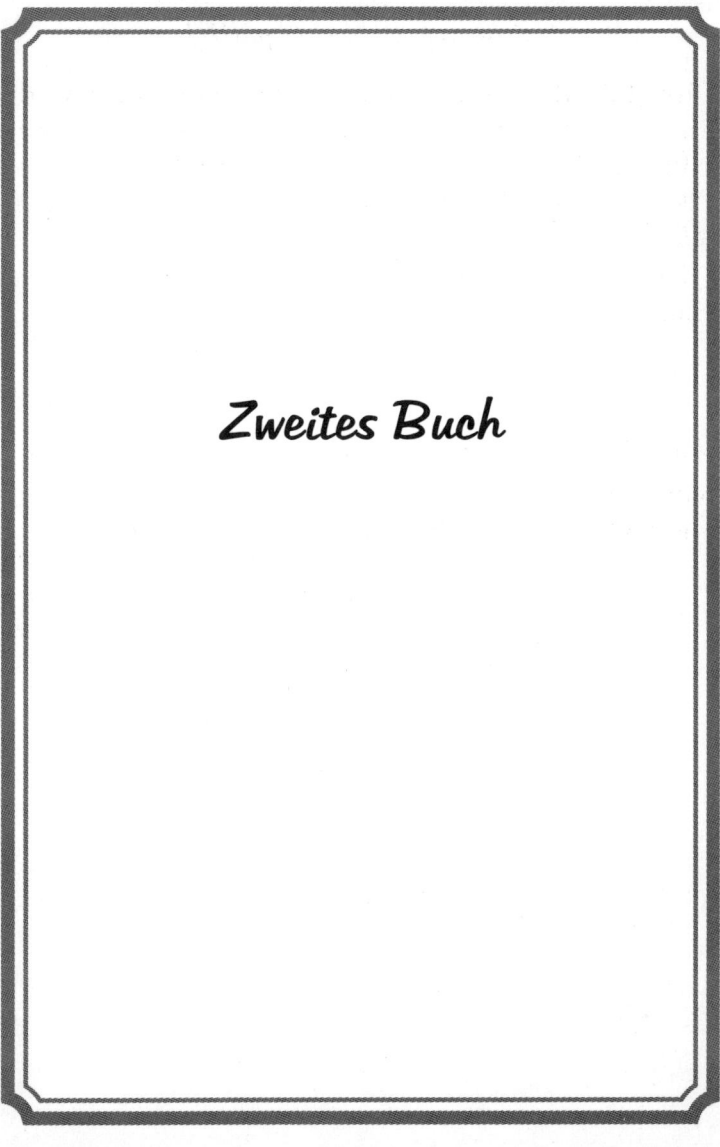

Zweites Buch

I.

Grundlegendes

Was man berücksichtigen muss,
wenn man weiße Magie praktiziert

Kapitel 1
· · · ·
Grundlagen der Magie

Andere Zeiten, andere Sitten

Hexen gibt es schon lange. Ihre Herkunft verliert sich im
Dunkel der Zeiten, und ihre Kraft ist durchaus real. Aber
was wissen wir wirklich von diesen Frauen, deren Ruf seit
jeher ausgesprochen schlecht ist? Wie sahen sie aus? Warum
fürchtete man sie so? War diese Angst berechtigt? Und wie
kann man sie heute erkennen? Denn es gibt sie noch, auch in
unserer modernen Welt. Sie haben dieselben magischen Kräfte, Rezepturen und Fähigkeiten wie früher, und sie kommen
zu den gleichen Ergebnissen. Ihr Aussehen hat sich natürlich
verändert; und obwohl einige ihrer Arbeitswerkzeuge gleich
geblieben sind, haben sie den großen schwarzen Kessel, der
über einem glühenden Feuer hing und einen seltsamen, Ekel
erregenden Geruch verbreitete, ausrangiert, vor allem aber
werden sie nicht mehr Hexen genannt.

1603 beschrieb der Erzbischof Samuel Harsnett Hexen als
»alte Frauen mit spitzem Kinn, krummem Rücken und falti-
gem Gesicht; auf ihren verwachsenen Beinen humpelten sie,
an allen Gliedern zitternd und mit zahnlosem Mund vor sich
hin brabbelnd, mit leerem Blick am Stock durch die Gassen«.
Bilderbücher zeigen sie in zerschlissener schwarzer Kleidung,

abstoßend schmutzig und gefolgt von einer Schar meist schwarzer Katzen. Die Wirklichkeit indes sah anders aus.

Frauen, die das Unglück hatten, dieser Beschreibung zu gleichen, wurden automatisch als Hexe gebrandmarkt, obwohl sie in Wirklichkeit nichts als arme alte Witwen waren, die für einen aufwendigen Lebensstil einfach nicht die Mittel hatten. Sie wohnten in alten Hütten, trugen Lumpen, und die körperliche Hygiene spielte angesichts des Kampfs ums Überleben und der Nahrungsbeschaffung eine eher untergeordnete Rolle. Die Katzenschar war ein Ausdruck ihrer Güte, denn trotz ihrer Armut ernährten sie sie mit dem wenigen, was sie erübrigen konnten – schließlich waren die Katzen ihre einzigen wahren Freunde!

Echte Hexen sahen meist genauso aus wie »normale« Frauen und wurden von ihrer Umgebung gar nicht erkannt.

Heute wird niemand mehr als Hexe bezichtigt, weil er ein bestimmtes Aussehen oder Verhalten hat. Sowieso glaubt kaum noch jemand an Hexen; man hält sie für Phantasiegestalten, die erfunden wurden, um Kindern Angst einzujagen. Und da sie heute genauso wie früher von anderen Menschen nicht zu unterscheiden sind, ist es unmöglich, sie zu erkennen; aber das heißt nicht, dass es keine mehr gibt …

Ja, es gibt Hexen unter uns, aber sie tragen nicht mehr diesen abwertenden Namen, mit dem Angst und die Verkörperung des Bösen assoziiert werden. Welche Parallelen gibt es nun zwischen alten und neuen Hexen?

Früher hatte jede Hexe eine besondere Gabe. Man suchte heimlich eine bestimmte Hexe auf, weil man von ihr eine Antwort auf präzise Fragen erhoffte, die etwa mit der Zukunft eines widerspenstigen Familienmitglieds zu tun hatten. Heute heißen Frauen, die solche Erwartungen erfüllen,

»Hellsichtige«, und es gehört zum guten Ton, sie zu konsultieren.

Dann war da die Hexe, die verschämt hingenuschelte Krankheiten heilte, Abtreibungen vornahm oder einen Liebestrank zusammenbraute. Obwohl natürlich niemand daran glaubte, nahm alle Welt sie mindestens einmal im Leben in Anspruch, und selbst Staatslenker suchten sie auf, wenn ihr Arzt mit seinem Latein am Ende war. Diese »Hexen« heißen heute Naturheilpraktikerinnen und sind in unserer modernen Gesellschaft sehr nützlich.

Das Gleiche gilt für alle so genannten Hexen, die die natürliche oder von Generation zu Generation weitervererbte Gabe besaßen, Krankheiten zu behandeln, Menschen zu heilen und seelische Qualen oft genauso zu lindern wie körperliche. Sie werden heutzutage als »Homöopathin«, »Lithotherapeutin«, »Seherin«, »Heilpraktikerin« etc. bezeichnet.

Heute werden sie respektiert und anerkannt. Jeder von uns hat eine Hexe in der Familie, im Freundeskreis oder in der Nachbarschaft; sie brauchen sich nicht mehr zu verstecken, und wir können sie am helllichten Tag aufsuchen, denn zum Glück haben die Zeiten sich geändert.

Vom 15. bis zum 17. Jahrhundert war im Volk die Meinung verbreitet, Hexen hätten die Macht, anderen Menschen Unglück anzuzaubern, Katastrophen auszulösen, mit Tieren zu kommunizieren, auf einem Besen von Ort zu Ort zu fliegen, Gifte und zerstörerische Tränke zusammenzubrauen, das Wetter zu bestimmen und Blitz, Donner und Hagel herbeizurufen; das führte zu ihrer massenhaften Vernichtung. Die Regierenden taten sich mit der Geistlichkeit, der Justiz und allen »wohlanständigen« Bürgern zusammen und verurteilten das Treiben der Hexen, das als gefährlich und illegal

betrachtet wurde. Es kam zu einer Art kollektivem Wahnsinn; die Hexenjagd zeitigte die schlimmsten Gräuel, unbe-
schreibliche Ungerechtigkeiten und unmenschliche Verfol-
gungen.

Schätzungsweise über 200 000 Personen, meist Frauen, wurden gefoltert und anschließend hingerichtet. In Frankreich ließ
der Richter Nicolas Remy zu Beginn des 16. Jahrhunderts
rund 900 Menschen hinrichten, der Richter Henri Boguet
600, und der deutsche Bischof Peter Binsfeld rühmte sich
Ende des 16. Jahrhunderts stolz, für den Tod von mehr als
6000 Personen verantwortlich zu sein. Manche Denunziatio-
nen waren völlig aus der Luft gegriffen und wurden aus
Angst oder Rache von Familienangehörigen, »aufrichtigen«
Freunden oder Nachbarn geäußert, die sich auf diese Weise
bei den Behörden lieb Kind machten.

Um die Hexen zu einem Geständnis zu bewegen, wurden
sie gefoltert. Die dabei verwendeten Prozeduren waren ab-
scheulich. Auch die psychische Folter war bekannt: Man ent-
zog der angeblichen Hexe Nahrung und Schlaf und ließ sie
herumgehen, bis sie gestand. Bei der Hexenprobe warf man
sie ins Wasser: Wenn sie nicht unterging, war das ein Beweis
für ihre Schuld …

Diese Frauen, die ertränkt oder lebendigen Leibes auf dem
Scheiterhaufen verbrannt wurden, hatten oft keinen anderen
Fehler, als die Eigenschaften bestimmter Pflanzen zu kennen
oder hellsichtig zu sein. Wenn ein Sturm gewütet, eine töd-
liche Krankheit oder eine Naturkatastrophe zugeschlagen
hatte oder die Ernte schlecht war, gab man die Schuld den
Hexen.

Die Angst vor dem Unbekannten beunruhigte die etablierte Gesellschaft; Besorgnis und Angst vernebelten ihr

das Hirn so, dass sie die Realität nicht mehr rational betrachten konnte. So wurden arme, alte, einsame Frauen für
alles Schlechte verantwortlich gemacht; weil sie sich nicht
verteidigen konnten, mussten sie für die Borniertheit angeblich intelligenter Menschen bezahlen.

Heute kommen die Hexen wieder …

Die drei großen Gesetze der Magie

Hexen, Magier, Zauberlehrlinge müssen die folgenden drei
großen Gesetze respektieren, damit ihr Zauber für sie keine
negativen Folgen hat.

Erstes Gesetz:
Alles prägt sich ein

Wir alle haben schon erlebt, dass bestimmte Orte, Menschen,
Farben oder Düfte unmittelbar etwas in uns auslösen; sie
wecken angenehme oder unangenehme Erinnerungen, bewirken Wohlbefinden oder Unbehagen, bringen uns zum
Lächeln oder zum Weinen, machen uns in ein paar Augenblicke glücklich oder traurig.

Bäume haben Jahresringe und zeichnen so die Dauer ihres
Wachstums auf; Lebewesen verwandeln sich in Fossilien,
die ihr Dasein bezeugen. Und auch vergangene Kulturen
haben Spuren hinterlassen, aus denen Archäologen auf die
Lebensweise der Menschen schließen.

Diese Spuren sind konkret, das Gebliebene ist sichtbar.
Aber es gibt auch unsichtbare und daher schwerer fassbare
Spuren. Ereignisse, Menschen und Orte drücken uns ihren

Stempel auf, den das Auge nicht sieht, den unser Geist aber registriert, ohne dass es uns bewusst wird. Das, was uns umgibt, prägt uns, aber auch wir prägen unsere Umgebung und hinterlassen Spuren auf den Dingen, die wir berühren oder ansehen.

Der Ort, an dem wir wohnen, ist von unserem Leben und allem, was es enthält, regelrecht durchdrungen: Von unseren Stimmungen, unseren Freuden und Leiden, unseren Gedanken und eigentlich allem, was uns als Individuum ausmacht.

Alles, was wir fühlen, denken und tun, prägt sich zunächst uns selbst ein, und das ab der Geburt; im Lauf der Jahre und mit den Ereignissen, die unser Leben gestalten, werden die Prägungen tiefer. Wir alle sind verantwortlich für das, was wir tun, aber auch für das, was wir denken und fühlen. Langfristig machen destruktive Gedanken und negative Gefühle uns schwermütig und bitter, während uns die konstruktiven Gedanken, die wir im Lauf unseres Lebens aussenden, uns bis ins hohe Alter zu ausgeglichenen, fröhlichen Menschen machen. Deshalb ist es ratsam, möglichst umgehend damit anzufangen, unsere Umwelt und unsere Mitmenschen positiv zu sehen und uns entsprechend zu verhalten. So bauen wir uns Stück für Stück eine lichtvolle, friedliche Zukunft auf und befolgen das erste Gesetz der Magie: Alles prägt sich ein.

Zweites Gesetz:
Gleiches zieht Gleiches an

Der Satz »Hilf dir selbst, dann hilft dir Gott« wird heute bei allen möglichen Gelegenheiten zitiert, aber nur selten in die Praxis umgesetzt; das könnte daran liegen, dass wir nicht wissen, was er eigentlich bedeutet und wie wir ihn anwenden können.

Ein einfaches Beispiel macht die Idee, die diesem Gesetz zu Grunde liegt, klarer. Wenn Sie Stimmgabeln unterschiedlicher Wellenlänge in Schwingung versetzen, erzeugt jede einen anderen Ton, der die anderen Stimmgabeln nicht beeinflusst. Aber wenn Sie zwei Stimmgabeln gleicher Wellenlänge nebeneinander platzieren und die eine in Schwingung versetzen, fängt die andere im gleichen Ton an zu vibrieren wie die erste, obwohl Sie sie gar nicht berührt haben.

Wie diese Stimmgabeln senden auch wir Schwingungen aus, die im Himmel und auf Erden nach »ihrer« Wellenlänge suchen, um ihre Kraft zu vereinen. So wird deutlich, wie wichtig die Schwingungen sind, die wir in uns erzeugen und aussenden.

Wenn wir negativ denken und dadurch Wellen verbreiten, die von Verzweiflung, Destruktivität und Schmerz geprägt sind, verbinden sie sich mit genau der gleichen Wellenart und vervielfachen so die schädlichen Gefühle, die zu uns zurückkommen und uns noch depressiver machen. Wenn wir dagegen positiv denken und also Optimismus, Kreativität und Fröhlichkeit in die Welt hinausstrahlen, finden auch diese Wellen ihre Entsprechung, sodass die angenehmen Gefühle, etwa Selbstvertrauen und Euphorie, sich verstärken.

Wenn Sie diese Gesetzmäßigkeit kennen, können Sie genau
die Schwingungen aussenden, mit denen Sie in Verbindung
treten wollen. Dann kommen überwiegend die Ereignisse,
Menschen und Gefühle auf Sie zu, die Sie gerufen haben.

Drittes Gesetz:
Wir ernten, was wir säen

In der Magie bezeichnet man dieses Gesetz auch als den Bumerang-Effekt, und das Bild ist gut gewählt. Der Satz »Wir
ernten, was wir säen« beschreibt die Idee, die hinter diesem
Gesetz steht, sicher am besten. Im Grunde bedeutet es: Wenn
du liebst, wirst du geliebt; wenn du jemanden verletzt, wirst
du verletzt; wenn du jemandem schadest, wird dir gescha-
det.

Dieses Prinzip gilt für sichtbare Gesten wie Blicke, Schläge
oder Worte genauso wie für Gefühle, etwa Neid, Hass oder
Bosheit. Das Schlimmste ist, dass das Böse, das wir tun, nicht
immer den richtigen Adressaten erreicht, das heißt denjeni-
gen, dem unser Hass oder unser Groll gegolten hat. Wir haben dann das Gefühl, dass unsere Energie sinnlos verpufft
ist, und vergessen, dass letztendlich immer irgendjemand
unsere Aggressivität abbekommt.

Der Bumerang-Effekt trifft uns natürlich nicht immer sofort; manchmal dauert es Jahre, bis wir ernten, was wir gesät
haben, aber irgendwann kommt alles zu uns zurück.

Deshalb empfiehlt es sich, ab sofort das zu säen, was wir
im Lauf unseres Lebens ernten wollen. Dies entspricht auch
dem oben abgehandelten zweiten Gesetz der Magie: Schwingungen, die guten genauso wie die schlechten, verbinden sich
mit ihresgleichen und kommen potenziert zu uns zurück.

Es hilft schon, wenn Sie abends vor dem Einschlafen ein bisschen über Ihr Verhalten an diesem nun zu Ende gehenden Tag nachdenken. Dann sehen Sie, wo Sie sich auf den destruktiven Aspekt dieses Gesetzes eingelassen haben, und können sich bemühen, es das nächste Mal besser zu machen.

»Was du nicht willst, dass man dir tu, das füg auch keinem anderen zu«: Diese auch als »Goldene Regel« bezeichnete Weisheit ist der allerbeste Rat. Wenn wir uns danach richten, dann handeln, denken und fühlen wir konstruktiv, und die daraus entstehenden positiven Schwingungen garantieren uns ein glückliches Leben.

Die vier wahren Kräfte der Hexen und Magiere

Die Ausübung der Magie ist eine (Lebens-)Kunst und ein Denk- und Handlungsraster, die anders sind als alles, was wir zuvor gelernt haben. Die meisten Menschen werden unwiderstehlich von dieser Lebensweise angezogen, und das aus den verschiedensten Gründen: Sie sind einfach neugierig, wollen den Schleier von Geheimnissen lüften, ihre Spiritualität entwickeln, ihr Selbstvertrauen wieder finden, ihr Leben anders organisieren, etwas lernen, entdecken und den Menschen und den Sinn seines Lebens verstehen.

Das Tor zur Magie ist breit und für jeden offen; niemand braucht »draußen« zu bleiben, denn Alter, Geschlecht, Rasse, gesellschaftlicher Status oder Religion spielen keine Rolle. Viele Menschen haben in ihrem tiefsten Inneren den Wunsch, die Gesetze des Unsichtbaren zu erforschen, zu verarbeiten und sie zu verstehen, um ihr Leben, ihr Schicksal und ihre

Zukunft selbst zu gestalten; die Magie stillt dieses Bedürfnis.

Hexen und Magier wollen nicht brav warten, bis die Trompeten des Jüngsten Gerichtes erschallen; sie wollen nicht tatenlos darauf warten, dass man sie verurteilt oder begnadigt. Stattdessen handeln sie und versuchen, die Mysterien von Leben und Tod, Himmel und Erde, Gut und Böse, Schwarz und Weiß, Mensch und Schicksal zu durchdringen.

Jeder, der den Weg der weißen Magie beschreiten will, muss seine Entdeckungsreise auf die folgenden vier Gebote gründen: Mut, Wissen, Willen und Schweigen.

Mut

Gemeint ist der Mut, den großen Sprung ins Unbekannte zu wagen, mit alltäglichen Gewohnheiten und der lieb gewonnenen, langweiligen, aber Sicherheit vermittelnden Routine zu brechen. Alte Grundsätze, überholte Vorstellungen und Vorurteile werden über Bord geworfen, damit in Geist und Seele Platz entsteht für neue Ideen, die ganz anders sind als die rationalen, logischen, vernünftigen Konzepte, die wir bislang akzeptiert haben.

Gemeint ist der Mut, das abzulegen, was unsere Entwicklung begrenzt. Wir trauern ein letztes Mal um diese Hindernisse und lassen sie dann los, auch wenn es uns schwer fällt.

Auch für die Prüfungen, die diese Entdeckungsreise uns zweifellos bringt, brauchen wir Mut. Wir müssen unser scheinbares Wohlbefinden aufgeben, uns blind in die dunklen Höhlen des Mysteriums vortasten und im Grunde unseres Herzens davon überzeugt sein, dass die Finsternis nur vorübergehend ist. Denn je weiter wir im Bereich des Immateriellen voranschreiten, desto heller wird die Nacht, desto stärker das Licht, und am Ende steht die Erleuchtung. Die allermeisten Menschen, die um Haaresbreite dem Tod entronnen sind bzw. Nahtoderfahrungen gemacht haben, sagen, sie seien in einem Tunnel gewesen und hätten an seinem Ende ein wunderbares Licht gesehen. Aber wir müssen nicht wirklich sterben, um diese Klarheit zu erleben. Wir brauchen nur den Mut, unsere abhängige, schwerfällige, materialistische Seite sterben und unsere spirituelle, freie, leichte, rezeptive Seite geboren werden zu lassen – die einzige, die Menschen wirklich glücklich und zum Meister ihres Schicksals macht.

Wissen

Wissen ist Macht. Wer etwas weiß, kann etwas bewirken. Ein Wissen, das andere nicht haben, verleiht zu Recht ein Gefühl der Macht. Wissen gibt uns die Macht, Ausgeglichenheit und Glück zum Ziel unseres Lebens zu machen; das Wissen öffnet die Tore zum Kosmos, zum Unsichtbaren, Okkulten und Übernatürlichen.

Wer etwas weiß, hat Kenntnisse. Um sie zu erwerben, müssen Sie aufgeschlossen, anpassungsfähig und vorurteilslos lesen, suchen, meditieren und praktizieren. Am Anfang gleicht Ihr Vorgehen eher einem Tasten. Sie sehen sich dieses und jenes an. Schließen Sie nichts aus. Experimentieren Sie, seien Sie neugierig; lassen Sie sich von dem inneren Kind führen, das früher alles wissen wollte und tausend Fragen am Tag stellte, das aber schweigen und den Mund halten musste. Jetzt sind Ihre Fragen, Ihr Wissensdurst, Ihr Lerneifer gefragt.

So erfassen Sie die großen Geheimnisse und Rätsel des Universums, Sie ergründen das Unergründliche und kommen dahin, die Kräfte der Natur zu lenken, Ereignisse vorauszusehen und zu verändern und Ihre medialen Fähigkeiten zu optimieren. Sie kommunizieren mit dem Jenseits, entdecken den verborgenen Sinn des Lebens und machen die Nacht heller als den Tag.

Willen

Hier meine ich den unerschütterlichen Willen, weiterzumachen und ungeachtet aller Zweifel, Hindernisse, Prüfungen, Opfer, Einsamkeit und Ungewissheit den gewählten Weg weiterzuverfolgen, auch wenn er oft steil und unübersichtlich erscheint. Ich meine die Entschlossenheit, sich nicht vom gewählten Ziel ablenken zu lassen und Ohr und Tür zu verschließen, wenn jemand versucht, Sie zu entmutigen oder Ihre Bemühungen ins Lächerliche zu ziehen.

Ich meine den unbeugsamen Willen, nicht zuzulassen, dass jemand Sie auf Ihrem Weg aufhält und sich zwischen Sie und Ihre Seele stellt; den Willen, trotz Stürzen, Misserfolgen, Widrigkeiten, Unannehmlichkeiten, Gelächter und Spott weiterzumachen; den Willen, nicht aufzugeben, wenn Ungeduld, Ärger, die Angst vor dem Unbekannten oder Skepsis sich einschleichen; den Willen, den Weg bis zum Ende zu gehen, bis an die Grenzen des Ichs.

Schweigen

Schweigen macht stark. Lernen Sie, zuzuhören und still zu sein. Wenn Sie den Weg, der zur Höhle Ali Babas führt, ein Stück freigeschaufelt haben, wenn die Zauberlaterne des Wissens Ihr Leben erhellt, wenn Sie sich im Labyrinth der okkulten Wissenschaften geschickter und bewusster bewegen können, wenn Sie einige Geheimnisse verstanden und manche himmlischen Rätsel gelöst haben – dann haben Sie anfangs vielleicht Lust, Ihr Wissen anderen mitzuteilen oder gar ein klein wenig damit anzugeben …

Tun Sie es nicht. Reden ist Silber, Schweigen ist Gold. Wenn Sie den Schlüssel zu bestimmten Geheimnissen haben, sind Sie im Besitz eines Schatzes, und nicht jeder ist geeignet oder würdig, darüber informiert zu werden. Auch wenn Sie es im guten Glauben und mit dem aufrichtigen Wunsch tun, anderen zu helfen, laufen Sie Gefahr, mit dem Kopf gegen die Wand zu rennen oder, schlimmer noch, sich zum Gespött von Leuten zu machen, die für den großen Sprung noch nicht bereit oder mutig genug sind.

Schweigen Sie; es sei denn, der Mensch, der auf Sie zukommt, ist interessiert, aufrichtig und loyal. Bringen Sie ihm die vier Säulen der Weisheit und Freiheit nahe; so geben Sie ihm den allerbesten Passierschein in ein besseres Leben.

Wenn Sie sich im Alltag nach diesen vier Grundsätzen richten, nehmen Ihre persönliche Macht, Ihr Charisma, Ihre Macht über Ereignisse und Ihre Konzentrationsfähigkeit unweigerlich zu, und Sie werden stets das Gefühl haben, dass Ihr ganzes Leben magisch ist.

Der Mensch ist nicht zum Leiden auf die Welt gekommen.

Gewiss, manches Karma ist schwierig und schmerzhaft, aber Wissen kann Karma auslöschen. Machen Sie sich all diese Kräfte bewusst, die in Ihnen schlafen. Wecken Sie sie, nutzen Sie sie. Werden Sie zum Eingeweihten, es wird Ihrer Lebensqualität zugute kommen.

Seien Sie geduldig, machen Sie Ihre Erfahrungen, experimentieren Sie. Fehler, Misserfolge und Rückschläge werden nicht ausbleiben, aber Sie werden den Mut finden, wieder aufzustehen, ihre Zweifel wegzuräumen und sich wieder auf den Weg zu machen.

Die Suche des Menschen nach seinem göttlichen Urgrund ist eine Arbeit, die jeden Tag, jeden Augenblick und ein ganzes Leben lang getan werden muss.

Kapitel 2

• • • •

Kleines Lexikon für die Praxis

Bevor wir weitermachen, wollen wir uns die Bedeutung einiger Begriffe ansehen, die im Zweiten Buch immer wieder auftauchen; so verstehen wir nicht nur die Rezepte und Zaubersprüche, sondern auch ihre möglichen Folgen und Konsequenzen besser.

Amulett

Das Amulett ist der einfachste, gebräuchlichste und am weitesten verbreitete Glücksbringer. Sein Schutz ist passiv, das heißt, es bezieht seine ganze Kraft aus sich selbst. Der Zahn eines Löwen zum Beispiel soll Kraft und Mut verleihen, ein Amulett in Form eines Stiers Ausdauer und Energie. Amulette können den Erfolg einer Unternehmung oder Leistung begünstigen oder heilend wirken. Im Grunde ist ein Amulett die auf ein Objekt übertragene Macht einer magischen Formel.

Das Material eines Amuletts kann dem Tierreich (Zähne, Haare, Schale, Panzer, Knochen), dem Pflanzenreich (Blumen, Blätter, Dornen, Wurzeln, Beeren, Früchte) und dem Mineralreich (Steine, Edelsteine, verschiedenen Metalle) entstammen.

Böser Blick

Es heißt, manche Menschen hätten die Macht, anderen Böses
zu tun, indem sie negative Kräfte und destruktive Energien
auf sie richten, und zwar einfach dadurch, dass Sie sie ansehen. Die Folgen des bösen Blicks sind zahlreich und reichen von einfachen Kopfschmerzen bis zu schwerer Krankheit und Tod, von finanziellen Problemen über Unfälle bis
zu Schwierigkeiten aller Art.

Zum Schutz vor dem bösen Blick existieren zahlreiche Anrufungen und ritualisierte Gesten. Alte Bräuche empfehlen
zum Beispiel, ein Hufeisen über die Haustür zu nageln, immer eine Knoblauchzehe bei sich zu tragen oder sich eine
schwarze Katze zuzulegen!

Einweihung

In der Magie und allen anderen okkulten Wissenschaften bezeichnet die Einweihungszeremonie den Zeitpunkt, zu dem
jemand zum geheimen Wissen zugelassen wird. Der bislang
unbewusste Mensch wird nach bestimmten Prüfungen in
eine neue Seinsweise hineingeboren. Für diese Wiedergeburt ist zunächst ein symbolischer Tod erforderlich.

Bevor der Zauberlehrling zur Einweihung zugelassen wird,
muss er sich bewähren und bewiesen haben, dass er würdig
ist, in den geschlossenen Zirkel der Magier aufgenommen
zu werden.

Er muss die Magie studiert und praktiziert haben und be-
stimmte Weissagungstechniken beherrschen, etwa aus der
Kristallkugel oder den Tarotkarten lesen können. Er muss
Heilungen durchführen, seine Instrumente (Zauberstab, Pen-

tagramm, Talismane) selbst herstellen und Zaubertränke zubereiten können.

Elixier des ewigen Lebens

Das Elixier des ewigen Lebens wird auch als »Stein der Weisen« bezeichnet und sollte ursprünglich Körper und Geist des Menschen unsterblich machen – so die Alchimisten, die unablässig an ihm arbeiteten. Heute versuchen Wissenschaftler und Kräuterkundige, einen Zaubertrank zu finden, der das Leben verlängert und ewige Jugend verleiht.

Halloween

Siehe Seite 126 ff.

Hexengarten

Jede Hexe, die etwas auf sich hält, besitzt ihren eigenen Garten. Dort baut sie die Kräuter, Pflanzen und Blumen an, die sie für ihre Zaubersprüche und Rezepte braucht. Sie kennt die positiven Eigenschaften, die Kräfte und Gefahren der Wurzeln, Blätter und Blumen und weiß, wie sie sie zur Herstellung von Talismanen, Amuletten und Heiltränken verwenden kann.

Im Winter bringt sie geeignete Pflanzen ins Haus und umsorgt sie dort. Da sie natürlich nicht alles in ihrem Garten, ihrem Hof, auf ihrem Balkon oder in ihrem Wohnzimmer anbauen kann, muss sie auch die Stellen kennen, an denen sie das findet, was sie braucht.

Karma

Karma ist das Gesetz von Ursache und Wirkung, das, was uns »geschickt« wird, die Vorbestimmung. Die Tibeter glauben, dass das Karma die Umstände unserer Geburt, unseren Charakter, unsere Stärken und Schwächen und die Ereignisse bestimmt, die uns im Lauf unseres Lebens begegnen.

Karma bedeutet im Grunde nichts anderes, als dass wir immer das ernten, was wir gesät haben. Dabei kann die Ernte auch in einem zukünftigen Leben stattfinden. Das würde erklären, warum manche Menschen mit einem Schicksal geboren werden, das alles andere als angenehm zu sein scheint.

Kleidung

Siehe Seite 29 f.

Krafttiere

Krafttiere waren die üblichen Begleiter der Hexen früherer Zeiten. Eins dieser Tiere ist die Kröte; es heißt, vor sehr, sehr langer Zeit seien die Bauern dazu angehalten worden, überall auf den Feldern Behälter mit Kröten aufzustellen, damit es keine Gewitter gab.

Andere Krafttiere waren die Katze, der Hund, der Rabe, das Frettchen, der Igel, der Uhu, der Hase und die Amsel.

Kristall

In der Magie ist der Kristall ein Symbol für hellsichtiges Denken, Wahrsagerei, Zukunft, Klarheit und Reinheit. Es ist eine Quelle der Inspiration; in Literatur und Brauchtum verweist es auf Erleuchtung, Ehre und Sieg. Als Mittler zwischen Himmel und Erde verstärkt er mediale Fähigkeiten beträchtlich, denn durch ihn wird das Unsichtbare wahrnehmbar.

Mond

Siehe Erstes Buch, Kapitel 5.

Orakel

Ein Orakel ist eine Antwort auf eine Frage, die mit Hilfe eines Menschen (Medium, Hellsichtiger, Hellhöriger), eines »Werkzeugs« (Kristallkugel, Tarotkarten, Handlinien, Runen etc.) gestellt wird. Das Orakel kann eine kurze Antwort sein, genauso aber eine im Traum empfangene Botschaft, ein philosophischer Rat (wie etwa das I-Ching) oder eine Weissagung.

Das Weissagen ist ein universelles Phänomen. Alle Kulturen praktizieren es auf mehr oder weniger vielfältige Weise. Jede von einem Seher gegebene Antwort ist ein Orakel.

Pentagramm

Das Pentagramm (siehe auch Seite 36) ist eine Art Talisman, der aus zahlreichen Elementen mit charakteristischen Eigenschaften und spezieller Symbolik besteht.

Der Herstellung eines Pentagramms geht immer ein genau festgelegtes Ritual voraus: Fasten, Reinigung, Zauberspruch, Bad, Weihung, Verräuchern duftender Substanzen etc. Das Pentagramm ist ein personalisierter Schutzgegenstand, den man selbst herstellt und ständig bei sich trägt, vorzugsweise im Kontakt mit der Haut. Es wird oft mit einer Batterie verglichen, die uns auflädt, wenn unsere Energie zur Neige geht.

Es kann einige oder alle der folgenden Informationen enthalten, die immer danach ausgewählt werden, was wir von dem Pentagramm erwarten: Wochentag, Planet, Zeichen, Farbe, Metall, Symbol, magische Zahl, Engel, König, Sternzeichen, Mineral, Duft, Blume, Tier etc. Die kosmischen Entsprechungen sind fast unendlich.

Quarz

Der Quarz ist ein Symbol für Gesundheit, Heilung und auch den Heiler. Von sich aus hat er keine besondere Kraft, eher verstärkt und intensiviert er die Kraft anderer Steine. Er fördert das Hellsehen, die Inspiration, die Erleuchtung und die Intuition. Für den Magier oder Zauberlehrling ist er sehr wertvoll, weil er die Kommunikation mit dem Jenseits, mit dem kollektiven Unbewussten und der göttlichen Kraft begünstigt.

Bergkristall, Rosenquarz und Rauchquarz passen für alle Sternzeichen; der Rosenquarz eignet sich besonders für Stier-Geborene. Es wird empfohlen, bei der Ausübung der Magie einen Quarz zu tragen, vor allem am Halloween-Abend und am Abend des 1. Mai.

Ritual

Bei einem Ritual werden tradierte Regeln strikt und präzise befolgt. Die Vorbereitung, die Durchführung und der Abschluss eines Rituals finden exakt so statt, wie althergebrachte Regeln es vorschreiben. Am Beginn steht die mentale Vorbereitung (Fasten, Meditieren, Körperübungen, Yoga, Reinigung des Körpers etc.); man kleidet sich an, entspannt sich, richtet den Altar her, platziert die magischen Instrumente (Kessel, Kelch, Kocher, Duftlampe, Zauberstab, Kerze etc.) auf dem Altar oder im Inneren des (vorher festgelegten) magischen Kreises. Man sammelt sich, darauf folgen der eigentliche Zauberspruch und die Dank- und Grußformeln.

Es gibt zahlreiche Rituale; auch wenn Sie einen Talisman oder ein Pentagramm anfertigen, müssen vorher bestimmte traditionelle Gesten ausgeführt werden.

Symbol

Ein Symbol ist ein Zeichen, das auf etwas Entsprechendes verweist. Das kann eine Verknüpfung von Ideen, Eigenschaften, Schwingungen und Ähnlichem sein. Der entsprechende Gegenstand bzw. das dargestellte Bild – das Symbol – hat einen magischen Wert, der sehr oft mystisch und immer extrem suggestiv, beredt und assoziativ ist.

Der Sonne etwa wird die Farbe Gelb und das Metall Gold zugeordnet; mit einem Schild assoziieren wir Kraft und Schutz, mit einem Wolf die Instinkte und sexuelle Begierde. Blumen sind im Allgemeinen ein Symbol für Liebe, Freude und Schönheit, erinnern aber auch an Liebesleid und Kummer. Leder und Tigerauge stehen für Jupiter und das Stern-

zeichen Schütze, die Kamelie und der Bergkristall für Merkur und die Zwillinge. Von den Farben wird Silberweiß dem
Mond zugeordnet, Rosa der Venus und Schwarz dem Saturn. Die Aufzählung aller Entsprechungen und Analogien
füllt mehrbändige Lexika.

Wicca

Die folgende Definition stammt aus dem Buch *Magie et sor-
cellerie* (Édition Time Life, 1990): »Der Wicca ist eine neo-
heidnische (das heißt moderne) Naturreligion, die auch He-
xentum oder ›Alte Religion‹ genannt wird; ihre Anhänger
werden als Wiccaner bezeichnet. Der Zeithorizont der Wiccaner ist ein Kreis, der für das Rad und die ununterbrochene
zyklische Bewegung aller Dinge steht. Er symbolisiert die
ewige Wiederkehr von Tag und Nacht, der Jahreszeiten; er
erinnert an das zyklische Auftauchen von Kometen, die Entwicklung der Planeten und natürlich die Reinkarnation.«

Zahlen

»Alles ist Zahl«, sagte Pythagoras. Auf dieser Basis entstand
die Numerologie – wie die Kabbala eine Wissenschaft, die
glaubt, dass die Zahl das Geheimnis des Universums und
die Auflösung aller Rätsel in sich trägt, weil ihr eine starke
Schwingungskraft eigen ist.

Kabbalisten und Numerologen meinen, dass Zahlen sich
in die endlose Folge kosmischer Entsprechungen einreihen,
die zwischen Planeten, Gestirnen, Mineralien, Pflanzen, Tieren, Düften, Orten, Musiknoten, Himmelsrichtungen, Tarotkarten etc. subtile, aber unleugbar vorhandene Verbindun-

gen herstellen, die ihrerseits von der Schwingungsfrequenz abhängig sind. Das bedeutet, dass am Anfang von allem die Zahl steht, denn ohne sie ließen diese Frequenzen sich gar nicht messen.

Zauberbuch

Dieses im Allgemeinen sehr schöne, reich verzierte Buch ist eine Sammlung von Anrufungen, Zaubersprüchen, Beschwörungen und Rezepten. Manche Autoren sagen, solche Zauberbücher gebe es seit etwa dem 17. Jahrhundert; andere behaupten, sie hätten schon vor Tausenden von Jahren in Ägypten existiert. Die alten Zauberbücher sind handgeschrieben, nur sehr selten gedruckt und unglaublich komplex; offenbar wollten die Autoren sicherstellen, dass nur Eingeweihte sie verstehen. Heutige Zauberbücher sind ästhetisch ansprechend und enthalten die geheimen Erfahrungen, Zaubersprüche und Rezepte der Hexe.

Zeit

Die Zeit (oder besser der richtige Zeitpunkt) spielt in der Magie eine wichtige Rolle. Denn ob Morgen- oder Abenddämmerung, mondlose oder mondhelle Nacht – nicht jeder Augenblick ist für die verschiedenen Zauberhandlungen gleich gut geeignet; wenn wir das nicht berücksichtigen, kann es sein, dass unsere Ergebnisse ganz anders ausfallen als erwartet. Wenn für das von Ihnen geplante Ritual kein Zeitpunkt angegeben ist, können Sie sich nach folgender Übersicht richten:

- *Glück bringend:* sonnige Tage, weil die Sonne eine starke Energie ausstrahlt; Morgen- und Abenddämmerung, wenn Tag und Nacht sich vermählen: zunehmender Mond oder Vollmond; Ostwind (Liebeszauber), Westwind (Berufszauber), Südwind (Gesundheitszauber).
- *Reinigungsprozesse* (wenn Sie etwas beseitigen, eine schlechte Gewohnheit ablegen, einen Bruch vorbereiten, ein Schlankheitskur machen wollen): Mitternacht; bei abnehmendem Mond, Nordwind.
- *Höhepunkte:* Die magischen Kräfte erreichen mittags, um Mitternacht und in Vollmondnächten ihre maximale Stärke. In mondlosen Nächten sollten keine Rituale stattfinden.

II.

Mittel und Werkzeuge

Rezepte und Rituale
in der Praxis

Kapitel 3

• • • •

Magische Kräuter

Pflanzen sind, neben Mineralien, das am meisten verwendete Element in der weißen Magie. Ob Liebes-, Heil- oder Hellsichtigkeitstrank, kaum etwas geht ohne Kräuter. Sie schmücken den Altar oder das Innere des magischen Kreises, werden zur Herstellung von Amuletten, Talismanen und Pentagrammen herangezogen, bei der Gestaltung von Ritualen eingesetzt und leisten bei Heilungen wertvolle Dienste. Man verwendet sie wegen ihrer Eigenschaften, ihrer magischen Kraft oder wegen ihrer kosmischen Entsprechungen mit einem Planeten, Engel oder Tierkreiszeichen.

Es kommt vor, dass die Wirkung von Pflanzenteilen, Blüten, Blättern, Früchten, Mineralien, Düften und Räucherstoffen sich ergänzt und zu einem Konglomerat verschmilzt. Zeit, Geduld und Mühe sind notwendig, um die Kenntnisse zu erwerben, die für die Verwendung von Pflanzen in der Magie notwendig sind. Machen Sie kleine Schritte, versuchen Sie nicht, sich alles auf einmal einzuprägen. Machen Sie sich mit den Kräutern und Pflanzen vertraut, erspüren Sie ihr Wesen. Experimentieren Sie mit ihnen, machen Sie Ihre Erfahrungen und gehen Sie zu einer anderen Art weiter. Es bringt nichts, in Wald, Feld und Flur alles abzurupfen, was Ihnen interessant erscheint, oder zum nächsten Kräuterladen zu rennen und sich einen Vorrat an getrockneten Kräutern zuzulegen, deren Verwendung Ihnen gar nicht klar ist. So etwas wird schnell frustrierend und nimmt Ihnen den Elan, all die vielen Kräuter kennen lernen zu wollen.

Damit die Pflanzen Ihnen zum Freund werden, müssen Sie sich dennoch intensiv mit ihnen beschäftigen. Lesen Sie über Pflanzen und beobachten Sie sie möglichst in ihrem natürlichen Milieu. Beginnen Sie dann mit ihren magischen Erfahrungen.

Wenn Sie die Möglichkeit haben, Ihre Pflanzen zu sammeln, sollten Sie darüber hinaus die folgenden Ratschläge beherzigen. Alle Pflanzenteile, die bei Bannritualen verwendet werden, sollten Sie bei abnehmendem Mond pflücken. Ein Bannritual ist alles, bei dem etwas abgelegt, verkleinert, leichter gemacht, verjagt oder ausgeschlossen wird.

Wenn Sie zum Beispiel ein Ritual veranstalten, bei dem Sie um den Erfolg einer Schlankheitskur bitten, müssen Sie die dazu verwendeten Pflanzen bei abnehmendem Mond sammeln, denn Sie wollen ja etwas verringern. Genauso verhält es sich bei Ritualen, die Ihnen helfen sollen, eine schlechte Gewohnheit abzulegen, sich im Guten von einem Partner zu trennen oder einen Talisman herzustellen, der Ihnen bei einer Tumorentfernung Glück bringen soll. Kräuter, Blätter, Blumen und Pflanzen für Rituale, bei denen etwas erworben, vermehrt oder vergrößert werden soll, müssen dagegen bei zunehmendem Mond oder bei Vollmond gesammelt werden.

Das Abc der magischen Pflanzen

- *Akazie:* kann bei Meditationssitzungen verbrannt werden, um die von der unsichtbaren Welt kommenden Botschaften leichter aufzufangen.
- *Basilikum:* Dieses heilige Kraut schützt Haus und Hof; der angenehme, attraktive Duft bringt Freude und Fröhlichkeit.
- *Birke:* Aus Birkenrinde werden Talismane hergestellt; Beschwörungen für Liebeszauber werden auf sie geschrieben, und sie schützt vor Verhexung.
- *Eisenkraut:* auch als »Liebespflanze« bezeichnet. Kommt immer dann zum Einsatz, wenn man versucht, einen geliebten Menschen an sich zu binden oder einen begehrten Menschen anzuziehen.
- *Engelwurz:* Ein Mönch hat diese Pflanze »entdeckt«, daher der Name. Es heißt, dass sie jeden, der ihre guten Eigenschaften anruft, vor Verhexungen und bösem Zauber schützt. Außerdem gibt sie dem, der sie verwendet, mehr Geduld und Ausdauer.
- *Farn:* Farn neben dem Fenster schützt vor bösem Zauber.
- *Jasmin:* Zuneigung und Liebe stehen unter dem Schutz dieser Pflanze. Als Räucherstoff verbrannt, inspiriert sie zu prophetischen Träumen.
- *Kamille:* Weil die Kamille bekanntlich Geld anzieht, wird empfohlen, sich unmittelbar vor einem Glücksspiel die Hände mit Kamillentee zu waschen.
- *Knoblauch:* sehr wirksam gegen den bösen Blick. Hängen Sie ihn an der Haustür auf (als »Zopf« ist er sehr dekorativ) oder tragen Sie ihn bei sich. Knoblauch bringt Glück.

- *Koriander:* Koriandersamen werden in einem weißen Stoffbeutel als Amulett gegen die verschiedensten Krankheiten getragen.
- *Lorbeer:* Wenn Sie mit einem Lorbeerblatt ein Blatt Papier bestreichen, inspiriert Sie das beim Schreiben. Ein Lorbeersträußchen, das man einer verheirateten Frau schenkt, garantiert eine glückliche und dauerhafte Verbindung.
- *Margerite:* Sie prädisponiert einen Menschen dazu, Zuneigung zu erwidern.
- *Mistel:* Die Mistel, die auf Eichen wächst, war die heilige Pflanze der Druiden; bevor man sie abschnitt, wurde immer ein magisches Ritual abgehalten. Es heißt, dass sie aphrodisisch wirkt, wenn man sie als Tee trinkt oder als Talisman trägt.
- *Rose:* Die Rose ist natürlich die Blume für alle Liebesrituale und findet sich bei entsprechenden Zauberhandlungen immer auf dem Altar oder im magischen Kreis. Als Symbol für Vollkommenheit, Verführung und Sinnlichkeit ist sie der Venus geweiht, dem Planeten, der die Stier- und Waage-Geborenen regiert. Rote und gelbe Rosenblütenblätter haben eine unbestreitbare Wirkung auf die Fruchtbarkeit.
- *Rosenknospen:* Werfen Sie ein paar Rosenknospen ins Feuer, das bringt Glück.
- *Rosmarin:* Er verbessert das Gedächtnis und zieht, unters Kopfkissen gelegt oder am Körper getragen, das Glück an.
- *Seerosen:* Weiße Seerosen waren früher ein Bestandteil der Hexensalbe, dem Allheilmittel gegen alle Übel. Angeblich wirken sich die Blüten dieser Wasserpflanze günstig auf die sexuelle Kraft und das sexuelle Verlangen aus.
- *Sellerie:* Die Samen helfen einem Medium, sich zu konzen-

trieren. Mit Weihrauch verbrannt, verbessern sie die medialen Kräfte.

- *Thymian:* Im Haus auf Holzkohle verbrannt, sorgt er dafür, dass alle Bewohner gesund bleiben. Wenn Sie ihn bei sich tragen, bewirkt er, dass unsere Qualitäten anerkannt werden.
- *Zimt:* Er zieht, wenn man ihn verräuchert, Wohlstand an.

Diese Liste der in der Magie verwendeten Pflanzen ist natürlich längst nicht vollständig. Viele andere wären zu nennen, etwa Hamamelis, Königskerze, Lilie, Weide, Klee, Blutkraut, Brennnessel, Petersilie etc. Wenn Ihr Interesse für das Pflanzenreich geweckt ist, empfehle ich die im Anhang genannten Bücher als weiterführende Lektüre.

Aber auch auf den folgenden Seiten finden Sie immer wieder Informationen über Pflanzen, denn sie sind, wie gesagt, für die Ausübung der Magie ein wesentliches Element.

Kapitel 4
• • • •
Magische Duftmischungen

Die Verwendung von Kräutern und Blumen zur Verbesserung des Raumklimas geht bis auf die alten Ägypter und Griechen zurück. Im Mittelalter bedeckte man die Steinböden der Festungen mit Schilf, auf das man Kräuter streute, damit die Räume angenehm rochen. Ihren Höhepunkt erreichte die Kunst, die Düfte von Pflanzen, Gewürzen und Blumen zu mischen, in der Renaissance. Einige der aus alten Zauberbüchern stammenden Rezepte haben die Zeiten überdauert und zeigen die magischen Eigenschaften solcher Mischungen.

Manche Kräuter und Blumen können Sie leicht selbst anbauen, wenn Sie einen Garten haben; Sie finden sie aber auch auf dem Wochenmarkt, in Blumen- oder Kräuterhandlungen oder in Esoterikläden. Frische Zutaten, egal ob gekauft oder selbst angebaut, müssen Sie vor der Weiterverarbeitung etwa 10 Tage lang trocknen lassen. Anschließend können Sie das Pflanzenmaterial bis zur endgültigen Verwendung in hermetisch verschließbaren Gläsern aufbewahren.

Die Anwendung ist denkbar einfach: Sie brauchen nur ein kleine Menge der Mischung in ein Stoffbeutelchen zu geben, das Sie anschließend bei sich tragen; oder geben Sie die Kräuter in ein Schälchen und atmen Sie mehrmals täglich ganz bewusst den Duft ein, während Sie sich Ihr Ziel vorstellen.

Sie benötigen folgende Werkzeuge:
- Sie brauchen eine Schüssel aus Ton, Keramik oder Glas (möglichst kein Metall oder Plastik) zum Mischen des Pflanzenmaterials. Sie sollte so groß sein, dass Sie die Zutaten mit den Händen vermengen können.
- Eine Reihe kleinerer Schälchen für die Zutaten, die zur Verarbeitung anstehen.
- Einen Holzlöffel; wenn Sie lieber Metall verwenden, muss es Silber sein.
- Einen ein-, drei- oder auch fünfarmigen Kerzenleuchter. Die Kerzenfarbe muss sich für Ihr Anliegen eignen (siehe Seite 51).
- Einen Behälter, in dem Sie die Mischung nach dem Ritual aufbewahren. Das kann eine Porzellandose sein, wie sie üblicherweise für Potpourris verwendet wird. Jedes Mal, wenn Sie den Deckel aufmachen und der Duft entweicht, setzen Sie gleichzeitig die magische Energie frei.

Die Mischungen

Stellen Sie zunächst alle Zutaten in der Nähe der Mischschüssel auf Ihren Tisch, und zwar am besten in der Reihenfolge ihrer Verwendung von links nach rechts. Dann brauchen Sie später nicht zu suchen und können die Ingredienzien nacheinander wegnehmen.

Sammeln Sie sich kurz und konzentrieren Sie sich auf Ihr Ziel. Zünden Sie die Kerze(n) an und sprechen Sie dabei den folgenden Zauberspruch:

>>*Geister des Südens,*
erleuchtet mein Herz
und meinen Geist,
damit meine Bitte erhört wird.<<

Erbitten Sie dann die Hilfe der Devas, das heißt der Schutzgeister, die über die Pflanzen wachen und sie wachsen und gedeihen lassen; verwenden Sie dazu die magischen Worte:

>>*Devas, ich rufe euch,*
ich danke euch für eure Arbeit,
die diese wunderbaren Pflanzen und Blumen
hervorgebracht hat.
Möge die Kraft ihrer Düfte
meine Bitte gen Himmel tragen.<<

Geben Sie die erste Zutat in die Mischschüssel. Nehmen Sie sich die Zeit, sie zu berühren, sie zu erspüren; visualisieren Sie dabei das, was Sie sich wünschen, und sprechen Sie die passende Beschwörung (siehe unten).

Gehen Sie bei jeder einzelnen Zutat genauso vor; berühren und erspüren Sie sie, stellen Sie sich die erhofften Resultate vor und rezitieren Sie den passenden Spruch.

Wenn alle Zutaten in der Schüssel sind, vermengen Sie sie vorsichtig mit den Händen, sehen Ihr Ziel plastisch vor sich und sagen:

»Durch alle hier vorhandenen Elemente
rufe ich die Kräfte der Erde,
der Luft, des Feuers und des Wassers an.
Möge mein Wunsch
in der Welt der Sterblichen Wirklichkeit werden.
So soll es sein.«

Löschen Sie die Kerze und danken Sie den Elementargeistern des Feuers und den Devas für ihre Hilfe. Bewahren Sie die Kräutermischung in einem geeigneten Behälter auf.

Rezepte

Schutz anziehen

Sie brauchen
- 1 weiße Kerze
- ⅛ l Wacholderbeeren
- ⅛ l Basilikumblätter
- 30 ml (2 Esslöffel) zerstoßenes Weihrauchharz
- 30 ml (2 Esslöffel) Dillsamen
- 30 ml (2 Esslöffel) Fenchelsamen
- 30 ml (2 Esslöffel) ganze Gewürznelken
- 8 zerbröselte Lorbeerblätter

Ritual
Während Sie die Zutaten vermischen und dreimal den folgenden Zauberspruch wiederholen, stellen Sie sich vor, dass ein Engel oder Erzengel über Sie wacht und Sie mit einer Rüstung aus Licht umgibt.

»Elementargeister der Luft und des Feuers, kommt!
Tragt meinen Wunsch zu den Erzengeln,
damit sie mich vor schädlichen Einflüssen beschützen.
So soll es sein.«

Wieder gesund werden

Sie brauchen
- 1 grüne oder blaue Kerze
- ¼ l Rosmarin
- 60 ml Korianderkörner
- 60 ml Sandelholzspäne
- 60 ml Kiefernnadeln
- 30 ml (2 Esslöffel) Pfefferminze
- 1 Prise Mohnsamen

Ritual
Vermischen Sie die Zutaten und sprechen Sie dabei die folgende Beschwörung:

»Energien der Erde und des Himmels, kommt!
Helft mit und heilt
die Leiden, die mich quälen.
[Wenn Sie für jemand anders um Hilfe bitten,
nennen Sie an dieser Stelle seinen Namen
und seine Krankheit.]
Erfüllt, Energien, meinen Körper und meine Seele,
damit meine Gesundheit [oder: die Gesundheit von …]
wiederkommt.
So soll es sein.«

Damit Mut Sie überkommt

Sie brauchen
- 1 rote Kerze
- ⅛ l Minzeblätter
- ⅛ l Fichtennadeln
- 60 ml schwarze oder weiße Pfefferkörner
- 60 ml Pimentkörner
- 60 ml Thymian

Ritual
Sehen Sie vor Ihrem geistigen Auge, wie die Energie des Feuers in Sie eindringt; während Sie den folgenden Zauberspruch sprechen, spüren Sie, wie Mars Ihnen seinen Atem einhaucht und Sie mit seinem Mut erfüllt.

> *»Ich rufe die Elementargeister des Feuers*
> *und die Energie von Mars, dem unbezwinglichen Krieger.*
> *Möge sein Atem mich durchdringen*
> *und mir Mut geben angesichts der Aufgaben,*
> *die ich zu erledigen habe.*
> *So soll es sein.«*

Für friedliche Träume

Sie brauchen
- 1 Kerze, blasslila oder silberfarben
- ⅛ l Kamillenblüten
- ⅛ l Lavendelblüten
- ⅛ l Minzeblätter
- ⅛ l Gartennelken
- ⅛ l getrocknete Orangenschale

Ritual

Während Sie die Zutaten mischen und den folgenden Zauberspruch sprechen, stellen Sie sich vor, wie die Geschöpfe der Luft über Ihnen fliegen, wenn Sie schlafen, und ein feines Netz weben, das Ihre schlechten Träume auffängt. Geben Sie eine kleine Menge der Duftmischung in ein Beutelchen, das Sie unter Ihr Kopfkissen legen.

> *»Elementargeister der Luft, kommt!*
> *Wacht über meine Nächte,*
> *fangt mit Euren Netzen alle Albträume auf,*
> *die meinen Schlaf stören wollen.*
> *So soll es sein.«*

Zur inneren Reinigung

Sie brauchen
- 1 weiße Kerze
- ¼ l Minzeblätter
- ⅛ l Rosmarin
- ⅛ l Salbei
- ⅛ l Zitronenschale
- ⅛ l Limettenschale

Ritual

Visualisieren Sie, während Sie die Zutaten mischen und die folgenden magischen Worte sprechen, wie ein blauer Lichtstrahl Sie umhüllt oder Sie im Sonnenlicht unter einer Kaskade reinsten Wassers stehen.

>»Elementargeister des Wassers, kommt!
Überschwemmt meinen Körper und meine Seele
mit reinigender Energie,
damit alle negativen Einflüsse
von mir abgewaschen werden.
So soll es sein.«*

Geld anziehen

Sie brauchen
- 1 Kerze, grün oder goldfarben
- $\frac{1}{4}$ l Eichenmoos
- $\frac{1}{4}$ l Zedernspäne
- $\frac{1}{4}$ l Patschiblüten
- 60 ml Vetiver
- 15 ml (1 Esslöffel) gemahlenen Muskat
- 15 ml (1 Esslöffel) gemahlenen Zimt
- 1 Prise gemahlenen Ingwer

Ritual
Vermischen Sie die Kräuter und stellen Sie sich dabei vor,
wie Goldstücke Ihnen durch die Finger gleiten. Sagen Sie bei
jeder neuen Zutat:

>»Ich rufe die Energien der Erde und der Sonne,
ich erbitte die Hilfe des Universums,
damit die Mittel, die mir zu Recht zustehen,
zu mir kommen.
So soll es sein.«*

Wohlstand erwerben

Sie brauchen
- 1 grüne Kerze
- ¼ l Zedernspäne
- 12 ml Kiefernnadeln
- 60 ml Zimtstücke
- 60 ml Gewürznelken
- 30 ml (2 Esslöffel) Muskat
- 15 ml (1 Esslöffel) Ingwer

Ritual
Während Sie die Kräutermischung herstellen und den Zauberspruch sagen, sehen Sie vor Ihrem geistigen Auge, wie kleine Wesen die Erde umgraben und Ihnen Schätze bringen.

> *»Elementargeister der Erde, kommt!*
> *Bringt mir die verborgenen Schätze,*
> *die seit Anbeginn der Zeiten vergraben sind.*
> *Bringt mir mit dem Atem eurer Energie*
> *Erfolg und Reichtum.*
> *So soll es sein.«*

Glücksbeutel

Diese Zauberbeutel sind einfach herzustellen und erstaunlich wirksam. Sie funktionieren so ähnlich wie die Duftmischungen; Sie brauchen nur ein paar magische Zutaten oder Requisite in ein Beutelchen der geeigneten Farbe zu legen und das Ganze wirken zu lassen.

Um begehrenswert zu sein

Sie brauchen ein Beutelchen aus rosafarbener Seide. Legen Sie ein Herz hinein, das Sie an einem Freitag aus Wachs geformt (oder ausgeschnitten) haben und das Sie mit einem Tropfen Zitronenextrakt und einem Tropfen Moschus parfümiert haben.

Bringen Sie am oberen Ende zwei Öffnungen an und ziehen Sie eine Kordel durch; sie sollte so lang sein, dass der Beutel auf Ihrer Brust ruht.

Die große Liebe anziehen

Legen Sie – vorzugsweise an einem Freitag vor Mitternacht – einige Blütenblätter von einer roten Rose, getrocknete und zerbröselte Veilchen- und Eisenkrautstückchen und wenige eigene Haare in ein Beutelchen aus grüner Seide. Verschließen Sie es mit einem grünen Band und tragen Sie es immer bei sich, und zwar auf der linken Körperseite.

Gegen finanzielle Sorgen

Der Zucker hat es in sich: Er zieht den Erfolg an. Geben Sie etwas Zucker in ein grünes Beutelchen, das Sie in Ihrer Handtasche oder Ihrem Portemonnaie aufbewahren. Es wird Ihnen Glück bringen, und dank seiner werden Sie nie arm sein.

Damit das Glück auf Ihrer Seite ist

Geben Sie ein paar getrocknete Apfelkerne in ein Beutelchen aus grüner Seide und tragen Sie es ständig bei sich. Dieser magische Beutel geht auf eine Tradition der amerikanischen Indianer zurück.

Dem Erfolg auf die Sprünge helfen

Sie brauchen 1 Beutelchen aus gelber Seide, das Sie an einem Sonntag bei Sonnenaufgang angefertigt haben. Legen Sie ein paar Weizenkörner, 1 Heliotrop-Blüte, Majoran, 3 Lorbeerblätter und 1 Chrysolithen (ein Halbedelstein) hinein. Verschließen Sie den Beutel mit einem gelben Band und tragen Sie ihn immer bei sich, und zwar auf der rechten Körperhälfte.

Für beruflichen/gesellschaftlichen Erfolg

Um alle Chancen zu nutzen, sollten Sie diesen Beutel bei zunehmendem Mond an einem Freitagabend vor Mitternacht herstellen.

Legen Sie in einen kleinen Beutel aus roter Seide: 1 verrosteten Nagel (wenn Sie ihn gefunden haben, ist das umso besser); 1 Geldstück; 3 Prisen groben Salz, 7 Körner naturreines Räucherharz; einige Haare von sich; 1 Thymian-Zweiglein, 1 kleinen Magneten. Verschließen Sie den Beutel mit einem roten Band. Sie müssen ihn ständig bei sich tragen; er bringt Ihnen im beruflichen und gesellschaftlichen Bereich Glück und wird Sie reich machen.

Damit Sie immer geschützt sind

Legen Sie einige Stückchen Alraune in ein Säckchen aus weißer Seide und tragen Sie es um den Hals. Bewahren Sie auch Stückchen der Wurzel in Ihrem Schlafzimmer auf.

Schwierigkeiten überwinden

Ein Mittwoch bei Vollmond ist zur Anfertigung dieses Glücksbeutelchens besonders geeignet.

Sie brauchen 1 kleinen Beutel aus rotem Stoff (am besten Leinen); legen Sie Basilikum, 7 schwarze Pfefferkörner, ein paar Senfkörner, 1 Knoblauchzehe, 1 Blatt von einer Stechpalme, 1 verrosteten Nagel und 1 kleinen Karneol hinein. Verschließen Sie das Beutelchen mit einem roten Band und tragen Sie es jeden Tag in einer Jacken- oder Hosentasche oder auf der rechten Körperhälfte bei sich.

Negative Schwingungen vertreiben

Haben Sie in der linken Tasche immer ein Beutelchen aus weißer Baumwolle dabei, in dem sich eine Hand voll grobes Meersalz befindet.

Aus Ihrer Wohnung entfernen Sie negative Schwingungen, indem Sie in jedem Zimmer 1 Prise Salz deponieren.

Die Genesung eines Kranken können Sie beschleunigen, wenn Sie einen Teller mit Salz unter sein Bett stellen; entsorgen Sie das Salz alle 36 Stunden und ersetzen Sie es so lange durch neues, bis der Patient wieder ganz gesund ist.

Um im Glücksspiel zu gewinnen

Finden Sie bei schlechtem Wetter ein vier- oder fünfblättriges Kleeblatt. Machen Sie das Kreuzzeichen darüber und sprechen Sie dann die folgenden Zauberworte:

>*»Kräfte des Universums,*
>*helft mir, meine Wünsche zu verwirklichen,*
>*und bringt mir das Glück, das ich brauche.*
>*So soll es sein.«*

Legen Sie das Kleeblatt in ein Beutelchen aus schwarzer Seide und tragen Sie es immer bei sich, wenn Sie zum Glücksspiel gehen; bewahren Sie es zwischendurch sorgfältig an einem Ort auf, den nur Sie kennen.

Kapitel 5

· · · ·

Zauberkistchen

Seit undenklichen Zeiten umgeben sich Magier, Zauberer und Hexen mit Gegenständen, in denen sie ihre persönliche Energie konzentrieren, bevor sie mit Hilfe der Elemente und der Götter das magische Potenzial des jeweiligen Gegenstandes erhöhen. Zauberkistchen gehörten schon immer zum magischen Instrumentarium.

In einem Kistchen kann man tausend Dinge aufbewahren, und auch ihrer Verwendung in der Magie sind keine Grenzen gesetzt. Wunsch, Glücks- und Liebeszauber sind mit ihnen möglich, was sie zu einem faszinierenden magischen Werkzeug macht. Außerdem ist es ausgesprochen praktisch, ein Kistchen zu haben, in der Sie Zauberenergie speichern können, sodass sie Ihnen dann zur Verfügung steht, wenn Sie sie brauchen.

Das Machtkistchen

Dieses Kistchen ist einfach herzustellen und kann Ihnen bei allen Anliegen – Geld, Liebe, Schutz etc. – gute Dienste leisten.

Benötiges Material

Sie brauchen ein Kistchen mit Deckel. Es muss nicht teuer sein und braucht nur so groß zu sein, dass ein Foto von Ihnen und Salz hineinpassen; ansonsten sind die Abmessungen egal. Als Material kommen, je nach persönlichem Geschmack, Holz, Karton, Metall oder auch Plastik infrage. Wenn Sie wollen, können Sie das Kistchen verzieren, zum Beispiel mit hübschem Geschenkpapier oder Stoff bekleben, oder Sie versehen es mit Bildern von Feen, Kobolden oder Ihren Lieblingstieren. Sie können es mit magischen Symbolen oder Runen bemalen; Sie können es anstreichen oder mit mehr oder weniger funkelnden Steinen oder Muscheln bekleben. Machen Sie es zu etwas ganz Persönlichem, denn es repräsentiert Ihre magischen Fähigkeiten und ist ein Symbol Ihrer Macht. Lassen Sie sich Zeit, die Anfertigung Ihres Zauberkistchens soll Spaß machen. Je mehr das Kistchen Ihre Persönlichkeit zum Ausdruck bringt, je mehr es Ihr Wesen spiegelt, desto bessere Ergebnisse werden Sie damit erzielen. – Außerdem benötigen Sie die folgenden Dinge:

- *Ein Foto von Ihnen:* Sie brauchen nicht ganz darauf abgebildet zu sein; eine Aufnahme Ihres Gesichts, in einer Kabine für Schnellfotos aufgenommen, reicht.
- *Salz:* Es muss grobes Salz oder unbehandeltes Meersalz sein. Dieses Salz besteht aus Kristallen und kann deshalb Energie sehr gut speichern.
- *Eine Pyramide:* Dieses Symbol ist perfekt geeignet, um die im Kistchen enthaltene Energie zu sichern oder zu verstärken. Der Kauf einer teuren Pyramide aus Kristall oder einem anderen kostspieligen Material ist nicht notwendig –

Sie können sie selbst aus Karton anfertigen. Stellen Sie sie genau in die Mitte des Kistchens, und zwar so, dass die Ecken in die vier Himmelsrichtungen zeigen. Verwenden Sie zum Einjustieren gegebenenfalls einen Kompass.

- *Eine weiße Kerze sowie Weihrauch, Salbei oder Zeder zum Räuchern:* Beide Utensilien entwickeln eine reinigende Wirkung und geben Ihrer Anrufung mehr Kraft; die Flamme und der Rauch geleiten symbolisch Ihre Bitte gen Himmel bzw. zu den Göttern.

Das Weiheritual

Stellen Sie das Kistchen mit geöffnetem Deckel auf eine weiße Decke oder Serviette und ordnen Sie in seiner Nähe einen Kelch mit Wasser, ein Schälchen mit Salz, eine weiße Kerze und ein Räucherstäbchen an.

Konzentrieren Sie sich kurz und stellen Sie sich vor, wie die Energie in Ihr Kistchen strömt. Atmen Sie tief ein, und während Sie das Räucherstäbchen anzünden, sagen Sie:

> *»Ich rufe den Osten und die Macht der Luft,*
> *um dieses Kistchen zu weihen.*
> *Es wird jetzt zu einem magischen Werkzeug,*
> *das mir bei meinen Zauberhandlungen*
> *und der Verwirklichung meiner Wünsche hilft.«*

Sehen Sie einige Sekunden zu, wie der Rauch des Räucherstäbchens in das Kistchen hineinzieht. Konzentrieren Sie sich dann wieder, zünden Sie die Kerze an und setzen Sie die Anrufung wie folgt fort:

>*Ich rufe den Süden und die Macht des Feuers,*
um dieses Kistchen zu weihen.
Es wird jetzt zu einem magischen Werkzeug,
das mir bei meinen Zauberhandlungen
und der Verwirklichung meiner Wünsche hilft.«

Besprengen Sie nun den Boden des Kistchens mit ein paar Tropfen Wasser und sprechen Sie dabei die Worte:

>*Ich rufe den Westen und die Macht des Wassers,*
um dieses Kistchen zu weihen.
Es wird jetzt zu einem magischen Werkzeug,
das mir bei meinen Zauberhandlungen
und der Verwirklichung meiner Wünsche hilft.«

Während Sie dann als Letztes einige Körnchen Salz in das Kistchen legen, sprechen Sie die magischen Worte:

>*Ich rufe den Norden und die Macht der Erde,*
um dieses Kistchen zu weihen.
Es wird jetzt zu einem magischen Werkzeug,
das mir bei meinen Zauberhandlungen
und der Verwirklichung meiner Wünsche hilft.«

Damit ist aus dem bislang »normalen« Kistchen ein echtes Wunschkistchen geworden.

Die Energie speichern

Öffnen Sie das Kistchen und legen Sie Ihr Foto hinein: Das bekräftigt gewissermaßen Ihre Absicht, Energie anzuziehen. Füllen Sie das Kistchen mit Salz und zünden Sie die Kerze und das Räucherwerk an. Heben Sie die Arme zum Himmel und erbitten Sie die Hilfe des Universums, indem Sie die folgenden magischen Worte sprechen.

> »Kräfte des Universums, kommt!
> Mächte, gewährt mir eure Hilfe,
> leitet die kosmische Energie um
> und lenkt sie in dieses Kistchen,
> damit sie in ihm gespeichert wird
> und ich sie benutzen kann,
> wann immer ich will.
> So soll es sein.«

Warten Sie ein paar Minuten und wiederholen Sie die Anrufung noch zwei Mal. Sie müssten dann spüren, wie von oben nach unten ein Energiestrom Ihre Arme entlangläuft. Richten Sie den Zeigefinger Ihrer linken Hand auf das Kistchen, während Ihr rechter Arm weiter Richtung Himmel zeigt – das soll die Energie in Ihr Kistchen lenken. Bleiben Sie zwei oder drei Minuten in dieser Position stehen; danken Sie dann dem Universum und schließen Sie das Kistchen, das jetzt mit kosmischer Energie gefüllt ist.

Benutzung

Nachdem Sie die magische Energie gespeichert haben, müssen Sie wissen, was Sie mit ihr machen. Das ist nicht kompliziert. Solange sich Salz im Kistchen befindet, ist noch kosmische Energie da. Sie setzen sie frei, indem Sie das Salz dazu verwenden, etwas Bestimmtes zu erhalten oder die Wirkkraft Ihrer anderen Rituale zu verstärken. Anstatt zum Beispiel Ihren magischen Kreis oder Gegenstände mit gewöhnlichem Salz zu weihen, können Sie das Salz aus dem Kistchen verwenden, das sehr viel stärker wirkt.

Sie können auch ein Amulett, einen Kristall oder einen anderen Stein in dem Salz »versenken«, damit die in dem Kistchen gespeicherte magische Energie den betreffenden Gegenstand auflädt; lassen Sie ihn dazu eine ganze Nacht lang (von Sonnenuntergang bis Sonnenaufgang) in dem Salz liegen, bevor Sie ihn wieder herausnehmen. Anschließend müssen Sie ein Viertel des Salzes entfernen; dies entspricht gewissermaßen der Energiemenge, die sich auf Ihren Stein, Ihren Kristall oder Ihr Amulett übertragen hat.

Bei jedem Gegenstand, den Sie in das Salz legen, müssen Sie angeben, was Sie mit ihm erreichen wollen. Da die Energie im Kistchen zwar sehr stark, aber neutral ist, können Sie alles Mögliche mit ihr anziehen, zum Beispiel:

• *Geld anziehen:* Streuen Sie etwas Zaubersalz in Ihr Portemonnaie. Oder legen Sie eine Nacht lang Geld in das Salz. Nehmen Sie am nächsten Morgen das Geld und ein Viertel des Salzes heraus (das entspricht der Energiemenge, die sich jetzt in Ihrem Geld befindet). Tragen Sie das Geld bei sich.

- *Liebe anziehen:* Legen Sie von Sonnenuntergang bis Sonnenaufgang Rosenblütenblätter in das Salz, sodass sie ganz von ihm bedeckt sind; nehmen Sie dann die Blätter und ein Viertel des Salzes heraus und geben Sie alles in Ihr Badewasser.
- *Die Genesung unterstützen:* Streuen Sie etwas Zaubersalz um das Bett des Kranken oder legen Sie von Sonnenuntergang bis Sonnenaufgang sein Foto in das Salz; nehmen Sie dann das Foto und ein Viertel des Salzes heraus.
- *Schutz anziehen:* Geben Sie etwas Zaubersalz in Ihr Badewasser oder deponieren Sie überall in Ihrer Wohnung ein paar Salzkörnchen, um sich vor negativen Energien zu schützen.

Das Wunschkistchen

Das Wunschkistchen funktioniert nach dem gleichen Prinzip wie das Machtkistchen. Im Grunde ist es eine Variante von ihm, aber es lässt sich viel mehr mit ihm machen.

Benötigtes Material

Wie für das Machtkistchen brauchen Sie eine Schachtel mit Deckel, die so groß sein sollte, dass ein paar kleine Papierstückchen hineinpassen. In puncto Ausstattung können Sie sich im Wesentlichen auf das im vorigen Abschnitt Gesagte beziehen:

- *Ein Foto von Ihnen:* Auch hier gilt das vorher Gesagte. Sie müssen nicht ganz zu sehen sein; ein Bild von Ihrem Gesicht reicht.

- *Ein klarer Quarzkristall mit ein oder zwei Spitzen:* Solche Steine sind in Esoterik- oder New Age-Läden erhältlich.
- *Eine Pyramide:* Auch hier gilt, was ich für das Machtkistchen gesagt habe.

Schneiden Sie drei Papierquadrate (Seitenlänge etwa 6 Zentimeter) zurecht und schreiben Sie auf jedes einen Wunsch, der vor der nächsten Sonnenwende oder der nächsten Tag-und-Nacht-Gleiche in Erfüllung gehen soll. Der Termin richtet sich danach, wann innerhalb der folgenden vier Perioden Sie Ihren Wunsch formulieren: Zwischen Wintersonnenwende (21. Dezember) und Frühlings-Tag-und-Nacht-Gleiche, zwischen Frühlings-Tag-und-Nacht-Gleiche und Sommersonnenwende (21. Juni); zwischen Sommersonnenwende und Herbst-Tag-und-Nacht-Gleiche (21. September); oder zwischen Herbst-Tag-und-Nacht-Gleiche und Wintersonnenwende (21. Dezember). Jeweils zum Ende eines Stichtags sollte Ihr Wunsch Wirklichkeit geworden sein. An diesen Stichtagen erneuern Sie die magische Energie Ihres Kistchens und tauschen Ihre Wünsche aus. Dann lassen Sie bis zu dem nächsten Termin, der einen Wechsel der Jahreszeiten anzeigt, wieder alles an Ort und Stelle.

Wünsche richtig formulieren

Bevor Sie Ihren Wunsch aufschreiben, sollten Sie sich die Zeit nehmen, gut zu überlegen, wie Sie ihn korrekt formulieren. Denken Sie daran, dass Sie aufpassen müssen, was Sie sich wünschen, denn der Wunsch könnte wahr werden; wenn die Formulierung hinkt oder unklar ist, könnten Sie enttäuscht oder schlichtweg entsetzt sein, wenn Sie etwas ganz anderes bekommen als das, was Sie eigentlich wollten. Wenn Sie zum Beispiel 15 Kilo abnehmen wollen, sollten Sie besser genau sagen, dass es sich um Übergewicht handelt und Sie 15 Kilo schlanker werden wollen. Denn wenn Sie schlecht formulieren, könnte es schlimmstenfalls passieren, dass Sie zwar 15 Kilo verlieren, aber auch ein Bein …

Das bedeutet nun wiederum nicht, dass Sie einen Roman schreiben müssen. Verwenden Sie einfache Worte; die Formulierung ist zwar wichtig, aber es wäre unklug, sich irgendwelche Türen zu verschließen. Sie können nicht bis in alle Einzelheiten vorschreiben, wie der Wunsch in Erfüllung gehen soll. Wenn Sie zum Beispiel Geld brauchen, können Sie den Betrag festlegen und sagen: »Ich brauche 1000 Euro oder mehr.« Schlagen Sie dem Reichtum nicht die Tür vor der Nase zu, indem Sie das »oder mehr« weglassen!

Hüten Sie sich auch festzulegen, wo das Geld herkommen soll; das könnte den Geldzufluss blockieren und andere Quellen, von denen das, was Sie brauchen, kommen könnte, inaktivieren. Lassen Sie lieber Kräfte des Universums entscheiden, woher das Geld kommt – die Wesenheiten, die für Sie arbeiten, erkennen oft gute Gelegenheiten, die Ihnen entgehen.

Wenn Sie Ihre Wünsche auf den Papierstückchen notiert haben, deponieren Sie dies in dem Kistchen und legen den Quarz darauf. Schließen Sie das Kistchen und stellen Sie Ihre Pyramide auf den Deckel; auch hier müssen die Kanten – gegebenenfalls mit einem Kompass – auf die vier Himmelsrichtungen ausgerichtet werden. Bewahren Sie das Wunschkistchen an einem Ort auf, an dem Sie es leicht erreichen können, der aber auch so sicher ist, dass niemand außer Ihnen es berührt. Legen Sie das Foto von sich auf das Kist-

chen, stellen Sie sich davor, und während Sie die Hände
zum Himmel heben, sprechen Sie die folgenden magischen
Worte:

>*»Wunschkistchen, Wunschkistchen,*
ich vertrau dir meine Wünsche an,
erfüll sie doch für mich.
Bitte bitte mach sie wahr,
lass mich endlich das bekommen,
was mein Herz begehrt.
So soll es sein.«

In der Verwirklichungsphase – bis zur nächsten Sonnenwende oder Tag-und-Nacht-Gleiche – können Sie diese Zauberformel jeden Tag wiederholen; so entwickeln Sie Vertrauen ins Universum.

Die Energie Ihres Kistchens erneuern

Sie können an jedem Tag des Jahres damit anfangen, mit
Ihrem Wunschkistchen zu arbeiten, aber die besten Ergebnisse erzielen Sie, wenn Sie an einem Wechsel der Jahreszeiten loslegen, das heißt an einer Tag-und-Nacht-Gleiche oder
einer Sonnenwende. Diese vier Zeitpunkte besitzen eine besondere Energie, die zwar die ganze kommende Jahreszeit
über zu spüren ist, aber am stärksten wirkt, wenn sie gerade
anfängt.

Die Zauberformel kann gleich bleiben, auch wenn die
Energie, welche die Erfüllung Ihrer Wünsche begünstigt,
sich mit den Jahreszeiten ändert. Am Tag des Jahreszeiten-
wechsels müssen Sie alle Papierstückchen aus dem Kistchen
entfernen. Verbrennen Sie sie und schreiben Sie neue Wün-

sche auf; wenn eine Bitte Ihnen nicht gewährt wurde, formulieren Sie sie um und versuchen Sie es noch einmal. Vielleicht war sie sehr komplex und brauchte etwas länger, um
sich zu realisieren.

Kapitel 6

• • • •

Magische Amulette und Talismane

Amulette und Talismane sind magische Werkzeuge, die Sie leicht selbst herstellen können. Damit sie ihre ganze Kraft entfalten, müssen Sie jedoch geweiht werden. Bevor Sie eins der auf den folgenden Seiten beschriebenen Amulette tragen, sollten Sie deshalb das nachstehende Reinigungsritual ausführen; ohne diese Maßnahme wirken Ihre Glücksbringer nur halb so gut, wenn überhaupt.

Genauso wie ein Talisman kann eigentlich alles ein Amulett sein; es ist eine Frage der persönlichen Entscheidung. Einen grundlegenden Unterschied allerdings gibt es zwischen einem Amulett und einem Talisman:

Ein Amulett ist ein Glücksbringer, der seine Kraft aus sich selbst bezieht; das heißt, es ist egal, ob man es in einem Geschäft kauft, geschenkt bekommt oder auf der Straße oder im Wald findet.

Die Kraft eines Talismans dagegen – er wird auch als »magisches Amulett« bezeichnet – wird mithilfe eines Rituals auf Sie persönlich zugeschnitten; dadurch wird ein bis dato ganz gewöhnlicher Gegenstand zu einem Gefäß für magische Energie, das nur Ihnen gehört und zu dem nur Sie den Schlüssel haben. Deshalb wirkt ein Talisman sehr viel stär-

ker als ein Amulett, denn das Ritual durchdringt ihn mit
einer Energie, die er vorher nicht hatte.

Amulette

Reinigungsritual

Verbrennen Sie Weihrauch und führen Sie das Amulett oder
den Talisman einige Minuten durch den aufsteigenden Rauch.
Denken Sie dabei intensiv an das, was Sie mit diesem Talisman erreichen wollen, und sprechen Sie die folgende Beschwörung:

>*»Allmächtige Mutter Erde,*
>*gewähre mir die Gunst,*
>*die Kraft zu erhalten, die von dir ausgeht.*
>*Im Namen aller Göttinnen*
>*und Götter deines Pantheons*
>*beschwöre ich dich,*
>*meine Bitten zu erfüllen.*
>*Mutter Erde, überreichlich verteilst du deine Gunst.*
>*So soll es sein.«*

Von diesem Ritual ausgehend, sind zahlreiche Varianten möglich: Einige davon finden Sie auf den folgenden Seiten.

- *Schutz anziehen:* Dieses Amulett ist besonders wirksam bei
  Flug- und Schiffsreisen. Tragen Sie um den Hals eine Kette
  mit einem Medaillon, in das der folgende Satz eingraviert
  ist: »Schnell und gefahrlos mit Mutter Erde.«
- *Die Inspiration anregen:* Lassen Sie auf ein goldenes Schmuckstück oder einen Topas eine strahlende Sonne mit einer

zusammengerollten Schlange in der Mitte gravieren. Tragen Sie dieses Schmuckstück immer um den Hals: Es wird Ihnen Inspiration, aber auch Intelligenz und Phantasie bringen.

- *Gesund bleiben oder wieder werden:* Wenn Sie plötzlich ein Unwohlsein anfällt, das Sie nicht kennen, schreiben Sie auf ein Stück pflanzliches Pergament: »Böser Blick, kehre zu meinem Feind zurück.« Tragen Sie das Pergament an einem goldenen Kettchen um den Hals.

- *Damit Ihnen die Hoffnung nicht abhanden kommt:* Lassen Sie auf eine goldene oder kupferne Plakette einen Olivenzweig gravieren und tragen Sie sie als Medaillon um den Hals oder als Anstecknadel an der Kleidung. So verlieren Sie nie die Hoffnung, egal, was in Ihrem Leben passiert.

- *Für mehr Wohlstand:* Tragen Sie sieben kleine Goldringe an einem Goldkettchen um den Hals. Legen Sie es nie ab.

- *Damit ein Wunsch in Erfüllung geht:* Dieses Ritual wirkt nur für einen Wunsch; für einen zweiten müssen Sie es also wiederholen. Das magische Quadrat »ESAU« führt zu den erstaunlichsten Ergebnissen. Nehmen Sie einige Tropfen Blut von Ihrer linken Hand (siehe Seite 63) und schreiben Sie mit der rechten Hand die folgenden Buchstaben auf ein leeres Stück Pergament:

$$
\begin{array}{cccc}
E & S & A & U \\
S & A & U & E \\
A & U & E & S \\
U & E & S & A \\
\end{array}
$$

Tragen Sie das Pergament bei sich, bis Ihr Wunsch in Erfüllung gegangen ist.

- *Liebe anziehen:* Schneiden Sie mit Ihrem Ritualmesser mehrere feine Streifen aus einer Zitronenschale. Lassen Sie sie sieben Tage und sieben Nächte trocknen und tragen Sie sie dann sieben weitere Tage bei sich. Dann müsste Ihr Zauber gewirkt haben.
- *Damit Sie Antworten auf Ihre Fragen erhalten:* Tragen Sie einen kleinen goldenen Schlüssel bei sich.

Heilkräftige Amulette

Selbst angefertigte heilkräftige Amulette sind erstklassige magische Werkzeuge und allen gegenteiligen Behauptungen und Vorstellungen zum Trotz ganz einfach herzustellen. Sie brauchen nur ein quadratisches Stück Stoff aus Seide, Baumwolle, Leinen oder anderen Naturfasern (für manche Projekte wird auch Leder oder Chairleder empfohlen). Man darf nicht vergessen, dass solche Amulette die ersten gesundheitlichen Präventivmaßnahmen der Menschheit waren! Sie wurden getragen, um bestimmten Krankheiten oder negative Befindlichkeiten *vorzubeugen.*

Die folgenden Rezepte gehen auf das Mittelalter und die Antike zurück. (Bitte denken Sie daran, dass Amulette kein Ersatz für eine ärztliche Behandlung oder Medikamente sind.)

- *Ein Gesundheitsamulett anfertigen:* Um gesund zu bleiben und Ihr Immunsystem zu stärken, können Sie aus einem Stück schwarzer Seide einen kleinen Beutel herstellen. Legen Sie einen (Ohr-)Ring mit Diamant (er braucht nicht groß zu sein), ein Stück Onyx, einen Thymianzweig und einen Rosmarinzweig hinein. Verschließen Sie den Beutel und tragen Sie ihn bei sich.

- *Abszesse beseitigen:* Stellen Sie aus schwarzem Chairleder einen kleinen Beutel her, in den Sie einige Süß- oder Salzwasserperlen und ein Stückchen Koralle legen. Tragen Sie das Amulett so lange auf der Haut, bis der Abszess verschwindet.

- *Wenn alles wehtut:* Tragen Sie eine Halskette, ein Armband oder ein anderes Schmuckstück mit einem Türkis. Dieser Stein hilft auch gegen Abgespanntheit.

- *Den Appetit anregen:* Nähen Sie aus einem Stückchen brauner Seide einen kleinen Beutel, in den Sie eine Perle und ein vierblättriges Kleeblatt legen (Sie können es selbst suchen oder beim Floristen kaufen). Tragen Sie dieses Amulett eine Woche lang, dann kommt Ihr Appetit zurück.

- *Rückenschmerzen lindern:* Um Rückenschmerzen zu lindern oder ganz zum Verschwinden zu bringen, sollten Sie irgendwo auf Ihrem Körper einen Topas tragen. Er kann auch in eine Halskette oder einen Ring eingearbeitet sein. Oder nähen Sie aus weißer Seide oder Baumwolle einen kleinen Beutel und legen Sie den Stein hinein.

- *Leberbeschwerden lindern:* Sie müssen auf Ihre Ernährung achten und einen Arzt konsultieren, können aber zusätzlich auch auf andere Weise dazu beitragen, Ihren Organismus zu reinigen: Stellen Sie aus nachtblauer Seide oder Baumwolle ein Beutelchen her, in das Sie einen Sodalit oder einen blauen Topas, einen silbernen Halbmond und eine Rosenknospe legen. Dieses Amulett hilft Ihnen auch, zu verstehen, warum Sie diese Probleme haben. Oft sind sie stressbedingt.

- *Blasenbeschwerden vorbeugen:* Um kleineren Blasenbeschwerden vorzubeugen, können Sie ein Beutelchen aus grüner Wolle oder Baumwolle anfertigen, in das sie 5 weiße

Pfefferkörner, 1 Zweig Wintergrün und 1 silbernen Ring legen.

- *Darmbeschwerden lindern:* Probleme mit dem Darm können auf eine schwere Krankheit hinweisen und dürfen nicht unterschätzt werden. Aber damit es mit dem Stuhlgang klappt, können Sie einen kleinen Beutel aus blauer Seide herstellen, in den Sie eine Löwenzahnblüte, ein mit Hamameliswasser getränktes Wattebäuschchen, Myrrhe und ein Stück Elfenbein legen.

- *Damit eine Schwangerschaft problemlos verläuft:* Nähen Sie einen Beutel aus weißer Seide und legen Sie hinein: 1 Ehering (er kann Ihrer Mutter oder einer Verwandten gehört haben); einige (Usambara-)Veilchen; 1 Stückchen weiße Baumwolle mit 3 Tropfen Ihres Blutes; ein paar Haare vom Vater des Kindes. Verschließen Sie das Säckchen und tragen Sie es als Amulett bis zum Geburtstermin auf Ihrer Haut.

- *Gegen Nervosität:* Stellen Sie ein Beutelchen aus gelber Seide oder gelbem Satin her und legen Sie einen schwarzen Onyx, einige Lavendelblüten (oder ein Wattebäuschchen mit ein paar Tropfen Lavendelöl), Kamillenblüten und 1 Stück Iriswurzel hinein.

- *Für eine regelmäßige, schmerzfreie Menstruation:* Fertigen Sie einen kleinen Beutel aus rotem Satin oder roter Seide an; legen Sie eine Marienmedaille, ein Stückchen von einer roten Kerze und eine Rosenknospe hinein. Nach der Menstruation verbrennen Sie die Kerze und die Rosenknospe; das Beutelchen und die Medaille können Sie für den nächsten Monat aufbewahren.

Auf Ihre Absicht kommt es an

Wenn Sie ein Amulett bzw. einen Talisman herstellen, um im Glücksspiel zu gewinnen, macht das deutlich, was Sie wollen; genauso ist es im Hinblick auf die Liebe, auf Schutz oder Reichtum. Sie teilen dem Amulett eine Absicht mit und verankern Ihren Wunsch so in der materiellen Realität; Sie geben ihm gewissermaßen einen »Körper«.

Die folgenden Amulette waren im Altertum sehr beliebt; die Beispiele sollen Ihnen bei der Wahl des für Sie geeigneten Glücksbringers helfen. Die Symbole besitzen aufgrund ihres Charakters eine Kraft, die sich mit bestimmten Anliegen verträgt; wenn Sie sie weihen und dadurch in einen Talisman verwandeln, wird diese Kraft verstärkt. Ich habe auch die Kerzenfarbe und die Art des Räucherwerks angegeben, das Sie für die verschiedenen Rituale brauchen.

Liebe

- *Kerzen:* rosa, rot.
- *Räucherwerk:* Veilchen, Rose, Jasmin.
- *Symbole:* Symbole für die Liebe gibt es viele; die beiden bekanntesten sind Blumen und das Herz. Alle Schmuckstücke mit Blumenform ziehen die Liebe an. Zu den beliebtesten gehören Maiglöckchen, Iris, Lilien, Stiefmütterchen, Vergissmeinnicht und Margerite. Das Herz ist unstreitig das populärste Symbol, um Liebe anzuziehen; die Wirkung wird verzehnfacht, wenn das Herz aus einem Edelstein wie Rubin, Smaragd oder Diamant geschnitten ist.

Geld

- *Kerzen:* grün, goldfarben.
- *Räucherwerk:* Vetiver, Zimt.
- *Symbole:* Seit das Geld erfunden wurde, gehört es zu den wesentlichen Beschäftigungen der Menschen, in seinen Besitz zu kommen; Amulette und Talismane, die Geld anziehen sollen, sind deshalb sehr alt, zum Beispiel das Füllhorn, der Jadebuddha, der Marienkäfer oder die Sonne. Eins der beliebtesten Symbole, um Geld und Reichtum anzuziehen, ist das Füllhorn. Am besten wirkt es auf oder aus Gold, denn dieses Material verstärkt das Symbol. Der Jadebuddha ist ein in Asien bevorzugtes Symbol für Reichtum und Geld. Es zeigt einen lachenden Buddha. Jedes Schmuckstück in Form eines Marienkäfers ist bekanntermaßen dazu geeignet, Reichtum anzuziehen; das Material (Metall, Stein) spielt keine Rolle. Das Sonnenamulett geht auf die Zeit der Druiden zurück, die eine goldene Sonne herstellten und zur Sommersonnenwende (um den 20. Juni herum) weihten, um ihren Wohlstand zu vermehren.

Magische Kräfte

- *Kerze:* violett.
- *Räucherwerk:* Weihrauch, Myrrhe, Sandelholz.
- *Symbol:* Der von einem Kreis umgebene fünfarmige Stern (Pentagramm) ist der stärkste und wichtigste heidnische Talisman und bei Hexen und Magiern gleichermaßen beliebt. Er repräsentiert die vier Elemente – Feuer, Wasser, Erde, Luft – und an der Spitze ihren Lenker, den Geist.

Wenn Sie dieses Symbol mit der Spitze nach oben tragen, öffnet es Ihren Geist für die Mysterien der Magie; es erhöht Ihre medialen Fähigkeiten, schützt vor negativen Kräften und verstärkt die Kraft Ihrer Zaubersprüche und Rituale.

Einen Talisman herstellen

Nichts liegt näher, als ein Amulett mit Ihrem Sternzeichen zu weihen, denn zwischen Ihrem Geburtsdatum und den Sternen besteht eine direkte Verbindung; ein solcher Talisman verstärkt die guten Eigenschaften Ihres Zeichens.

Damit die Kraft Ihres Amuletts intensiver wird und von Ihnen nach Belieben gelenkt werden kann, müssen Sie das Amulett weihen. Auf diese Weise können Sie ihm einen bestimmten Wirkbereich zuordnen und um die Hilfe des Universums und der Götter, Göttinnen und Geister bitten, an die Sie glauben. Außer den für Ihr Vorhaben günstigen Kerzen und Räuchersubstanzen brauchen Sie Salz und Wasser. Zünden Sie zunächst die Kerze und das Räucherwerk an und sammeln Sie sich kurz. Nehmen Sie dann das Amulett in beide Hände, heben Sie es über Ihren Kopf, um es den von Ihnen gewählten Kräften darzubieten, und legen Sie es anschließend auf Ihren Altar (oder den Tisch) zurück.

Während Sie etwas Salz über das Amulett streuen, sprechen Sie die magischen Worte:

> *»Ich weihe diesen Gegenstand* [nennen Sie ihn]
> *mit dem Salz der Erde, damit er mir hilft,*
> [erläutern Sie Ihr Ziel, etwa Geld, Liebe]
> *zu erhalten.«*

Sprengen Sie ein paar Tropfen Wasser über Ihr Amulett und
sagen Sie dabei:

>*Ich weihe diesen Gegenstand*
mit dem Wasser des Himmels und der Flüsse,
damit er mir hilft,
[erläutern Sie Ihr Ziel]
zu erhalten.«

Nähern Sie das Amulett der Kerzenflamme, ohne diese zu
berühren, und sprechen Sie die Formel:

>*Ich weihe dieses Werkzeug*
mit heiligem Feuer,
damit es mir hilft,
[nennen Sie Ihr Ziel]
zu erhalten.«

Halten Sie schließlich Ihr Amulett in den von dem Räucherwerk aufsteigenden Rauch und sagen Sie dabei:

>*Ich weihe diesen Gegenstand*
mit wohlriechender Luft,
damit er mir hilft
[nennen Sie Ihr Ziel]
zu erhalten.
So soll es sein.«

Wie Sie sehen, ist das Ganze sehr einfach. Jetzt brauchen Sie
diesen Talisman nur noch zu tragen, dann bringt er Ihnen,
um was Sie bitten.

Kapitel 7
• • • •
Magie aus dem Hexenkessel

Das Bild des Hexenkessels, in dem, von einem Holzfeuer erhitzt, Zaubertränke vor sich hin köcheln, ist uns allen vertraut. Holzfeuer sind heutzutage allerdings eher selten und nicht besonders ratsam, wenn Sie im vierten Stock eines Mietshauses wohnen. Aber die Magie des Hexenkessels lässt sich mit einfachen Mitteln aus dem Alltag leicht nachahmen. Sie brauchen nur eine von einem Teelicht erhitzte Warmhalteplatte aus Keramik oder Metall und einen Topf. Und schon haben Sie Ihren »Hexenkessel«, in dem Sie Ihre magischen Mixturen zusammenbrauen können.

Der Duft wird Ihre Wohnung durchziehen, und die magischen Energien werden Ihre Umgebung subtil beeinflussen. (Bei allen Mischungen können Sie die Aromaöle durch frische oder getrocknete Kräuter ersetzen; allerdings sollten Sie insgesamt nicht mehr als ein oder zwei Zutaten austauschen.)

Sie brauchen
• Mörser und Stößel (zum Zerstoßen der Kräuter)
• Kräuter oder ätherische Öle
• Quellwasser (auch in Flaschen abgefüllt)
• 1 Topf

- 1 hitzebeständige Platte und 1 Teelicht
- 1 Glasstab (wie die, die man zum Mischen von Cocktails verwendet, sie sind leicht zu finden)

Ritual
Zerstoßen Sie jeweils ein Kraut so weit, dass die natürlichen Öle freigesetzt werden; es braucht nicht völlig pulverisiert zu sein. Bringen Sie Wasser zum Kochen und füllen Sie Ihren kleinen »Hexenkessel« zur Hälfte. Zünden Sie dann das Teelicht unter der Platte an. Bitten Sie die Wasser- und Feuergeister, Ihnen bei der Realisierung Ihrer Wünsche zu helfen, und sprechen Sie die folgende Beschwörung:

> *»Wassergeister, die ihr hier*
> *flink in meinem Kessel kreist,*
> *helft bei meinem Plan.*
> *Feuergeister, die ihr hier*
> *meinen Kessel stark erhitzt,*
> *helft bei meinem Plan.«*

Rühren Sie das Wasser mit dem Glasstab im Uhrzeigersinn um und streuen Sie das erste Kraut in den entstandenen Strudel. Sagen Sie dabei:

> *»Durch Wasser und Feuer,*
> *durch den Geist des*
> [nennen Sie die Pflanze, die Sie ins Wasser streuen],
> *wird mein Wunsch wahr.«*

Wiederholen Sie den Vorgang einschließlich der Beschwörung für jedes einzelne Kraut. Wenn alle Kräuter im Kessel vor sich hin köcheln, lassen Sie den Strudel zunächst zur Ruhe kommen. Rühren Sie dann die Mischung mit dem Glasstab noch dreimal im Uhrzeigersinn um und sprechen Sie dabei die Zauberworte:

>>*Durch Wasser und Feuer,*
durch Luft und Erde
eilen die verborg'nen Kräfte mir zu Hilfe
und erfüllen meinen Wunsch.
So soll es sein.<<

Sehen Sie ein paar Augenblicke konzentriert in den Kessel und visualisieren Sie Ihr Ziel.

Die Mischung kann dann für den Rest des Tages vor sich hin simmern (lassen Sie offene Flammen jedoch nie unbeobachtet).

Einfache Rezepte

Weil die Größe des verwendeten Kessels bei jedem von Ihnen ein wenig anders sein wird, habe ich keine exakten Mengenangaben gemacht. Die Dosierung richtet sich nach der Wassermenge in Ihrem Kochgefäß; auf 1 Becher (¼ Liter) Wasser geben Sie ein paar Esslöffel Kräuter.

• *Das Gedächtnis verbessern:* zu gleichen Teilen Anis (Samen oder ätherisches Öl), Lavendel (getrocknete Blüten), Eisenkraut (getrocknet, auch aus Teebeuteln) und Eukalyptus (ein paar Blätter oder ein paar Tropfen ätherisches Öl).
• *Um einen Arbeitsplatz zu finden:* zu gleichen Teilen Kiefer

(Nadeln), Zeder (ein kleiner Zweig oder Späne) und Jasmin (ein paar Tropfen ätherisches Öl).

- *Um eine Beförderung zu erhalten:* zu gleichen Teilen Klee (getrocknet), Zypresse (ätherisches Öl, ein paar Tropfen), Alraune (getrocknet) und Zeder, Kiefer oder Tanne (Nadeln oder kleiner Zweig).

- *Als Hilfe beim Wahrsagen:* Lassen Sie die Mischung köcheln, während Sie die Tarotkarten legen oder auf andere Weise wahrsagen. Mischen Sie zu gleichen Teilen: Lavendel (frische oder getrocknete Blüten), Mistel (getrocknet), Majoran (frisch oder getrocknet) und Wermut (getrocknet).

- *Damit eine Reise gut verläuft:* zu gleichen Teilen Eisenkraut (getrocknet), Muskat (getrocknet oder gerieben), Pfefferminze (getrocknet) und Sandelholz (Späne oder ätherisches Öl).

- *Erfolg anziehen:* 1 oder 2 Blüten einer Gartennelke, zu gleichen Teilen Basilikum (frisch oder getrocknet), Gewürznelken (ganz) und Tabak (von einer Zigarette).

- *Krankheiten vertreiben:* Bei dieser Mischung müssen Sie gegen den Uhrzeigersinn rühren, denn Sie wollen ja die negativen Energien der Krankheit vertreiben. Stellen Sie folgende Mischung in das Krankenzimmer: etwas Zimt (Stangen oder Pulver), 1 Prise gemahlenen oder 1 Zehe Knoblauch, Wacholderbeeren, 1 Prise schwarzen Pfeffer, Johanniskraut und Rosmarin (frisch oder getrocknet).

- *Glück anziehen:* 2 oder 3 Blätter Lorbeer, Koriander (frisch), Eichenmoos und Eberesche (Blätter).

- *Das Einvernehmen mit dem Partner verbessern:* zu gleichen Teilen Apfel, Kamille (frisch oder getrocknet), Efeu (frische Blätter) und Orange (Stückchen von der Schale).

- *Schwanger werden:* zu gleichen Teilen Rosenblütenblätter (rosa, weiß oder gelb), Veilchen (frisch oder ätherisches Öl), Sternanis und Efeu (frische Blätter).
- *Die Genesung fördern:* zu gleichen Teilen Geranie (Blüten), Kampfer, Mohn (Samen) und Weide (Blätter).

Etwas aufwendigere Rezepte

Zur Verbesserung der Kreativität

Sie brauchen
- 1 türkis- oder silberfarbene Kerze
- Vanille-Räucherwerk
- Quellwasser
- 5 ml (1 Teelöffel) Rosmarin
- 5 ml (1 Teelöffel) Vanille
- 5 ml (1 Teelöffel) Ingwer
- 5 ml (1 Teelöffel) Kiefernnadeln
- 1 Prise Muskat
- 1 Prise Orangenschale

Ritual
Zünden Sie die Kerze und das Räucherwerk an und füllen Sie Ihren Kessel zu drei Vierteln mit Quellwasser. Geben Sie dann in der folgenden Reihenfolge hinzu:
- den Rosmarin mit den Worten
  »Rosmarin für das Gedächtnis«,
- die Vanille mit den Worten
  »Vanille für die Energie«,
- den Ingwer mit den Worten
  »Ingwer für den Erfolg«,

- die Kiefernnadeln mit den Worten
  »Kiefer für die Ideen«,
- den Muskat mit den Worten
  »Muskat für das Glück«,
- die Orangenschale mit den Worten
  »Orange für die Phantasie«.

Bringen Sie die Mischung zum Kochen; wenn sie brodelt, wiederholen Sie diese Worte halb singend noch mehrere Male:

> *»Rosmarin für das Gedächtnis,*
> *Vanille für die Energie,*
> *Ingwer für den Erfolg,*
> *Kiefer für die Ideen,*
> *Muskat für das Glück,*
> *Orange für die Phantasie.*
> *So soll es sein.«*

Atmen Sie den Duft der Mischung ein und spüren Sie, wie die Inspiration Sie überkommt.

Damit Geld hereinkommt

Sie brauchen
- 1 grüne Kerze
- Vetiver-Räucherwerk
- Quellwasser
- 3 Lorbeerblätter
- 15 ml (1 Esslöffel) Kamille
- 5 ml (1 Teelöffel) Fenchel
- 15 ml (1 Esslöffel) Minze

- 15 ml (1 Esslöffel) Orangenfruchtfleisch
- 5 ml (2 Teelöffel) Oregano

Ritual
Zünden Sie in einer Vollmondnacht die Kerze und das Räucherwerk an und füllen Sie Ihren Kessel zu drei Vierteln mit Quellwasser. Geben Sie dann in der folgenden Reihenfolge hinzu:

- die Lorbeerblätter mit den Worten »*Lorbeer für den Sieg*«,
- die Kamille mit den Worten »*Kamille für den Erfolg*«,
- den Fenchel mit den Worten »*Fenchel zum Segnen*«,
- die Minze mit den Worten »*Minze zum Motivieren*«,
- das Orangenfruchtfleisch mit den Worten »*Orange für das Geld*« und
- den Oregano mit den Worten »*Oregano für die Energie*«.

Bringen Sie die Mischung zum Kochen; wenn sie brodelt, wiederholen Sie diese Worte halb singend noch mehrere Male:

»Lorbeer für den Sieg,
Kamille für den Erfolg,
Fenchel zum Segnen,
Minze zum Motivieren,
Orange für das Geld,
Oregano für die Energie.
So soll es sein.«

Atmen Sie den Duft der Mischung ein und spüren Sie, wie Sie zu einer Verkörperung des Reichtums werden.

Negative Einflüsse vertreiben

Sie brauchen
- 1 weiße Kerze
- Myrrhe-Räucherwerk
- Quellwasser
- 15 ml (1 Esslöffel) Klee
- 15 ml (1 Esslöffel) Eisenkraut
- 15 ml (1 Esslöffel) Johanniskraut
- 15 ml (1 Esslöffel) Fenchel

Ritual
Zünden Sie die Kerze und das Räucherwerk an und füllen Sie Ihren Kessel zu drei Vierteln mit Quellwasser. Geben Sie nacheinander die Zutaten hinein und wiederholen Sie, bis die Mischung brodelt, mehrmals halb singend die Worte:

> *»Klee, Eisenkraut,*
> *Johanniskraut und Fenchel,*
> *vertreibt das Böse,*
> *vertreibt das Böse.*
> *Klee, Eisenkraut,*
> *Johanniskraut und Fenchel,*
> *vertreibt das Böse*
> *aus meinem Haus.*
> *So soll es sein.«*

Atmen Sie den Duft der Mischung ein und spüren Sie, wie die negative Energie sich verflüchtigt.

Kapitel 8

• • • •

Aphrodisiaka, Heil- und Zaubertränke

Das Trinken ist nicht nur etwas Natürliches, sondern etwas für unser Überleben absolut Notwendiges. Ohne Nahrung können wir ziemlich lange auskommen, aber wenn wir nichts mehr trinken, sind wir nach kurzer Zeit tot. Das Trinken ist zum Überleben fast genauso wichtig wie das Atmen. Das magische Denken bezieht sich stark auf die Natur und daher auch auf die natürlichen Handlungen und Gesten, die wir Tag für Tag ausführen, um zu überleben. Viele etablierte Religionen haben ebenfalls auf diese Gesten zurückgegriffen und sie zum Bestandteil ihrer Zeremonien gemacht; denken wir nur an die katholische Messe, in der Brot und Wein eine heilige Bedeutung haben.

In der weißen Magie spielen Kräuter und Pflanzen bekanntermaßen eine herausragende Rolle. Weil magische Praktiken jahrhundertelang, oft unter Todesstrafe, verboten waren, haben die Hexen und Magier ihre Rituale und Zaubereien in alltägliche Handlungen eingebunden.

Pflanzen und Kräuter besitzen ganz spezielle Eigenschaften, die mithilfe eines kleinen, unauffälligen Rituals beträchtlich verstärkt werden können. Magische Aphrodisiaka, Kräutertees und Heiltränke haben deshalb eine lange Tradition, und obwohl oft angenommen wird, dass die Zubereitung stundenlang dauert, ist das keineswegs der Fall. Sehr viele Rezepte und kleine Rituale sind im Handumdrehen umgesetzt.

Aphrodisiaka

Liebestrank der Aphrodite

Sie brauchen
- 1 Tonschüssel
- 1 Prise Ambra
- 1 Prise Moschus
- 12 Apfelkerne
- 200 ml Rotwein
- eine Glasflasche

Ritual
Vermischen Sie in der Schüssel die Ambra, den Moschus und die Apfelkerne, zerkleinern Sie alles und geben Sie den Wein dazu. Lassen Sie die Mischung kochen, bis zwei Drittel verdunstet sind. Geben Sie den Rest in eine Flasche und servieren Sie ihn Ihrem Traumpartner in einer Mahlzeit oder einem süßen Getränk.

Ägyptisches Aphrodisiakum

Sie brauchen
- 5 ml (1 Teelöffel) Kuminpulver
- 15 ml (1 Esslöffel) naturreinen Honig
- 1 kleine Prise Pfeffer

Ritual
Vermengen Sie die Zutaten zu einer einheitlichen Masse und verwenden Sie sie zur Zubereitung einer Mahlzeit.

Magisches Aphrodisiakum

Sie brauchen
- Helenenkraut
- Eisenkraut
- Mistel

Ritual
Lassen Sie die Kräuter im Backofen trocknen und zerstoßen Sie sie dann zu einem feinen Pulver. Wenn Sie dieses starke, magische Aphrodisiakum an eine Mahlzeit oder ein süßes Getränk geben, haben Sie schon gewonnen!

Verführungstrank

Sie brauchen
- 13 Rosmarinblätter
- 13 Anissamen
- 2 Gewürznelken
- 3 Rosengeranien
- 5 ml (1 Esslöffel) Honig
- ¼ l Rotwein

Ritual
Geben Sie alle Zutaten in Ihren Kessel und bringen Sie die Mischung zum Kochen. Lassen Sie sie köcheln, bis sie eine sirupartige Konsistenz annimmt. Ziehen Sie den Topf von

der Flamme, filtern Sie die festen Bestandteile ab und bewahren Sie die Flüssigkeit in einer Flasche auf. Gießen Sie 5 Esslöffel in ein Glas Wein oder Obstsaft, das Sie der Person anbieten, die Sie verführen wollen.

Leidenschaftstrank

Sie brauchen
- 1 kleine Flasche Quellwasser
- 1 Glasflakon
- 1 Schmuckstück mit Diamant
- 1 Glas Obstsaft

Ritual
Gießen Sie das Quellwasser in den Flakon und legen Sie das Schmuckstück mit dem Diamanten hinein (seine Größe ist unwichtig, er wirkt auf jeden Fall). Stellen Sie den Flakon 72 Stunden in die Sonne. Nehmen Sie dann das Schmuckstück heraus, vermischen Sie das Wasser mit Fruchtsaft (oder einem anderen Getränk) und servieren Sie es Ihrem Auserwählten.

Südamerikanisches Aphrodisiakum

Sie brauchen
- 6 Vanilleschoten
- 1 rote Kerze
- 1 Glasflasche
- ¼ l Tequila

Ritual

Legen Sie die Vanilleschoten beim Schein der roten Kerze in die Glasflasche mit Tequila; rufen Sie dabei Yemanja an, eine Göttin der Liebe. Lassen Sie die Mischung 3 Wochen ziehen und schütteln Sie sie mehrmals täglich kräftig durch.

Trinken Sie anschließend dreimal täglich 10 Tropfen von diesem Aphrodisiakum. Es wirkt!

Tees und Kräutertees

Magische Kräutertees sind sehr einfach herzustellen; Sie brauchen nur das Wasser zum Kochen zu bringen und mit ihm die Pflanze oder Kräutermischung zu überbrühen, die für Ihr Anliegen geeignet ist. Lassen Sie den Tee etwa 5 Minuten ziehen und trinken Sie ihn dann in aller Ruhe.

Wählen Sie dafür einen Zeitpunkt, an dem Sie sich auf Ihr Anliegen konzentrieren können. Zünden Sie eine Kerze in der passenden Farbe an und denken Sie an das, was Sie sich wünschen. Dies ist die einfachste Form eines Rituals.

Die Kräuter

Die folgende Übersicht führt die Eigenschaften verschiedener Kräuter und die passende Kerzenfarbe auf.

- *Ackerminze:* Frieden und Reinigung; weiße Kerze.
- *Hibiskus:* verbessert die medialen Fähigkeiten; blasslila Kerze.
- *Ingwer:* Schutz; blassblaue Kerze.
- *Kamille:* Liebe; rosafarbene Kerze.

- *Luzerne:* Reinigung, weiße Kerze.
- *Pfefferminze:* Gesundheit; gelbe Kerze.
- *Salbei:* Langlebigkeit, weiße Kerze.
- *Thymian:* Gesundheit; gelbe Kerze.
- *Zimt:* Wohlstand; grüne Kerze.
- *Zitronelle:* Gesundheit; grüne Kerze.

Tees und Kräutertees werden auf der ganzen Welt viel getrunken, und auch wenn mancher dem Koffein lieber aus dem Weg geht, ist es immer ein Vergnügen, eine gute Tasse Tee zu trinken – einmal abgesehen davon, dass es auch ein anerkanntes Mittel zur Beruhigung der Nerven ist. Die folgenden Rezepte für magische Tees waren schon im Mittelalter bekannt.

Tee zur Verbesserung der Kommunikation mit der Natur

Sie brauchen
- 1 gelbe oder grüne Kerze
- 15 ml (3 Teelöffel) schwarzen Tee
- 5 ml (1 Teelöffel) Kamille
- 5 ml (1 Teelöffel) Himbeerblätter
- 5 ml (1 Teelöffel) getrocknete Blütenblätter von einer Rose

Ritual
Bringen Sie die Mischung zum Kochen und lassen Sie sie 5 Minuten ziehen. Trinken Sie diesen Tee in Ihrem Garten, bevor Sie mit Ihren Pflanzen arbeiten. Die Menge der Zutaten reicht für 3 Tassen.

Zur Verbesserung Ihres Weissagungstalents

Sie brauchen
- 1 blasslila oder violette Kerze
- 15 ml (1 Esslöffel) schwarzen Tee
- 5 ml (1 Teelöffel) Zitronelle
- 5 ml (1 Teelöffel) Lavendel
- 15 ml (1 Esslöffel) getrocknete Blütenblätter von einer Rose

Ritual
Zünden Sie die Kerze an. Geben Sie die Zutaten nacheinander in die Teekanne und sprechen Sie dabei die folgenden magischen Worte:

>*»Schwarzer Tee für die Kraft gegen das Böse,*
>*Zitronelle für die Kunst des Weissagens,*
>*Lavendel, auf dass mein ›Drittes Auge‹ sich öffne*
>*und den Schleier durchdringe,*
>*Rose für den Schutz.*
>*Göttliche, heilige Kräuter,*
>*helft mir bei meiner Suche nach der Wahrheit.*
>*So soll es sein.«*

Gießen Sie kochendes Wasser dazu, lassen Sie das Ganze 5 Minuten ziehen und seihen Sie es dann ab. Trinken Sie den Tee langsam, bevor Sie ein Weissagungsritual ausführen, etwa die Tarotkarten legen oder in die Kristallkugel schauen.

Langlebigkeitselixier

Sie brauchen
- 1 goldfarbene Kerze
- 1 Zimtstange oder 5 ml (1 Teelöffel) gemahlenen Zimt
- 1 Prise Safran
- 10 ml (2 Teelöffel) getrocknete Rosenblütenblätter

Ritual
Zünden Sie die Kerze an. Zerstoßen Sie im Mörser alle Zutaten mit dem Stößel zu feinem Pulver. Schütten Sie die Mischung in eine Teekanne und überbrühen Sie sie mit kochendem Wasser. 5 Minuten ziehen lassen, abseihen. Heben Sie vor dem Trinken die Tasse zum Himmel und sagen Sie dabei:

> *»Kronos, der du die Zeit regierst,*
> *lösch die Wirkung der Jahre aus,*
> *lass sie für mich nur zur Hälfte zählen.*
> *So soll es sein.«*

Trinken Sie langsam Ihren Tee. Die angegebene Menge ergibt ungefähr 3 Tassen.

Sonnenenergie-Kräutertee

Dieser Kräutertee zieht glückliche »Zufälle« und günstige Gelegenheiten an; seine Wirksamkeit erhält er durch die Kräuter und die Sonnenstrahlen, die sie durchtränken.

Sie brauchen
- 30 ml (2 Esslöffel) Löwenzahn
- 15 ml (1 Esslöffel) Ingwer
- 5 ml (1 Teelöffel) Zimt
- 15 ml (1 Esslöffel) Orangenfruchtfleisch
- 15 ml (1 Esslöffel) Zitronenfruchtfleisch
- 30 ml (2 Esslöffel) Sassafras
- 1 Glas mit Deckel
- Quellwasser

Ritual
Geben Sie die Kräuter in das Glas, füllen Sie es mit Quellwasser auf und stellen Sie den Topf 3 bis 4 Stunden in die Sonne – ihre Kraft wird sich auf Ihren Tee übertragen.

Kräutertee zur Verbesserung Ihres hellseherischen Talents

Sie brauchen
- 1 blasslila Kerze
- Lotos-Räucherwerk
- 2 Prisen getrocknete Orangenschale
- 2 Prisen getrocknete Hibiskusblüten
- 1 Prise Anis

Ritual
Zünden Sie die Kerze und das Räucherwerk an; überbrühen Sie die Kräuter mit kochendem Wasser und lassen Sie sie 5 Minuten ziehen. Abseihen. Trinken Sie langsam Ihren Tee, entspannen Sie sich und sprechen Sie dabei die folgenden Zauberworte:

»Ich entspanne meinen Geist,
damit ich weiter sehen kann,
ich dehne mein Bewusstsein aus,
damit ich den Schleier der Zukunft
vor meinen Augen durchdringe.
So soll es sein.«

Kräutertee zur Verbesserung der medialen Fähigkeiten

Sie brauchen
- 5 ml (1 Teelöffel) Hibiskusblüten
- $\frac{1}{4}$ l kochendes Wasser

Ritual
Übergießen Sie die Hibiskusblüten mit dem Wasser. Trinken Sie diesen Tee jeden Abend vor dem Schlafengehen. Sprechen Sie dabei die magischen Worte:

»Hibiskusblüten, Hibiskusblüten,
öffnet das Auge meines Geistes,
damit ich sehen kann, ohne zu schauen.
So soll es sein.«

Kalte magische Getränke

Nicht alle magischen Getränke sind warme Kräutertees; einige heilige Getränke werden auf der Basis von Fruchtsaft hergestellt.

Wohlstandselixier

Sie brauchen
- 1 grüne Kerze
- 1 Gewürznelke
- Fruchtfleisch einer Orange
- 1 dünne Scheibe frischen Ingwer
- $\frac{1}{4}$ l Ananassaft
- $\frac{1}{4}$ l Orangensaft
- $\frac{1}{4}$ l Limettensaft
- 10 ml (2 Teelöffel) Honig

Ritual
Zünden Sie die grüne Kerze an, und während Sie ein Glas dieses Elixiers trinken, sagen Sie:

»Ich trinke Reichtum und Wohlstand, Reichtum und Wohlstand gehören zu mir, ich spüre, wie sie Körper und Seele durchströmen.
So soll es sein.«

Bewahren Sie den Rest des Elixiers im Kühlschrank auf.

Gesundheits- und Heilungselixier

Sie brauchen
- 1 grüne Kerze
- 3 frische Minzeblättchen oder 5 ml (1 Teelöffel) getrocknete Minze
- $\frac{1}{4}$ l Apfelsaft
- $\frac{1}{4}$ l weißen Traubensaft
- 1 Prise Piment

Ritual

Zünden Sie die grüne Kerze an und trinken Sie die Mischung schluckweise. Zwischendurch sprechen Sie die beschwörenden Worte:

> »*Dieser Trank bringt mir Gesundheit,*
> *das, was krank war, geht nun weg,*
> *und ich fühl mich wohl und heil.*
> *So soll es sein.*«

Bewahren Sie den Rest des Elixiers im Kühlschrank auf. Wenn Sie es einem Kranken anbieten wollen, können Sie schon beim Mischen die Kerze anzünden und den Zauberspruch wiederholen.

Liebestrank

Sie brauchen
- 1 rosafarbene Kerze
- $\frac{1}{4}$ l Aprikosensaft
- $\frac{1}{4}$ l selbst hergestellten Himbeersaft
- $\frac{1}{4}$ l selbst hergestellten Erdbeersaft
- $\frac{1}{4}$ l Pfirsichnektar
- 5 Tropfen Rosenwasser

Ritual

Stellen Sie sich 2 Tage vor Vollmond an ein Fenster, von dem aus Sie den Mond sehen können. Zünden Sie die Kerze an und trinken Sie ein Drittel des obigen Tranks (den Himbeer- und Erdbeersaft gewinnen Sie, indem Sie die Früchte zerdrücken und den Saft abfiltern). Sagen Sie dann:

»*Aphrodite, Diana, Venus,*
hört meine Bitte.
Ich brauche eine starke und große Liebe,
damit meine Tage und Nächte
wieder frei sind von Kummer und Leid.
Aphrodite, Diana, Venus, hört meine Bitte.
So soll es sein.«

Wiederholen Sie das Ritual in der nächsten Nacht und beenden Sie es am Vollmondabend, an dem Sie den Rest des Getränks zu sich nehmen.

Trank zur Reaktivierung einer alten Liebe

Dieser Trank ist ideal, um die bereits vorhandene Liebe eines Paares zu verstärken oder nach jahrelangem Zusammenleben die Leidenschaft neu zu entfachen.

Sie brauchen
- 1 rosafarbene Kerze
- 1 Rose zum Räuchern
- 5 Haselnüsse
- 1 Gewürznelke
- 5 ml (1 Teelöffel) Lavendelblüten
- 1 Prise gemahlenen Ingwer
- 1 Prise gemahlenen Zimt

Ritual
Zünden Sie die Kerze und das Räucherwerk an. Zerstoßen Sie im Mörser zunächst die Nüsse; geben Sie dann die Gewürznelke und die Lavendelblüten dazu und zerquetschen

Sie das Ganze zu einem feinen Pulver. Fügen Sie den Ingwer und den Zimt hinzu. Vermischen Sie alle Zutaten, indem Sie sie mit dem Zeigefinger Ihrer linken Hand im Uhrzeigersinn umrühren. Sprechen Sie dabei dreimal die folgenden Zauberworte:

> *»Alles, was ich hier vermische,*
> *möge sich so eng verbinden*
> *wie mein Schatz und ich*
> *und in uns das zarte Drängen*
> *wie in früh'ren Jahren wecken.*
> *So soll es sein.«*

Geben Sie an drei aufeinander folgenden Tagen 1 Prise dieser Mischung an den Kaffee, Tee oder Kräutertee, den Sie mit Ihrem Partner gewöhnlich trinken. Die Wirkung dürfte nicht auf sich warten lassen.

Zur Aktivierung des Traumlebens

Sie brauchen
- 1 blaue Kerze
- Veilchen-Räucherwerk
- 2 Prisen Rosenblütenblätter
- 1 Prise Lavendel
- 1 Prise Zimt

Ritual
Zünden Sie die Kerze und das Räucherwerk an; überbrühen Sie die Kräuter mit kochendem Wasser, lassen Sie sie 5 Minuten ziehen und seihen Sie sie ab. Während Sie langsam diesen Tee trinken, sagen Sie:

»Morpheus, Traumhüter,
öffne mir dein Reich,
lass mich seine Wege
frohgemut begehn.
So soll es sein.«

Damit Veränderungen leichter fallen

Manchmal fällt es uns schwer, unser Leben zu verändern, schlechte Angewohnheiten abzulegen, disziplinierter zu sein etc. Das folgende Elixier, ein der Weisheitsgöttin Athene geweihtes Getränk, kann Ihnen bei solchen Vorhaben helfen.

Sie brauchen
- 5 Orangen
- 3 Pampelmusen
- 2 Limetten
- 60 ml frische Minzeblätter (nach Geschmack)
- 15 ml (1 Esslöffel) Honig

Ritual
Pressen Sie die Orangen, die Pampelmusen und die Limetten aus und vermischen Sie den Saft, eventuell mit dem Mixer. Sprechen Sie dabei die Zauberworte:

»Weisheitsgöttin Athena, Lenkerin des Schicksals,
hilf mir bei meinem Kampf für/gegen
[die Gewohnheit, die Sie ablegen,
oder die Veränderung, die Sie vornehmen wollen]
und lass mich mein Leben ändern.
So soll es sein.«

Geben Sie den Honig hinzu und lassen Sie die Mischung bis zum nächsten Morgen im Kühlschrank ziehen. Filtern Sie dann den Saft ab und nehmen Sie ein Glas davon zu sich. Konzentrieren Sie sich dabei auf die Veränderung, die Sie in Ihrem Leben vornehmen wollen. Trinken Sie jeden Morgen ein Gläschen dieser Mischung.

Kapitel 9

· · · ·

Kleine Rituale

Wenn wir unsere Träume verwirklichen und unsere Ziele erreichen wollen, müssen wir dafür nicht nur konkret etwas tun, sondern auch glauben, dass unser Erfolg möglich und unser Vorhaben realisierbar ist. In diesem Sinne wirkt auch die weiße Magie.

Die folgenden praxisbezogenen Rituale helfen Ihnen, Ihre Ziele zu erreichen. Obwohl sie im Großen und Ganzen ziemlich einfach sind, wirken sie ausgesprochen gut – genauer gesagt umso besser, je ernster und zuversichtlicher Sie an die Durchführung herangehen. Nehmen Sie sich vor dem Ritual die Zeit, Ihr Ziel in allen Einzelheiten zu visualisieren, und haben Sie es während der ganzen Durchführung ständig im Hinterkopf.

Kleine Rituale für Liebe und Freundschaft

Die Schwesterseele anziehen

Sie brauchen
- ¼ l Milch
- 21 Rosenblätter

Ritual
Nehmen Sie an einem Freitagabend ein Bad, dem Sie die Milch und die Rosenblätter beigeben. Sprechen Sie, während Sie in der Badewanne liegen, die folgende Beschwörung:

> *»Ich bitte die Göttin der Liebe*
> *und die Macht der Natur,*
> *dafür zu sorgen,*
> *dass ich die Liebe anziehe,*
> *die ich mir wünsche.*
> *So soll es sein.«*

Den Menschen anziehen, den Sie lieben

Für dieses Ritual muss Ihr Wunschpartner schon ein gewisses Interesse an Ihnen haben. Das Ritual verstärkt seine Gefühle und gibt ihm den Mut, sie zu äußern.

Sie brauchen
- 1 Gänsefeder oder einen Füller
- rote Tinte

- 1 Stück pflanzliches Pergament
- 1 rosafarbene Kerze
- 3 getrocknete und zerbröselte Rosenblütenblätter
- 1 Faden
- 1 Aluminiumschüssel

Ritual
Zünden Sie die Kerze an und schreiben Sie in ihrem Licht
mit der Gänsefeder (oder dem Füller) in roter Tinte den folgenden Zauberspruch auf das Pergament:

> *»Venusgeist, Venuskraft, bitte mach,*
> *dass* [Name Ihres Wunschpartners] *mir erklärt,*
> *dass er mich liebt.*
> *So soll es sein.«*

Verteilen Sie die zerbröselten Rosenblätter auf den einzelnen
Buchstaben; warten Sie, bis die Tinte getrocknet ist, und rollen
Sie das Papier zusammen. Schlingen Sie den Faden darum
und machen Sie drei Knoten. Verbrennen Sie dann die Rolle,
indem Sie sie an der Kerze anzünden und anschließend in
die Aluminiumschale legen. Wiederholen Sie den Zauberspruch, bis das Pergament ganz verbrannt ist.

Um die Liebe des Partners
zu verstärken

Sie brauchen
- 1 rosafarbene Kerze
- 1 Füller
- rote Tinte

- 9 Tropfen Ihres Blutes
- 1 Stück pflanzliches Pergament
- 9 Rosenblütenblätter
- 1 Rosenquarz
- 1 weißen Briefumschlag

Ritual
Zünden Sie die Kerze an und schreiben Sie mit der roten Tinte, in die Sie die 9 Blutstropfen gemischt haben (siehe auch Seite 63), einen leidenschaftlichen Brief; zeichnen Sie außerdem ein Herz auf das Pergament. Legen Sie den gefalteten Brief mit den Rosenblütenblättern und dem Rosenquarz in den Umschlag, kleben Sie ihn zu und verstecken Sie ihn an einem sicheren Ort, den nur Sie kennen.

Die Liebe anziehen

Sie brauchen
- 30 ml (2 Esslöffel) Badesalz
- 1 Tropfen Rosenöl
- 1 Tropfen Jasminöl
- 3 getrocknete und zerbröselte Rosenblütenblätter

Ritual
Vermischen Sie das Badesalz mit den Ölen und Rosenblütenblättern zum magischen Badesalz. Während Sie das Salz in die Badewanne schütten und im warmen Wasser auflösen, sprechen Sie die folgende Beschwörung:

> *»Ich bitte die große Göttin der Liebe,*
> *ihre Cherubine zu schicken,*

damit sie [Name Ihres Wunschpartners]
mit leidenschaftlicher Liebe erfüllen
und er/sie sich in mich verliebt.
So soll es sein.«

Während Sie in der Badewanne liegen, müssen Sie sich Ihren Wunschpartner vorstellen und die Beschwörung sechsmal wiederholen.

Die große Liebe kennen lernen

Sie brauchen
- 1 Rosenquarz
- 1 Pyramide
- 1 kleine, sehr reife Frucht
- 1 Stoffbeutelchen (rosa oder rot)

Ritual
Dieses Ritual muss nach Sonnenuntergang ausgeführt werden. Nehmen Sie den Rosenquarz in die Hand und sprechen Sie dabei das folgende Bittgebet:

»Venus, bitte hilf und komm,
segne diesen Talisman,
den ich [Name Ihres Wunschpartners]
schenken werde,
mit allmächt'ger Liebe,
damit er/sie sich mir verbindet,
für die Zeit, die du entscheidest.
So soll es sein.«

Legen Sie den Rosenquarz auf Ihren Altar, nehmen Sie die Pyramide und stellen Sie sie vor ein Fenster. Dabei muss die Tür der Pyramide sich an der Nord-Ost-Achse befinden, sodass eine Kante auf den magnetischen Norden zeigt. Legen Sie den Rosenquarz in die Mitte der Pyramide und fahren Sie mit der Beschwörung fort:

> »Merlin, Gott der Stern- und Mondmagie,
> gewähr mir meine Bitte,
> lass die Kraft von Mond und Sternen
> diesen Talisman erhellen.
> So soll es sein.«

Bei Sonnenuntergang nehmen Sie den Rosenquarz aus der Pyramide heraus, legen ihn in das Beutelchen und schenken ihn Ihrem Wunschpartner. Ganz wichtig ist, dass Sie das Stück Obst essen, sobald Sie den Talisman übergeben haben. Stellen Sie sich dabei vor, wie Sie Ihren Wunschpartner umarmen.

Ihren Traumpartner betören

Denken Sie daran, dass die Arbeit doppelt schwierig ist, wenn Ihr Traumpartner keine Liebe für Sie empfindet. Hüten Sie sich auch vor dem Bumerang-Effekt. Mit anderen Worten: Ihr Traumpartner darf nicht gebunden sein.

Sie brauchen
- 1 rote Kerze
- 1 Prise Thymian
- 1 Prise Rosmarin

- 1 Füller
- rote Tinte
- 1 Stück pflanzliches Pergament

Ritual
Zünden Sie die Kerze an und vermischen Sie den Thymian mit dem Rosmarin. Schreiben Sie mit roter Tinte den nachstehenden Zauberspruch auf das Pergament und streuen Sie die Rosmarin-Thymian-Mischung darüber. Lassen Sie das Ganze gut trocknen.

Verstecken Sie das Pergament dann an einem Ort, den nur Sie kennen; wenn Ihre Betörung Erfolg hatte, müssen Sie das Pergament an einem Ort vergraben, an dem es nie entdeckt werden wird. Sagen Sie dabei den Zauberspruch noch dreimal:

> *»Ich bitte die große Göttin der Liebe:*
> *Mach, dass* [Name Ihres Wunschpartners]
> *sich in mich verliebt.*
> *Ich danke dir, große Göttin der Liebe,*
> *dass du meine Bitte erhört hast.*
> *So soll es sein.«*

Wenn das Pergament entdeckt wird, verliert der Zauber seine Wirksamkeit.

Einen abtrünnigen Liebhaber zurückgewinnen

Sie brauchen
- 1 sterilisierte Nadel
- 1 kleinen weißen Stein

- 1 weiße und 1 rote Kerze
- Räucherwerk (Rose oder Patschuli)

Ritual
Zünden Sie die Kerzen und das Räucherwerk an. Stechen Sie sich mit der Nadel (siehe Seite 63) vorsichtig in die Fingerkuppe, sodass 1 Tropfen Blut austritt. Zeichnen Sie mit der Nadel und dem Blut Ihrer beider Initialen auf den Stein. Konzentrieren Sie sich auf das Bild des Paars, das Sie einmal waren und wieder werden wollen. Zeichnen Sie mit Ihrem Blut drei Kreise um die Initialen und wiederholen Sie dabei folgende Worte:

> *»Bei meinem Blut,*
> *ich liebe dich immer noch,*
> *Tag und Nacht denk ich an dich,*
> *komm schnell zu mir zurück,*
> *damit die Qual hier endet.*
> *So soll es sein.«*

Überlegen Sie, warum Sie wollen, dass dieser Mensch zu Ihnen zurückkehrt. Lassen Sie die Kerzen und das Räucherwerk ganz herunterbrennen.

Ein verletztes Herz heilen

Sie brauchen
- 1 schwarze Kerze
- 1 Schale, in der Sie die Kräuter verbrennen können
- 1 Holzkohletablette
- 1 Prise Baldrian

- 1 Prise Zeder
- 1 Foto von Ihrem/Ihrer »Ex« oder ein Stück Papier, auf das Sie seinen Namen schreiben
- 1 weiße Kerze

Ritual

Damit Sie nicht mehr weinen, wenn Ihr(e) Geliebte(r) Sie verlassen hat, und Ihren Blick wieder in die Zukunft richten, zünden Sie die schwarze Kerze und das Räucherwerk an; bringen Sie in der Schale die Holzkohle zum Brennen und streuen Sie die Hälfte der Kräuter darauf. Nehmen Sie das Foto oder das Stück Papier und lassen Sie es an einer Ecke Feuer fangen; lassen Sie es dann in die Schale fallen und schütten Sie die restlichen Kräuter darüber. Wiederholen Sie dabei dreimal die folgenden magischen Worte:

> *»Unsre Liebe ist tot,*
> *so soll es sein.*
> *Aus meinem Herzen reiß ich dich,*
> *du existierst nicht mehr für mich.*
> *Ich habe so geweint um dich,*
> *doch das ist jetzt vorbei.*
> *Aus meinem Herzen reiß ich dich,*
> *unsre Liebe ist vorbei.*
> *So soll es sein.«*

Lassen Sie die Kräuter und das Papier ganz verbrennen. Zünden Sie anschließend zum Zeichen des Neubeginns die weiße Kerze an.

Kleine Rituale für körperliche und seelische Gesundheit

Für ein friedliches Zuhause

Sie brauchen
- 1 Sträußchen frische Petersilie
- etwas Wasser

Ritual

Tauchen Sie das Petersiliensträußchen etwa eine Viertel-stunde in Wasser und besprengen Sie dann mit ihm alle Zim-mer Ihres Hauses, vor allem die, in denen gestritten wurde. Sprechen Sie dabei die folgenden magischen Worte:

> *»Möge der mit Wasser vereinte Geist dieser Petersilie*
> *Ruhe und Frieden herrschen lassen.*
> *So soll es sein.«*

Einen Ort reinigen, den Sie vorübergehend bewohnen

Sie brauchen
- Salz
- Wasser

Ritual

Es kann sich um eine Ferienwohnung oder auch ein Hotel-zimmer handeln, in dem Sie die Nacht verbringen. Damit Sie nicht von Geistern oder Einflüssen aus der Vergangen-heit gestört werden, die dort gewohnt haben, bietet sich fol-gendes Verfahren an: Streuen Sie Salz in ein Glas Wasser und

sprengen Sie es in alle Ecken des Raums (oder der Wohnung). Sprechen Sie dabei diese Beschwörung:

>>*Mögen alle einst'gen Kräfte*
diesen Ort verlassen nun.
Hier bin ich nun ganz zu Recht,
und sei es nur zurzeit.
So soll es sein.<<

Negative Energie aus der eigenen Wohnung vertreiben

Sie brauchen
- 1 weiße Kerze
- 1 weiße Feder
- rote Tinte
- 1 Stück pflanzliches Pergament
- gemahlenen Rosmarin

Ritual
Zünden Sie die Kerze an und schreiben Sie mit der weißen
Feder und der roten Tinte den folgenden Zauberspruch auf
das Pergament:

>>*Ich bitte die Kräfte der universellen Energie,*
mich und mein Haus vor jeder negativen Energie zu schützen.
So soll es sein.<<

Streuen Sie das Rosmarinpulver über das Pergament, rollen
Sie es zusammen und verbrennen Sie es über der Kerzenflamme. Sagen Sie dabei:

»Ich danke euch,
dass ihr mich erhört
und mir geholfen habt.
So soll es sein.«

Einen Ort reinigen

Sie brauchen
- Steinsalz
- Meersalz
- 4 weiße Stoffbeutelchen

Ritual
Vermischen Sie das Steinsalz mit dem Meersalz und geben Sie es in die Stoffbeutel. Legen Sie diese in die vier Ecken des Raumes, den Sie reinigen wollen, und sprechen Sie dabei die magischen Worte:

»Ich reinige diesen Ort
und befehle den negativen Kräften,
ihn zu verlassen.
So soll es sein.«

Gute Geister anziehen

Sie brauchen
- 1 gelbe Kerze
- Zedern- oder Kiefern-Räucherwerk
- Wintergrün, frisch oder getrocknet
- 1 quadratisches Stück gelben Stoff

Ritual
Damit gute Geister Ihre Wohnung bewohnen, zünden Sie
die Kerze und das Räucherwerk an. Wenn Sie frisches Wintergrün haben, arrangieren Sie es zu einem kleinen Strauß;
getrocknetes Wintergrün legen Sie auf den gelben Stoff, den
Sie zu einem kleinen Beutel zusammenbinden. Während Sie
das Kraut über die Flamme und den Rauch des Räucherwerks führen, sagen Sie:

>*Ich rufe die guten Geister an,*
damit sie meine Wohnung behüten
und alle davon Nutzen haben.
So soll es sein.«

Hängen Sie das Sträußchen oder Beutelchen über die Haupt-
tür Ihrer Wohnung oder über das Küchenfenster.

Den bösen Blick bannen

Wenn Sie fürchten, dass jemand Sie verhext hat, oder wenn
das Unglück Sie verfolgt, sollten Sie dieses Ritual praktizieren.

Sie brauchen
• 13 Kiefernnadeln

Ritual
Kauen Sie die Kiefernnadeln ein paar Minuten und spucken
Sie sie dann auf den Boden. Wiederholen Sie anschließend
dreimal:

»Das Unglück sei gebannt.
Der Zauber sei gebrochen.
Diese böse Kraft kehre dreifach
zu ihrem schwarzen Ursprung zurück.
So soll es sein.«

Unheil von Ihrer Wohnung abwenden

Damit sich die Lage zu Ihren Gunsten wendet und die Kette der Unannehmlichkeiten, die sich bei Ihnen ereignet, unterbrochen wird, können Sie folgendes Ritual durchführen.

Sie brauchen
• 1 schwarze Kerze
• Sandelholz-Räucherwerk
• 1 roten und 1 schwarzen Faden
• 9 Knoblauchzehen
• 1 große Nadel

Ritual
Zünden Sie bei abnehmendem Mond abends die Kerze und das Räucherwerk an. Schneiden Sie die beiden Fäden auf etwa 60 Zentimeter Länge zurecht und fädeln Sie die Knoblauchknollen mit der Nadel (so dick und lang, dass sie durch eine Knolle hindurchgeht – gut geeignet ist eine Nadel, wie sie zum Nähen von Matratzen verwendet wird) und den Fäden auf. Sprechen Sie dabei diesen Bannspruch:

»Böser Zauber, weg mit dir,
schwinde und nimm ab
genauso wie der Mond.
Böser Zauber, geh jetzt weg!
So soll es sein.«

Wiederholen Sie den Spruch bei jeder Knoblauchzehe. Wenn Sie fertig sind, legen Sie den Knoblauchkranz in das wichtigste Zimmer Ihrer Wohnung. Bei Neumond nehmen Sie ihn und vergraben ihn. Damit ist auch der böse Zauber tot und begraben.

Unheilvolle Einflüsse vertreiben

Sie brauchen
- 13 Tropfen Ihres Blutes
- 1 Prise Rosmarin
- 1 Prise Salz
- 60 ml Bier

Ritual
Wenn Sie ohne Grund deprimiert und lustlos sind oder meinen, unter einem unguten Einfluss zu stehen, gibt dieses Ritual Ihnen Ihren Schwung zurück und befreit Sie von dem unerwünschten Einfluss.

Vermischen Sie 13 Tropfen Ihres Blutes (siehe Seite 63) mit Rosmarin, einer Prise Salz und dem Bier. Trinken Sie den Mix in einem Zug, dann verschwindet der unheilvolle Einfluss; wenn der Einfluss Ihnen von jemand anderem geschickt wurde, erkennen Sie es genau, sodass Sie die unheilvollen Kräfte dieses Menschen neutralisieren können.

Böse Geister vertreiben

Sie brauchen
- grobes Salz

Ritual
Verstreuen Sie überall um Ihr Haus herum grobes Salz und wiederholen Sie dabei dreimal den folgenden Zauberspruch:

> *»Bei der Kraft des Salzes,*
> *das ich hier verstreue,*
> *befehle ich den bösen Geistern,*
> *ihres Weges zu ziehen.*
> *So soll es sein.«*

Tratsch ein Ende setzen

Sie brauchen
- 1 Orange
- Gewürznelken

Ritual
Während Sie die Gewürznelken so in die Orange stecken, dass waagerechte und senkrechte Linien entstehen, sprechen Sie die beschwörenden Worte:

> *»Möge die Orange seine Worte süß machen,*
> *mögen die Gewürznelken seine Lügen verhindern,*
> *möge dieses Geschenk seine Zunge davon abhalten,*
> *mein Bild zu schwärzen.*
> *So soll es sein.«*

Schenken Sie die Orange demjenigen, der hinter Ihrem Rücken über Sie redet.

Das Böse, das man Ihnen angetan hat, zurückschicken

Obwohl es besser ist, sich nicht zu rächen, können Sie Böses zurückgeben; so werden Sie die negativen Einflüsse los und schicken sie dem Menschen zurück, der Ihnen Unrecht getan hat. Allerdings sollten Sie ganz sicher sein, dass Sie im Recht sind, denn sonst könnte der Zauber sich gegen Sie wenden.

Sie brauchen
- 1 schwarze Kerze
- grob zerstoßenen Salbei

Ritual
Zünden Sie die Kerze an und verbrennen Sie den Salbei; konzentrieren Sie sich dabei auf den Menschen, der Ihnen das Böse angetan hat, und wiederholen Sie dreimal die magischen Worte:

»Elementargeister der Erde,
rächt mich an denen, die mir unnötigen Schaden zugefügt haben.
Ich verlange, dass sie dafür bezahlen,
denn ich habe nichts getan,
was mich in diese Situation hätte bringen können.
Ich bin mir sicher, dass ich im Recht bin.
Gebt ihnen zurück, was ihnen gehört.
So soll es sein.«

Eine Verwünschung zurückschicken

Wenn Sie glauben, dass jemand Ihnen Böses will, können Sie diese Verwünschung an den Urheber zurückschicken.

Sie brauchen
- 1 Hasenpfote
- 1 weiße Kerze
- Salbei zum Räuchern

Ritual
Beschaffen Sie sich eine Hasenpfote (etwa in Form eines Schlüsselanhängers), zünden Sie die Kerze an und verräuchern Sie den Salbei. Nehmen Sie die Hasenpfote und halten Sie sie an Ihr Herz. Wiederholen Sie dabei 13-mal diese Zauberworte:

> *»Mithilfe dieser Hasenpfote und meiner Anrufung*
> *schicke ich die Verwünschung weit weg*
> *und spreche diese Worte zu meinem Wohl.*
> *Böser Zauber, geh weit weg.*
> *So soll es sein.«*

Eine trübsinnige Stimmung vertreiben

Sie brauchen
- magisches Badesalz (siehe Seite 250)
- 1 weiße Kerze

Ritual
Zünden Sie im Badezimmer die Kerze an; verzichten Sie auf andere Lichtquellen. Lassen Sie das Badewasser einlaufen

und gießen Sie 2 Esslöffel des magischen Badesalzes hinein. Sprechen Sie dabei die folgenden Worte:

>*Ich bitte die Kräfte der universellen Energie,*
mich vor negativen Stimmungen
und unheilvollen Schwingungen zu schützen.
So soll es sein.«

Negative Gedanken vertreiben

Sie brauchen
- 60 ml Schafgarbe
- 1 viereckiges Stück Baumwolle oder 1 kleinen schwarzen Beutel
- 1 kleinen Onyx

Ritual
Schütten Sie die Schafgarbe in den Beutel oder auf das Stoffstück und legen Sie den Onyx in die Mitte. Während Sie den Stoff zusammenbinden bzw. den Beutel verschließen, sagen Sie:

>*Die Kraft der Schafgarbe*
vertreibt die negativen Gedanken.
Die Kraft des Onyx
zerstreut sie.
So soll es sein.«

Legen Sie den Beutel unter Ihr Kopfkissen oder tragen Sie ihn tagsüber bei sich.

Die Seele blank putzen

Dieses Ritual ist angezeigt, wenn der Weltschmerz Sie überwältigt oder etwas Trauriges geschehen ist.

Sie brauchen
- 1 weiße Kerze
- Veilchen- oder Zedern-Räucherwerk
- 250 ml Wasser, Wein oder Kräutertee

Ritual
Zünden Sie die Kerze und das Räucherwerk an. Nehmen Sie die Tasse (oder Ihren Kelch) in beide Hände und heben Sie sie zum Himmel. Wiederholen Sie dabei dreimal den nachstehenden Zauberspruch:

> *»Große Göttin, schön und gut,*
> *lass kommen deinen göttlichen Geist,*
> *lass strömen ihn in diesen Kelch,*
> *den ich leer, damit du mich*
> *ganz erfüllst mit deinem Wesen*
> *und mir meine Trauer nimmst.*
> *So soll es sein.«*

Trinken Sie langsam Ihr Getränk und spüren Sie dabei, wie die Energie der Göttin Sie erfüllt, Ihre Seele erhebt und Ihre Trübsal durch Gelassenheit ersetzt.

Gegen Schlaflosigkeit

Sie brauchen
- 1 blasslila Kerze
- einige Prisen Johanniskraut
- einige Prisen getrocknete Lavendelblüten
- einige Prisen Kamille

Ritual
Geben Sie die Kräuter beim Schein der Kerze in Ihr Lieblings-
kopfkissen. Bevor Sie Ihr Haupt darauf betten, sagen Sie
jeden Abend:

> *»Magische Kräuter Johanniskraut,*
> *Lavendel und Kamille,*
> *helft meinem Geist,*
> *dass er reist in Morpheus' Reich.*
> *So soll es sein.«*

Damit Sie angenehm träumen

Alle bei diesem Rezept verwendeten Kräuter haben die Ei-
genschaft, den Geist zu beruhigen; manche schützen auch
vor Albträumen, andere begünstigen den Blick in die Zukunft.

Sie brauchen
- 1 blasslila Kerze
- Veilchen-Räucherwerk
- 2 quadratische Stücke weichen Stoff
- 250 ml Rosenblätter
- 250 ml Eisenkraut

- 125 ml Lavendelblüten
- 250 ml Johanniskraut
- 1 kleine Hülle aus Mull für die Kräuter

Ritual

Zünden Sie die Kerze und das Räucherwerk an und stopfen Sie das aus dem Stoff hergestellte Kopfkissen (Baumwolle, Flanell, Seitenlänge zirka 25 cm) mit der Baumwolle aus. Füllen Sie alle Kräuter in die Mullhülle und wenden Sie sie mehrmals hin und her, damit die Kräuter sich gut vermischen; sprechen Sie dabei die folgenden magischen Worte:

> »*Hekate, Göttin der Nacht,*
> *und du, Morpheus, Herrscher der Träume,*
> *schützt meinen Schlaf*
> *und schenkt mir süße Träume.*
> *So soll es sein.*«

Legen Sie den Beutel in Ihr Kopfkissen und verschließen Sie es. Die Wirkung hält etwa 3 Monate an. Danach müssen Sie den Beutel mit den Kräutern herausnehmen und vergraben.

Eine Krankheit vertreiben

Sie brauchen

- 1 weiße Kerze
- Weihrauch
- 30 ml (2 Esslöffel) Johanniskraut
- 30 ml (2 Esslöffel) Rosmarin
- 30 ml (2 Esslöffel) Basilikum
- 30 ml (2 Esslöffel) Curry

Ritual
Zünden Sie im Krankenzimmer die Kerze und das Räucherwerk an. Zerstoßen Sie die Kräuter zu Pulver. Streuen Sie die Kräutermischung auf den Fußboden und fegen Sie sie dann mit einem Besen aus dem Zimmer heraus. Dabei sprechen Sie die Zauberformel:

> *»Euch verbanne ich:*
> *Krankheit und Fieber,*
> *erspart mir eure Gegenwart.*
> *Mir geht es nun gut,*
> *und ich schick euch ganz weit fort.*
> *So soll es sein.«*

Jemanden aus der Ferne heilen

Sie brauchen
- 1 grüne Kerze
- Myrrhe zum Räuchern
- 1 weiße Kerze in Form eines Menschen
- Myrrhenöl
- 1 Foto des Kranken (oder 1 Stück Papier, auf das Sie mit grüner Tinte seinen Namen schreiben)

Ritual
Zünden Sie die grüne Kerze und das Räucherwerk an. Benetzen Sie die menschengestaltige Kerze mit ein paar Tropfen Myrrhenöl, um sie zu salben. Sprechen Sie dabei diese magische Zauberformel:

»Im Namen der Großen Göttin,
die uns mit ihrem Leben spendenden Atem erfüllt,
weihe ich dieses Abbild, damit die Krankheit vergeht.
So soll es sein.«

Stellen Sie die Kerze auf das Foto des Kranken (oder auf das Stück Papier mit seinem Namen) und zünden Sie sie an. Konzentrieren Sie sich ein paar Minuten und schicken Sie dabei dem Kranken heilende Energie. Wenn Sie das Gefühl haben, dass die Energie stimmt, wiederholen Sie dreimal (lassen Sie beide Kerzen ganz herunterbrennen):

»Die Kerze brennt nieder,
der Zauber nimmt zu,
die Krankheit geht und
[nennen Sie den Namen des Kranken]
wird gesunden.
So soll es sein.«

Schutzzauber für ein Neugeborenes

Sie brauchen
- einige Zweige Dill
- einige Zweige Salbei
- 1 roten Faden

Ritual
Binden Sie den Dill und den Salbei mit dem roten Faden so zusammen, dass sie einen kleinen Stab bilden. Legen Sie diesen unter die Matratze des Kinderbettchens oder der Wiege und sprechen Sie dabei dreimal die folgende Beschwörung:

»Dill und Salbei hüten deinen Schlaf,
und genauso wie die schlechten Träume
vertreiben sie, was Furcht auslöst.
So soll es sein.«

Für mehr Intuition

Sie brauchen
- 2 Teile Schafgarbe
- 1 Teil weiße Rosenblätter
- 1 Teil getrocknete Limettenschale

Ritual
Zerstoßen Sie alle Zutaten zu feinem Pulver; streuen Sie es vor dem Schlafengehen auf Ihre Bettlaken und rezitieren Sie fünfmal den folgenden Zauberspruch:

»Der Duft dieser Pflanzen öffnet meine Sinne.
Jeden Abend spüre ich, wie meine Intuition zunimmt.
So soll es sein.«

Die medialen Fähigkeiten verbessern

Sie brauchen
- Lavendel zum Räuchern
- 1 klaren Kristall
- 13 violette Kerzen

Ritual
Verräuchern Sie den Lavendel und bewegen Sie den Kristall (er kann die Form einer Kugel oder einer Pyramide haben)

durch den Rauch; zünden Sie dann eine Ihrer Kerzen an und
sagen Sie:

>>*Asariel, Erzengel Neptuns,*
der du regierst die hellsichtigen Talente,
öffne mir das Auge meines Geistes,
zeig mir das verborgene Licht,
lass mich unbekannte Reiche sehn,
lass mich die Weisheit des Alls verstehn.
So soll es sein.<<

Wiederholen Sie die Anrufung bei jeder Kerze, die Sie anzünden. Entspannen Sie sich dann eine halbe Stunde, indem
Sie die Flammen beobachten und Ihren Kristall ansehen,
oder meditieren Sie. Lassen Sie die Energie in Ihr >>Drittes
Auge<< eindringen.

Kleine Rituale für Glück und Erfolg

Damit das Glück Ihnen hold ist

Sie brauchen
• 1 blaue Kordel

Ritual
Machen Sie 7 Knoten in die Kordel und sagen Sie dabei:

>>*Jeder Knoten*
birgt das Glück, das für mich vonnöten ist.
Fortuna hat es fest im Blick
und wird es mir gewähren.
So soll es sein.<<

Wenn Sie Glück brauchen, binden Sie einen Knoten auf und wiederholen dabei den Spruch.

Für Glück im Spiel

Sie brauchen
- 1 grüne Kerze
- Weihrauch zum Räuchern
- 1 Stück Kampfer
- 1 Zweig Korallenbeere
- 1 $\frac{1}{4}$-l-Flasche mit Wodka oder Rum

Ritual
Zünden Sie an einem Vollmondabend die Kerze an und verbrennen Sie den Weihrauch; schneiden Sie den Kampfer und den Korallenbeerenzweig (Symphoricarpos orbiculatus, oft unter der Bezeichnung »Devil's Shoestring« in Eso-Läden erhältlich) in kleine Stücke – sie müssen in die Flasche passen. Während Sie das Pflanzenmaterial in die Flasche mit Alkohol geben, sprechen Sie die folgenden Zauberworte:

> *»Glücksgötter, hört mich.*
> *Frau Fortuna, sieh mich an.*
> *Diese Gaben bring ich dar, um euch hoch zu ehren.*
> *Schenkt mir eure Gunst.*
> *So soll es sein.«*

Wiederholen Sie diese Anrufung jedes Mal, wenn Sie ein Pflanzenstück in die Flasche geben. Wenn Sie damit fertig sind, legen Sie Ihre Lotterielose oder Ihre Spielkarten unter die Flasche, damit das Glück sie durchtränkt.

Damit das Schicksal sich zu Ihren Gunsten wendet

Wenn das Schicksal in Ihrer Wohnung gegen Sie zu sein scheint, wenn alles herunterfällt, zerbricht oder auf andere Weise zu Schaden kommt, gibt es Abhilfe.

Sie brauchen
• 1 alten Löffel

Ritual
Gehen Sie mit dem Löffel langsam durch alle Zimmer Ihres Hauses oder Ihrer Wohnung. Halten Sie ihn mit spitzen Fingern in der linken Hand und stellen Sie sich vor, wie er in jedem Zimmer die negativen Energien anzieht, die sich in dem Raum befinden. Gehen Sie dann nach draußen und vergraben Sie den Löffel irgendwo. Das Unglück wird Ihr Haus umgehend verlassen.

Reichtum anziehen

Sie brauchen
• 7 (Finger-)Ringe aus Gold oder Silber
• 1 goldene Halskette
• 5 grüne Kerzen
• 5 1-Euro-Stücke

Ritual
Fädeln Sie an einem Vollmondabend die Ringe auf die Halskette. Als Symbol für Überfluss und Wohlstand zünden Sie die grünen Kerzen an; legen Sie unter jede eine Münze und sprechen Sie dabei die magischen Worte:

»Reichtumsgeister, Wohlstandsgeister,
hört, wie ich euch rufe
und geht auf mich ein.
Lasset Geld und Reichtum
eilends zu mir kommen.
So soll es sein.«

Lassen Sie die Kerzen ganz herunterbrennen und geben Sie
die Euro-Münzen, die unter ihnen gelegen haben, schnell
aus.

Glück und Erfolg anziehen

Sie brauchen
- 1 grüne Kerze
- 1 grüne Feder
- grüne Tinte
- 1 Stück pflanzliches Pergament

Ritual
Zünden Sie die Kerze an und schreiben Sie mit der grünen
Feder und grüner Tinte die folgenden Zauberworte auf das
Pergament:

»Ich bitte die Kräfte des Planeten Merkur,
mir das Geld zu geben, das ich brauche,
nämlich [nennen Sie den Betrag,
aber denken Sie daran, dass diese Summe
wirklich notwendig für Sie sein muss].
So soll es sein.«

Tragen Sie das Pergament bei sich, bis Ihr Wunsch in Erfüllung geht.

Um beruflich erfolgreich zu sein

Dieser Zauber zieht vor allem Glück in geschäftlichen oder beruflichen Dingen an.

Sie brauchen
- Linden-Räucherwerk
- 1 Chrysokoll
- 1 kleinen grünen Stoffbeutel

Ritual
Zünden Sie das Räucherwerk an und führen Sie den Chrysokoll dreimal durch den Rauch; rezitieren Sie dabei die folgende Anrufung:

> »*Ich bitte die Kraft des Planeten Merkur,*
> *mir bei meinem Wunsch zu helfen*
> [sagen Sie, was Sie bekommen wollen].
> *So soll es sein.*«

Legen Sie den Stein in den Stoffbeutel und tragen Sie ihn bei sich.

Damit ein wichtiges Treffen erfolgreich verläuft

Dieses Ritual ist ideal für amouröse, geschäftliche oder berufliche Verabredungen.

Sie brauchen
- 3 Kerzen

Ritual
Um bei einer für Sie wichtigen Begegnung das Glück auf Ihrer Seite zu haben, stellen Sie 3 Kerzen so auf, dass sie ein Dreieck bilden. Während Sie die erste Kerze anzünden, sprechen Sie die Zauberworte: »Diese Kerze zünde ich für mich selbst an.« Beim Anzünden der zweiten Kerze sagen Sie: »Diese Kerze zünde ich für alle Seelen im Fegefeuer an.« Bei der dritten Kerze schneiden Sie den Docht bis auf das Wachs ab. Drehen Sie die Kerze um und ziehen Sie den Docht auf der anderen Seite heraus. Zünden Sie ihn an und sprechen Sie dabei die folgenden Worte:

> *»Diese Kerze zünde ich für alle Menschen an,*
> *die mir Böses wollen.*
> *So soll es sein.«*

Es kann einige Stunden dauern, bis die Kerzen ganz heruntergebrannt sind. Lassen Sie offenes Feuer nie unbeobachtet.

Damit verliehenes Geld Ihnen zurückgezahlt wird

Sie brauchen
- 2 orangefarbene Kerzen
- 1 Stück pflanzliches Pergament (oder 1 Blatt grünes Papier)
- 5 ml (1 Teelöffel) Koriander
- 5 ml (1 Teelöffel) gemahlenen Fenchel
- 1 Stück Holzkohle

Ritual

Zünden Sie die Kerzen an und schreiben Sie den Namen Ihres Schuldners und den geschuldeten Betrag auf das Pergament bzw. das Blatt Papier. Vermischen Sie dann die pulverisierten Kräuter miteinander und sprechen Sie dabei die folgende Beschwörung:

>»Themis, Gott der Gerechtigkeit,
> *mach, dass mir durch dieses Ritual*
> *das, was mir geschuldet wird, zurückgezahlt wird.*
> *So soll es sein.«*

Zünden Sie die Holzkohle an, schütten Sie die vermischten Kräuter darüber und führen Sie das Papier durch den Rauch. Sagen Sie dabei:

> »*Themis, Gott der Gerechtigkeit,*
> *mach, dass* [nennen Sie Ihren Schuldner]
> *mir durch dieses Ritual*
> [präzisieren Sie den Betrag] *zurückzahlt.*
> *So soll es sein.«*

Damit Ihr Haus sich gut verkauft

Sie brauchen
- 1 kleine Glasflasche
- Zucker
- Salz
- Reis
- 1 Sicherheitsnadel

Ritual
Füllen Sie die Flasche zu gleichen Teilen mit Zucker, Salz
und Reis und legen Sie die geöffnete Sicherheitsnadel in die
Mitte. Stellen Sie die Flasche dann für Besucher unsichtbar
in den ersten Raum (im Allgemeinen den Flur), den eventu-
elle Kaufinteressierte betreten.

Kleine Rituale für verschiedene Gelegenheiten

Einen magischen Stein herstellen

Sie brauchen
- Sandelholz-Räucherwerk
- 1 gelbe Kerze
- 1 Stein (egal, welcher Art, und egal, wie groß)

Ritual
So verwandeln Sie einen normalen Stein in einen Zauber-
stein. Zünden Sie an einem Vollmondabend die Kerze und
das Räucherwerk an; führen Sie den Stein durch den aufsteigenden Rauch, heben Sie ihn zum Himmel und sprechen Sie
dabei die folgende Zauberformel:

> *»Mächt'ger Mond, der du die Nacht regierst,*
> *lass strömen deine Macht in diesen Stein,*
> *erfülle ihn mit Magie,*
> *erfülle ihn mit Kraft,*
> *und lass mich beides grenzenlos benutzen.*
> *So soll es sein.«*

Tragen Sie den Stein bei sich oder bringen Sie ihn in der Nähe Ihres Bettes unter.

Die Kraft Ihrer Mineralien verstärken

Sie brauchen
- Ihre Steine und Kristalle
- Quell- oder Regenwasser

Ritual
Bringen Sie an einem sonnigen Tag Ihre Steine und Kristalle nach draußen; füllen Sie eine große Glasschüssel mit Quell- oder Regenwasser (das Regenwasser können Sie zum Beispiel in einer sauberen Wanne auf dem Balkon auffangen; spannen Sie ein Mulltuch darüber, damit Schmutz abgefiltert wird und keine Insekten hineinfallen). Legen Sie Ihre Mineralien etwa eine Stunde lang hinein. Nehmen Sie anschließend einen Stein nach dem anderen heraus, und während Sie ihn zum Himmel heben, sprechen Sie die magischen Worte:

> *»Tagesgestirn, das du am Himmel leuchtest,*
> *übertrage deine Kraft diesen magischen Steinen.*
> *Möge die Kraft von Himmel und Erde*
> *sich vereinen, damit ihre Zauberkraft wächst.*
> *So soll es sein.«*

Wiederholen Sie diese Beschwörung bei jedem Kristall oder Stein und lassen Sie ihn dann an der Sonne trocknen.

Ein Wunschpulver herstellen

Sie brauchen
- 2 Teile Salbei
- 1 Teil Sandelholz
- 1 Teil Zeder

Ritual
Zerstoßen Sie die Zutaten zu feinstem Pulver. Gehen Sie –
am besten in einer Vollmondnacht – an einen ruhigen Ort in
der freien Natur; nehmen Sie dabei das Pulver in die linke
Hand. Formulieren Sie Ihren Wunsch und konzentrieren Sie
sich auf ihn. Sprechen Sie anschließend die folgende Zauberformel:

»Durch die Kraft
dieser Pflanzen in meiner Hand
und durch die Kraft meiner Gedanken
verwirklicht mein Wunsch sich alsbald.
So soll es sein.«

Werfen Sie das Pulver in alle vier Himmelsrichtungen und
gehen Sie weg, ohne sich umzudrehen.

Im Traum die Zukunft sehen

Sie brauchen
- Veilchen-Räucherwerk
- Ackerminzöl

Ritual
Zünden Sie das Räucherwerk an und verstreichen Sie einige Tropfen Ackerminzöl auf Ihrer Stirn, Ihrem Handgelenk und Ihrem Herzen. Sagen Sie dabei:

> *»Ich werde jetzt schlafen und träumen.*
> *Möge die Göttin der Träume mir*
> *die verzauberten Türen*
> *zur Zukunft und zum Schicksal öffnen.*
> *So soll es sein.«*

Damit Sie sich an frühere Leben erinnern

Sie brauchen
- 1 blasslila Kerze
- Flieder- oder Geißblatt-Räucherwerk
- Flieder- oder Geißblattöl

Ritual
Zünden Sie die Kerze und das Räucherwerk an. Reiben Sie Ihre Hände und Ihre Füße mit etwas Öl ein, bevor Sie meditieren oder einschlafen, und sprechen Sie dabei die magischen Worte (löschen Sie die Kerze, bevor Sie meditieren oder einschlafen):

> *»Persephone, die du in den Hades hinabsteigst,*
> *führe mich auf den Pfad der Vergangenheit,*
> *damit ich entdecke, wer ich war,*
> *und mit diesem Wissen zurückkomme.*
> *So soll es sein.«*

Gespenster und Geister vertreiben

Sie brauchen
- 1 weiße Kerze
- Veilchen-Räucherwerk
- Lilienknollen

Ritual
Zünden Sie in einer Vollmondnacht die Kerze und das Räucherwerk an; pflanzen Sie dann einige Lilienknollen in Ihren Garten oder einen Blumentopf und sprechen Sie dabei die Zauberworte:

> *»Lilien, Wächterblumen,*
> *schützt vor Gespenstern mich und Geistern.*
> *So soll es sein.«*

Damit die Karten
Ihnen ihre Geheimnisse enthüllen

Sie brauchen
- einige Minzeblättchen
- 1 Beutelchen aus Leinen, Filz oder Samt, in dem Sie Ihr Karten- oder Tarotdeck aufbewahren
- 1 schwarze Kerze
- Weihrauch zum Räuchern

Ritual
Gehen Sie in den Wald oder Park und legen Sie die Minze mit dem Kartendeck in den Beutel. Zünden Sie die Kerze und das Räucherwerk an, während Sie den Beutel zum Himmel heben, sprechen Sie die magische Formel:

»Minze, du Gedächtniskraut,
Minze, du Geheimniskraut,
wecke meinen Geist, lass ihn sich erinnern.
Zeig mir, was die Zukunft bringt
und mir noch verborgen ist.
Hekate und Demeter, gebt mir eure Kraft.
So soll es sein.«

Sie können die Tarotkarten (oder andere Karten) sofort legen oder etwas warten. Lassen Sie die Minze weiter im Beutel.

Damit Veränderungen sich schneller einstellen

Wenn Ihnen ein paar Veränderungen in Ihrem Leben ganz gut täten, ist dieses Ritual für Sie wie geschaffen.

Sie brauchen
- Weihrauch
- 1 grüne, 1 rote, 1 blasslila und 1 rosafarbene Kerze

Ritual
Zünden Sie zunächst das Räucherwerk an. Wenden Sie sich dann nach Osten, zünden Sie die grüne Kerze an und sagen Sie: *»Ich rufe den Wind des Ostens, der Intelligenz und Wissen bringt.«*

Drehen Sie sich nach Westen und zünden Sie die rote Kerze mit den Worten an: *»Ich rufe den Wind des Westens, der Gefühle und Liebe bringt.«*

Wenden Sie sich nach Norden und zünden Sie die blasslila Kerze an. Sagen Sie dabei: *»Ich rufe den Wind des Nordens, der Reichtum und Wohlstand bringt.«*

Wenden Sie sich nach Süden, zünden Sie die rosafarbene
Kerze an und sagen Sie:

>>*Ich rufe den Wind des Südens,*
dessen Schwingen Veränderungen bringen.
Wehe für mich und verwandle mein Leben,
bring mir, was deine Gefährten so reichlich befördern.
So soll es sein.<<

Lassen Sie die Kerzen ganz herunterbrennen. Wenn ein Wind-
stoß sie auslöscht, ist das ein gutes Omen.

Damit Fahrten über das Wasser gut verlaufen

Wenn Sie gern surfen, Kanu fahren oder einen anderen Was-
sersport betreiben, können Sie zu Beginn des Sommers das
folgende kleine Ritual ausführen; es sichert Ihnen das Wohlwollen Poseidons, der die Gewässer regiert. Auch vor einer
Seereise kann eine solche Opfergabe nicht schaden.

Sie brauchen
• 1 blaue Kerze (oder einen blauen Lampion)
• Zedern-Räucherwerk
• 2 10-Cent-Münzen
• 1 1-Cent-Münze

Ritual
Gehen Sie in die Nähe eines Wasserlaufs und zünden Sie die
blaue Kerze und das Räucherwerk an. Nehmen Sie die Geldstücke in die Hand, heben Sie sie zum Himmel und sprechen
Sie die folgende Beschwörung:

»Poseidon, Herrscher über die Gewässer der Erde,
lass mich dein Reich durchqueren und gib mir eine ruhige Reise.
So soll es sein.«

Werfen Sie dann die Münzen ins Wasser, um so für Ihre Überfahrt zu bezahlen.

Schutzzauber für Haustiere

Sie brauchen
- 1 Foto des Tieres
- einige Haare des Tieres (oder eine Feder, wenn es sich um einen Vogel handelt)
- 1 kleine Glasflasche
- 75 ml (5 Esslöffel) Honig
- 125 ml Wasser

Ritual
Fangen Sie mit dem Ritual an einem Vollmondabend an. Legen Sie das Foto und die Haare (bzw. die Feder) des Tieres in die Glasflasche und gießen Sie den Honig und das Wasser darüber. Schütteln Sie das Ganze vor dem Tier kräftig durch und sprechen Sie dabei diesen magischen Spruch:

»Durch die Macht Thors
und seine übernatürlichen Kräfte
ist [Name des Tiers] *für immer vor Unheil geschützt.*
So soll es sein.«

Bewahren Sie die Flasche lichtgeschützt auf und wiederholen Sie das Ritual an 7 aufeinander folgenden Abenden.

Damit Pflanzen gut wachsen

Wenn Sie wollen, dass Ihre Pflanzen – im Garten oder auf dem Balkon – besonders gut wachsen, sollten Sie die Pflanzendevas anrufen.

Sie brauchen
- 1 Kerze (oder ein Windlicht) in Blasslila
- Veilchen- oder Rosen-Räucherwerk
- einige Tropfen Rosen- oder Lavendelwasser
- 1 Zerstäuber

Ritual
Zünden Sie die Kerze und das Räucherwerk an und träufeln Sie etwas Rosen- oder Lavendelwasser in den Zerstäuber. Sprühen Sie Ihre Pflanzen mit diesem duftenden Wasser ein und sagen Sie dabei:

> *»Göttliche Devas,*
> *dieser wohlriechende Regen ist für euch.*
> *Versorgt meine Pflanzen und Blumen gut*
> *und seid meiner Verehrung sicher.*
> *An euch und eure Macht*
> *glaube ich ganz fest.*
> *So soll es sein.«*

Lassen Sie die Kerze und das Räucherwerk ganz herunterbrennen, aber lassen Sie beides nicht unbeobachtet.

Kapitel 10

• • • •

Liebeszauber: Rituale mit bestimmten Gegenständen

Liebeszauber mit Medaillon

Sie brauchen
- 1 Medaillon aus Kupfer
- 1 goldene Halskette bzw.
  1 grünes oder rosafarbenes Band
- 1 Meißel

Ritual

Das Medaillon wirkt besser, wenn es zwischen dem 20. April und dem 20. September an einem Freitag hergestellt wird.

Falls Sie einen Meißel haben, können Sie auf die Rückseite des Medaillons die Zahl »165« und das Wort »Uranus« gravieren; anderenfalls schreiben Sie dies auf ein Stückchen Papier, das Sie auf die Rückseite des Medaillons kleben. Hängen Sie es an die Kette (oder das Band) und tragen Sie es um den Hals. Rezitieren Sie jeden Morgen zur gleichen Zeit zehnmal die folgende Beschwörung:

»Uranus, gib [Name Ihres/r Auserwählten] *Flügel,*
damit er/sie heute zu mir fliegt
und für immer bei mir bleibt.
So soll es sein.«

Liebeszauber mit Apfel

Sie brauchen
- 1 Apfel
- 1 Feder (oder 1 Füller), bislang unbenutzt
- 1 kleines Stück rosa Papier
- 1 rosafarbenes Band
- 1 Rosenblütenblatt

Ritual
Der Apfel muss an einem Freitagmorgen gepflückt (oder gekauft) werden.

Schreiben Sie mit der bislang unbenutzten Feder auf das rosa Papier Ihren Namen und den Namen des geliebten Menschen. Halbieren Sie den Apfel und entfernen Sie das Kerngehäuse. Rollen Sie das Papier zusammen und stecken Sie es mit dem Rosenblütenblatt in den entstandenen Hohlraum. Fügen Sie die Apfelhälften wieder zusammen und binden Sie sie mit dem rosa Band zusammen. Legen Sie diesen Apfel dann bei Vollmond 48 Stunden unter das Bett Ihres/r Liebsten.

Liebeszauber mit Haarsträhne

Sie brauchen
- einige eigene Haare
- einige Haare Ihres/r Auserwählten
- 1 roten Faden
- einige Tropfen Fliederparfüm
- eventuell 1 weiße Kerze

Ritual
Dieses Ritual muss beim ersten Viertel des Mondes praktiziert werden.

Binden Sie die Haarsträhnen mit dem roten Faden zusammen. Geben Sie Fliederparfüm darauf und sprechen Sie dabei dreimal die folgenden magischen Worte:

>*»Durch diese Geste, die unsere Haare vereint,*
>*vereine ich unsre Herzen auf immer in Liebe.*
>*Durch dieses Parfüm, das seinen Duft verströmt,*
>*durchdringe ich sein/ihr Leben für immer mit dem meinen.*
>*So soll es sein.«*

Legen Sie das Haarpaketchen an einen Ort, den Ihr/e Aus-
erwählte/r oft aufsucht, oder verbrennen Sie es mit einer
weißen Kerze.

Liebeszauber mit Bild

Sie brauchen
- 1 Abbildung eines Geiers oder Adlers
- 1 Abbildung einer Taube
- einige Tropfen Zitronenparfüm
- 1 gelben Faden
- 1 gelben Stoffbeutel

Ritual
Dieses Ritual muss an einem Vollmondabend beginnen.

Legen Sie die beiden Abbildungen so aufeinander, dass die Tiere sich ansehen, und geben Sie ein paar Tropfen Zitronenparfüm darauf. Rollen Sie das Ganze zusammen, halten Sie es mit dem gelben Faden zusammen und verbrennen Sie das Ganze.

Schütten Sie die Asche in das Stoffbeutelchen und hängen Sie es sieben Nächte in Folge an einen Baum. Reiben Sie die Hand Ihres Wunschpartners mit einer kleinen Menge der Asche ein und murmeln Sie dabei diese Zauberworte:

»Durch diese Asche, die dich berührt,
will ich dein Herz berühren und für immer behalten.
So soll es sein.«

Liebeszauber mit Band

Sie brauchen
- 1 rotes Band
- einige Tropfen Moschusparfüm

Ritual
Dieses Ritual muss an einem Freitag beginnen.

Geben Sie das Moschusparfüm auf das rote Band. Machen Sie um Mitternacht einen Knoten in das Band und wiederholen Sie dabei die magische Formel:

> *»Durch diesen Knoten, der hier entsteht,*
> *verbinde ich unser Geschick.*
> *So soll es sein.«*

Wiederholen Sie das Ritual an sieben aufeinander folgenden Abenden.

Liebeszauber mit Magnet

Sie brauchen
- 2 Magneten
- 1 Meißel oder 1 Nadel

Ritual
Fangen Sie montags mit dem Ritual an.

Gravieren Sie auf den einen Magneten Ihren Namen und auf den anderen den Namen Ihres Wunschpartners. Nehmen Sie allabendlich vor dem Schlafengehen in jede Hand einen

Magneten und denken Sie dabei intensiv an den geliebten Menschen. Am Freitagabend bringen Sie die Magneten in Kontakt; rezitieren Sie dabei laut die folgende Beschwörung:

>*Durch diese nunmehr vereinten Magneten*
sind wir fürs Leben vereint.
So soll es sein.«

Liebeszauber mit Foto

Sie brauchen
- 1 Foto von Ihnen
- 1 Foto Ihres/r Auserwählten
- einige eigene Haare
- einige Haare Ihres/r Auserwählten
- 1 Briefumschlag

Ritual
Dieses Ritual muss bei Vollmond anfangen und bis zum folgenden Vollmond wiederholt werden.

Schieben Sie die Fotos und die Haare in den Umschlag. Legen Sie den Umschlag jeden Abend auf Ihr Herz und sagen Sie dabei:

>*Komm heute zu mir,*
komm für immer zu mir.
So soll es sein.«

Am letzten Abend (dem Vollmond) verbrennen Sie den Umschlag samt Inhalt und streuen die Asche in alle Winde.

Liebeszauber mit Duftbeutel

Sie brauchen
- einige getrocknete Blumen (oder Blätter)
- einige Tropfen Ihres Parfüms/Eau de Toilette
- einige Tropfen vom Parfüm/Eau de Toilette Ihres/r Auserwählten
- 1 quadratisches Stückchen roten Stoff
- 1 Nadel
- 1 roten Faden
- 1 weißes Bändchen

Ritual
Zerreiben Sie die getrockneten Blumen oder Blätter zu Pulver. Geben Sie das Parfüm darauf. Legen Sie das Ganze auf den roten Stoff und nähen Sie ihn mit dem roten Faden zu einem Beutel zusammen; befestigen Sie das weiße Bändchen daran.

Hängen Sie sich den Beutel um den Hals und tragen Sie ihn sieben Tage und sieben Nächte direkt auf der Haut. In der achten Nacht legen Sie ihn unter Ihr Kopfkissen und wiederholen dabei siebenmal den folgenden Zauberspruch:

>*»Sieben Tage und Nächte*
>*hab ich unser beider Schicksal getragen,*
>*und an diesem Abend*
>*wird Venus unsre Herzen auf ewig vereinen.*
>*So soll es sein.«*

Liebeszauber mit Kerze

Sie brauchen
- Papier
- 1 neue Feder (oder einen neuen Füller)
- 1 rote Kerze
- 1 weiße Kerze

Ritual
Schreiben Sie jeden Abend die folgende Beschwörung auf ein Stück Papier:

>*Du verzehrst dich vor Liebe nach mir.*
>*So soll es sein.*«

Halten Sie die (nicht brennende) rote Kerze in der rechten Hand und verbrennen Sie das Papier über der (angezündeten) weißen Kerze; sagen Sie dabei den obigen Spruch noch einmal.

Lassen Sie die Kerze etwa eine Stunde lang brennen und löschen Sie sie dann. Wiederholen Sie das Ritual, bis die weiße Kerze ganz heruntergebrannt ist. Schenken Sie dann die rote Kerze Ihrem Wunschpartner; er wird Sie lieben, sobald er sie anzündet.

Liebeszauber mit Schatulle

Sie brauchen
- 1 Blütenblatt Ihrer Lieblingsblume
- 1 Blütenblatt »seiner« Lieblingsblume
- 1 Stück roten Stoff
- 1 neue Feder (oder einen neuen Füller)
- 1 Blatt Papier
- 1 kleines Holzkästchen

Ritual
Dieses Ritual muss an einem Neumondmorgen beginnen und ist wirksamer, wenn es im Januar, April, Juni, September oder November ausgeführt wird.

Legen Sie die beiden Blütenblätter in das Stoffstück, das Sie zusammenfalten. Schreiben Sie mit der neuen Feder einen Brief, der die Worte enthält, die Sie von Ihrem Traumpartner gern hören würden. Deponieren Sie dann alles in dem Holzkästchen. Wenn Sie aufstehen, machen Sie es auf und sagen:

> *»Die Worte fliegen davon,*
> *sie gelangen bis zu dir,*
> *und bei Vollmond*
> *wirst du sie mir sagen.*
> *So soll es sein.«*

Liebeszauber mit Rinde

Sie brauchen
- 1 Stück Birkenrinde
- einige Tropfen roten Farbstoff (oder einen roten Filzstift)
- 1 Nadel
- 1 Kupfergefäß

Ritual
Zeichnen Sie auf die Innenseite der Birkenrinde mit dem roten Farbstoff ein Herz. Ritzen Sie mit der Nadel Ihre beiden Vornamen in das Herz und sprechen Sie dabei die folgenden magischen Worte:

> *»Ich ritze deinen Namen in die Rinde,*
> *du ritzt meinen Namen für immer in dein Herz.*
> *So soll es sein.«*

Bewahren Sie die Rinde 21 Tage in Ihrem Kopfkissen auf; legen Sie sie dann in das Kupfergefäß und verbrennen Sie sie. Wiederholen Sie dabei dreimal:

> *»Unsere Namen sind jetzt vereint*
> *für immer und ewig.*
> *Von heute an*
> *wirst du mich lieben.*
> *So soll es sein.«*

Liebeszauber mit Brief

Sie brauchen
- 1 Briefumschlag
- 1 neue Feder (oder einen neuen Füller)
- 1 Stück Seidenpapier
- einige Tropfen Ihres Parfüms/Eau de Toilette
- einige rote Rosenblütenblätter (frisch gepflückt)

Ritual
Damit dieses Ritual mehr Kraft hat, muss der Zauberspruch zwischen 2.00 und 3.00 Uhr morgens wiederholt werden, und den Umschlag müssen Sie am selben Morgen auf den Postweg bringen.

Schreiben Sie mit der neuen Feder den folgenden magischen Spruch auf das Seidenpapier und sprechen Sie ihn gleichzeitig laut mit:

>*»Sobald du diesen Umschlag öffnest,*
>*wirst du an mich denken.*
>*Sobald du mein Parfüm riechst,*
>*wirst du mich lieben.*
>*Und sobald du dies zu Ende gelesen hast,*
>*wirst du für immer mein sein.*
>*So soll es sein.«*

Lassen Sie das Parfüm auf das Seidenpapier fallen; geben Sie es mit den Rosenblüten in den Umschlag und bringen Sie diesen unverzüglich auf den Postweg.

Liebeszauber mit Spiegelkasten

Sie brauchen
- 1 kleinen Spiegel
- 1 Foto Ihres/r Auserwählten
- 1 Kistchen mit Deckel
- 1 kleinen Gegenstand, der Ihrem/r Auserwählten gehört hat
- 1 kleinen Gegenstand, der Ihnen gehört

Ritual
Damit dieses Ritual wirkt, muss es bei Neumond anfangen und bis zum folgenden Neumond wiederholt werden.

Kleben Sie den kleinen Spiegel und das Foto nebeneinander auf die Innenseite des Deckels. Legen Sie die beiden Gegenstände ineinander verschlungen in das Kistchen hinein (am besten etwas, das er/sie getragen hat, etwa ein Schmuckstück, und einen Gegenstand von Ihnen, den Sie besonders lieben). Machen Sie das Kistchen jeden Abend auf, betrachten Sie sich im Spiegel (Ihre Gesichter sind jetzt nebeneinander) und wiederholen Sie langsam dreimal diese magischen Worte:

»Die Göttinnen befehlen dir, mich zu lieben,
sobald du mein Gesicht siehst,
und durch ihre Kraft
wirst du mir nicht widerstehen können.
So soll es sein.«

Schließen Sie das Kistchen bis zum folgenden Abend. Öffnen Sie es tagsüber nicht und sorgen Sie dafür, dass nur Sie es öffnen und berühren.

Liebeszauber mit Tagebuch

Sie brauchen
- 1 Kerze (am besten rot)
- 1 neue Feder (oder einen neuen Füller)
- 1 kleines Heft
- rote Tinte

Ritual
Dieses Ritual muss am ersten Tag eines Monats anfangen und am letzten Tag desselben Monats enden.

Tragen Sie am Ende eines jeden Tages bei Kerzenschein mit der neuen Feder in das Heft ein, was Sie mit Ihrem/r Auserwählten an diesem Tag gerne erlebt hätten. Schreiben Sie so, als wäre es tatsächlich passiert, zum Beispiel: »[Name Ihres Wunschpartners] hat mich angesehen und …«, nicht: »Ich hätte gerne, dass er mich ansieht.«

Schreiben Sie jeden Tag weiter an der Geschichte und lassen Sie sie so weitergehen, wie Sie es gern hätten. Der letzte Tag sollte Ihren Liebesroman abschließen; geben Sie ihm deshalb unbedingt ein Ende, das Bestand hat, etwa: »Er hat mir gesagt, dass er mich immer lieben wird.«

Unter die letzte Eintragung schreiben Sie mit roter Tinte: »Der Traum ist zu Ende, die Wirklichkeit fängt an.«

Legen Sie das Heft unter Ihr Kopfkissen und sprechen Sie zehnmal langsam und mit lauter Stimme die folgende Beschwörung:

»Ich habe unsere Geschichte so geschrieben,
wie ich sie haben will,
Venus, Göttin der Liebe, erhöre meinen Wunsch.
Verwandle ihn vom Traum in Wirklichkeit,
und lass ihn ewig dauern.
So soll es sein.«

Kapitel 11

• • • •

Rituale
für einzelne Wochentage

Sonntag:
Die Werke des Lichts

Dieses Ritual muss an einem Sonntag ausgeführt werden. Es ist eher einfach, und es hilft, kleinere körperliche Beschwerden zu lindern. Es ist auch günstig, wenn Sie keinen Schwung haben und deprimiert sind.

Sie brauchen
- 1 kleine Schale aus Kupfer oder (Guss-)Eisen
- 1 Sträußchen Petersilie
- 1 Räucherstäbchen

Ritual
Nehmen Sie eine Dusche, waschen Sie sich sorgfältig die Haare und lassen Sie sie an der Luft trocknen. Ziehen Sie weite, bequeme Kleidung an und begeben Sie sich an den Ort, an dem Sie Ihr Heilungsritual durchführen wollen.

Das kann im Sommer ein ruhiger, schöner Ort in der freien Natur sein, an dem Sie vor indiskreten Blicken geschützt sind; ideal wäre der Fuß eines Baumes. Im Winter können

Sie sich in ein Zimmer zurückziehen, in dem Sie allein und ungestört sind.

Stellen Sie die Schale auf einen Tisch und geben Sie die Petersilie hinein. Zünden Sie ein Räucherstäbchen an (Lavendel, Linde, Sandelholz, Lorbeer, Ambra oder Moschus) und lassen Sie es ungefähr bis zur Hälfte herunterbrennen; denken Sie dabei an Ihren Wunsch, sich wohl zu fühlen und gesund zu sein. Verbrennen Sie die Petersilie und sprechen Sie dabei die folgenden magischen Worte:

»Ich bitte Michael und Varcah,
den Engel und den König der Sonne,
über und in mir
das ganze Licht des Himmels zu verbreiten,
mich zu erwärmen
und mir Energie und Gesundheit zurückzugeben.
So soll es sein.«

Danken Sie für die gewährte Gunst und lassen Sie das Räucherstäbchen brennen, bis die Petersilienasche kalt ist; verstreuen Sie sie dann im Freien und seien Sie sich bewusst, dass Sie mit der Petersilie Ihren Kummer weit weg werfen.

Montag:
Die Werke des Weissagens

Dieses Ritual muss an einem Montag ausgeführt werden. Es unterstützt Sie dabei, wenn Sie von dem Menschen träumen wollen, in den Sie verliebt sind.

Sie brauchen
- Kräutertee
- 1 Stift, rosafarben oder rot
- 1 leeres Blatt Papier
- 2 Kerzen, eine blaue und eine rote
- 1 unbenutzten Briefumschlag
- etwas getrockneten Flieder (wenn möglich)
- 2 Lorbeerblätter

Ritual
Nehmen Sie ein reinigendes Bad, bereiten Sie sich einen Kräutertee zu und bringen Sie ihn mit allen Gegenständen, die Sie für Ihr Ritual brauchen, an Ihr Bett.

Schreiben Sie mit dem Stift Ihren Namen, den Namen des Menschen, von dem Sie träumen wollen, und die Zahl »111« (die magische Zahl des Mondes) auf das leere Blatt Papier; zeichnen Sie außerdem einen Viertelmond. Legen Sie das Papier zwischen die Kerzen, zünden Sie diese an und lassen Sie sie eine Viertelstunde brennen. Trinken Sie langsam Ihren Tee, sehen Sie in die Flammen und denken Sie an das Wesen, nach dem Sie sich sehnen.

Nehmen Sie nach der Viertelstunde den Umschlag und legen Sie das Papier, den Flieder, die Lorbeerblätter und ein Stückchen Wachs von den beiden Kerzen hinein. Kleben Sie den Umschlag zu und legen Sie ihn unter Ihr Kopfkissen. Blasen Sie die Kerze aus und gehen Sie schlafen. Ganz wichtig ist, dass Sie nach diesem Ritual nicht mehr aufstehen müssen.

Dienstag:
Die Werke des Schutzes

Dieses Ritual muss an einem Dienstag ausgeführt werden. Es ist für Verliebte gedacht, die Angst haben, dass jemand – ein Rivale, Familienangehörige, Neider – ihre Eheschließung verhindern will.

Sie brauchen
- 2 quadratische Stückchen roten Stoff
- 10 ml (2 Teelöffel) grobes Salz
- 1 halbierte Knoblauchzehe
- 1 Nadel und 1 weißen Faden

Ritual
Geben Sie exakt um 12.00 Uhr auf jedes Stück Stoff 1 Teelöffel grobes Salz und eine halbe Knoblauchzehe. Nehmen Sie den Stoff am Rand hoch, nähen Sie ihn zusammen und weihen Sie ihn mit der folgenden Anrufung:

> *»Mars, mit deiner Kraft und deinem Schild,*
> *wehre jeden ab,*
> *der unsren Bund vereiteln will.*
> *So soll es sein.«*

Die Verliebten müssen diese Beutelchen bis zum Hochzeitstag tragen.

Mittwoch:
Die Werke der Beredsamkeit

Dieses Ritual muss an einem Mittwoch bei zunehmendem Mond ausgeführt werden. Es sorgt für mehr Inspiration beim Schreiben. Wollen Sie, wie so viele andere Menschen auch, gut schreiben können, um Ihr Leben in einem Tagebuch festzuhalten, Liebesbriefe oder -gedichte zu verschicken oder sogar einen Roman zu verfassen? Dann werden Sie von dem folgenden Ritual profitieren.

Sie brauchen
- 1 graue, 1 blaue und 1 orangefarbene Kerze
- 1 Räucherstäbchen
- 1 kleine Schale mit 15 ml sauberer Erde
- 1 Feder (oder einen Füller)
- 1 leeres Blatt Papier
- 1 grauen, 1 blauen und 1 orangefarbenen Faden
- 1 Muskatnuss
- 1 kleinen Beutel oder 1 Kistchen

Ritual
Richten Sie sich an dem Ort ein, der Ihnen am meisten Lust zum Schreiben macht. Zünden Sie die Kerzen und das Räucherstäbchen an und stellen Sie das Schälchen mit Erde in ihre Nähe. Schreiben Sie die folgende Beschwörung auf das Blatt Papier:

>>*Merkur, ich bitte dich,*
verleihe mir die Gabe der Beredsamkeit
und das Talent zum Schreiben,
damit ich dank dir
alles zu Papier bringen kann,
was mein Herz,
meine Seele und mein Geist zu sagen haben.
So soll es sein.<<

Zeichnen Sie in die zwei oberen Ecken des Blattes ein Rad, unter das Sie die Zahl »260« schreiben; in die zwei unteren Ecken malen Sie einen Stab, unter den Sie die Zahl »5« schreiben.

Rollen Sie das Papier möglichst klein zusammen und binden Sie es mit den Fäden zusammen. Legen Sie die Rolle mit der Muskatnuss, den Kerzenresten, dem Rest des Räucherstäbchens und der Erde in das Beutelchen oder Kistchen. Platzieren Sie dieses so auf einem Fenstersims, dass es an sieben aufeinander folgenden Tagen und Nächten dem Sonnen- und dem Mondlicht ausgesetzt ist. Danach ist das Beutelchen bzw. Kistchen von der Energie der Sonne und des Mondes durchdrungen, und Ihr schriftstellerisches Talent kann zu fließen beginnen. Richten Sie sich mit Papier und Stift an Ihrem Schreibplatz ein und achten Sie darauf, dass das kleine Zaubersäckchen sich immer geöffnet in Ihrer Nähe befindet. Wenn Sie bei Ihren Schreibsessions Kerzen anzünden, sollten diese immer grau, blau oder orange sein.

Donnerstag:
Die Werke der Gerechtigkeit

Dieses Ritual muss an einem Donnerstag ausgeführt werden. Sie können es ausführen, wenn Sie eine juristische Angelegenheit regeln oder mit der Justiz, dem Gesetz und der Obrigkeit keine Probleme haben wollen. Auch wenn Sie mit einem Freund wieder Frieden schließen oder die Harmonie in der Familie wieder herstellen wollen, ist dieses Ritual sehr gut geeignet.

Sie brauchen
- 1 Räucherstäbchen
- 1 quadratisches Stück himmelblauen Stoff
- einige Zedernzweige
- 3 Gewürznelken
- Zedern-Räucherwerk
- 1 Schnürsenkel aus Leder

Ritual
Setzen Sie sich bequem in Ihr Wohnzimmer, zünden Sie das Räucherstäbchen an und meditieren Sie einige Minuten über den Grund, aus dem Sie dieses Ritual durchführen wollen. Nehmen Sie dann das Stoffstück, legen Sie die Zedernzweige und die Gewürznelken darauf und streuen Sie ein bisschen von dem zu Pulver zerstoßenen Räucherwerk darüber. Binden Sie den Stoff mit dem Lederband zu einem Beutel zusammen; halten Sie ihn über den Rauch und sprechen Sie dabei dreimal eine der beiden folgenden Anrufungen.

Wenn es um juristische Dinge und die Gesetze geht:

>>*Jupiter, Gott des Himmels und der Erde,*
und du, Sachiel, Engel des Donnerstag,
sorgt dafür, dass die Gerechtigkeit sich durchsetzt
und ich als Sieger aus dem juristischen Konflikt hervorgehe,
in den ich zurzeit verwickelt bin.
So soll es sein.<<

Wenn es um die Harmonie und den Frieden in Beziehungen geht:

>>*Jupiter, Gott des Himmels und der Erde,*
und du, Sachiel, Engel des Donnerstag,
hört mich an.
Missverständnisse oder [nennen Sie den Grund]
beeinträchtigen derzeit Frieden und Harmonie.
Stellt sie wieder her.
So soll es sein.<<

Tragen Sie die verschlossenen Beutelchen bei sich, bis die Zwietracht oder der Prozess vorbei sind.

Freitag:
Die Werke der Liebe

Dieses Ritual muss an einem Freitag bei zunehmendem Mond oder bei Vollmond ausgeführt werden. Es unterstützt Sie dabei, wenn Sie eine neue Liebe wünschen.

Sie brauchen
• 1 Kerze, blassrosa oder blassgrün
• 1 Nadel

- 1 Rose, rosa oder rot
- 1 kleine transparente Schale
- einige Tropfen Ihres Parfüms
- 1 ganz kleines Foto von Ihnen
- 1 kleinen rosa- bzw. pastellfarbenen (Kiesel-)Stein
- 1 Stift mit roter Tinte
- 1 Stück rein weißes Papier
- 1 quadratisches Stück Stoff
- 1 rote Kordel

Ritual

Zünden Sie um Mitternacht die Kerze an und sterilisieren Sie die Nadel über der Flamme (siehe auch Seite 63). Denken Sie an den Menschen, den Sie anziehen wollen (wenn Sie ihn kennen, sehen Sie sein Gesicht vor sich; wenn Sie ihn noch nicht kennen und ganz generell Liebe anziehen wollen, malen Sie sich die Eigenschaften aus, die Ihr Auserwählter haben soll). Zupfen Sie Blatt für Blatt die Blütenblätter von der Rose und lassen Sie sie in die Schale fallen.

Stechen Sie dann vorsichtig in die Kuppe Ihres linken Ringfingers und lassen Sie ein paar Tropfen Blut auf die Rosenblätter fallen; geben Sie außerdem einige Tropfen Ihres Parfüms darauf. Legen Sie Ihr Foto und den Stein darauf, den Sie wenige Minuten in Ihrer linken Faust erwärmt haben. Nehmen Sie den roten Stift und schreiben Sie die folgenden magischen Worte auf das Blatt Papier:

»Ich, [Ihr Name],
rufe Venus an, damit sie sich
bei Cupido für mich einsetzt.
Er soll mit seinem Zauberpfeil
den treffen, der für mich bestimmt ist
[wenn Sie Ihren Traumpartner schon kennen,
brauchen Sie nur seinen Namen zu schreiben].
Mit diesen Rosenblättern,
dem Symbol der Liebe,
habe ich mein Blut, meinen Duft und mein Bild vermischt,
und mithilfe eines Steins
habe ich das Ganze mit meinen lebendigen,
leidenschaftlichen Schwingungen beseelt.
Mögen sie zu dem fliegen,
den ich bereits von ganzem Herzen liebe
[wenn Sie ihn schon kennen, schreiben Sie seinen Namen].
So soll es sein.«

Falten Sie das Stück Papier möglichst klein zusammen und
legen Sie es ebenfalls in die Schale. Schütten Sie das Ganze
auf das Stück Stoff und binden Sie es mit der roten Kordel zu
einem kleinen Säckchen zusammen. Legen Sie es unter Ihr
Kopfkissen und wiederholen Sie an sieben aufeinander folgenden Tagen um Mitternacht dreimal die magische Beschwörung, die Sie auf das Papier geschrieben haben.

Samstag:
Die Werke der Arbeit

Dieses Ritual, das den Verlauf von Vorstellungsgesprächen begünstigt, muss am Samstag vor der Begegnung durchgeführt werden. Es passt auch, wenn Sie Angst haben, um eine Gehaltserhöhung oder Beförderung zu bitten.

Sie brauchen
- 1 Feder oder 1 Stift (unbenutzt)
- 1 grüne und 1 violette Kerze
- 1 Stück Papier, beige oder braun
- 1 Zimtstange
- getrocknete Nadelholzreiser (Kiefer, Tanne, Fichte etc.)
- 1 graue oder silberfarbene Schale
- 1 Stück Blei
- 1 Foto oder eine Zeichnung einer Ameise
- 1 kleinen grünen oder violetten Beutel

Ritual
Schreiben Sie abends beim Licht der Kerze den Namen der Person oder Firma, bei der Sie vorsprechen wollen, auf das Papier; führen Sie außerdem kurz aus, was Sie sich von dieser Begegnung erhoffen. Schreiben Sie anschließend die folgende Formel auf das Papier:

»Cassiel, Machatan, Uriel, 8/15, Jupiter.«

Bröseln Sie die Zimtstange und die trockenen Reiser in die Schale und schütten Sie das Ganze mit dem Stück Blei und dem Bild von der Ameise, auf das Sie Ihren vollständigen

Namen und das Datum der Begegnung geschrieben haben, in den Beutel. Tragen Sie ihn vor dem Termin fünf Tage lang bei sich.

Kapitel 12

• • • •

Rituale mit Kerzen

Das Anzünden und Brennenlassen einer Kerze stellt ein eigenständiges Ritual dar, wie gesagt ist es das einfachste und älteste überhaupt.

Wenn Sie die Entsprechungen kennen, das heißt wissen, welche Tage und Kerzenfarben für welche Anliegen günstig sind, und eine für Ihr spezielles Anliegen verfasste magische Formel sprechen, müssen Sie alles bekommen können, was Sie sich wünschen. Für solche Rituale brauchen Sie keine bestimmte Kerzenart; nur die Farbe ist wichtig – sie ändert sich je nach Ihren Anliegen und Wünschen (Siehe Kapitel 4 im »Ersten Buch«).

Die Flamme Ihrer Kerze interpretieren

Manchmal passiert es bei einem Ritual, dass die Kerzenflamme sich ungewöhnlich verhält: Sie will nicht anbleiben, flackert oder benimmt sich auf andere Weise seltsam, ohne dass ein Grund zu erkennen wäre. Wenn weder ein Luftzug geht noch jemand in der Nähe der Kerze heftig atmet, kann man davon ausgehen, dass die im Raum vorhandenen unsichtbaren Energien die Flamme beeinflussen.

Die häufigsten Verhaltensweisen einer Flamme lassen sich
wie folgt interpretieren:

- Wenn Sie die erste Ritualkerze anzünden, der Docht die
  Flamme sofort annimmt und diese hell und leuchtend
  brennt, leitet Ihr Raum Magie gut weiter. Sie haben den
  idealen Standort für Ihre Rituale gewählt. Wenn Sie dagegen Schwierigkeiten haben, die erste Kerze anzuzünden,
  sind negative Energien vorhanden; führen Sie dann noch
  einmal ein Reinigungsritual durch.
- Wenn die Ritualkerze (die weiße Kerze, die bei magischen
  Handlungen als Erstes angezündet und als Letztes gelöscht
  wird) das ganze Ritual über nur schwach brennt, blockieren negative Energien Ihre Magie. Eine solche Flamme ist
  ein Zeichen für Instabilität, Hindernisse und Energiever-
  lust. Die Energie des Südens kann diese Situation verbessern. Bitten Sie die Elementargeister des Feuers, Ihnen
  zu helfen und die Kerzenflamme kräftig brennen zu lassen. Danken Sie ihnen für ihre Hilfe, bevor sie gewährt
  wird.
- Wenn die Flamme sich im Uhrzeigersinn dreht, sind die
  Elemente und Gottheiten mit Ihnen – besonderer Segen
  ruht auf Ihnen. Wenn die Flamme gegen den Uhrzeigersinn kreist, zeigt dies einen Verlust Ihrer Energie; korrigie-
  ren Sie die Situation, indem Sie die Elementargeister bitten,
  die Flamme in der entgegengesetzten Richtung zu drehen.
- Auch eine eigentümliche Farbe der Flamme ist bedeutungs-
  voll: Eine grüne Färbung zeigt Heilungsenergie; eine blaue
  große Spiritualität; eine Flamme in Regenbogenfarben bedeutet, dass ein Engel, ein Geistführer oder eine höhere
  Wesenheit anwesend ist.

- Wenn die Flamme senkrecht gen Himmel zeigt, bedeutet dies, dass höhere Wesenheiten bei Ihnen sind und Ihr Ritual interessiert beobachten.

Die Wirkkraft Ihrer Kerzen verstärken

Wenn Sie die Zauberkraft Ihrer Kerzen verstärken wollen, können Sie einer sehr alten Tradition folgen und die Kerze vor dem Anzünden mit einem ätherischen Öl salben.

Die Wahl des Aromaöls richtet sich nach dem jeweiligen Anliegen. Wenn Sie die Kerze mit einer individuellen Mischung oder auch nur einem einzigen ätherischen Öl benetzen, macht dies das geplante Ritual wirksamer, weil Ihre persönliche Kraft und Ihre Absichten in es einfließen.

Die ätherischen Öle

Die folgende Liste nennt die am häufigsten benutzten ätherischen Öle, ihren Anwendungsbereich und die am besten passende Kerzenfarbe.

Exorzismus, Bannrituale
- *Kerze:* schwarz.
- *Aromaöle:* Gewürznelke, Myrrhe.

Freude
- *Kerze:* gelb.
- *Aromaöle:* Lavendel, Apfel.

Geld
- *Kerze:* grün.
- *Aromaöle:* Zimt, Mandel, Eichenmoos.

Glück
- *Kerze:* grün.
- *Aromaöle:* Orange, Vetiver, Veilchen.

Heilung
- *Kerze:* blau.
- *Aromaöle:* Nelke, Zeder, Eukalyptus.

Hellsehen
- *Kerze:* violett.
- *Aromaöle:* Zitrone, Minze.

Liebe
- *Kerze:* rosa.
- *Aromaöle:* Rose, Jasmin, Orchidee.

Meditation
- *Kerze:* blasslila.
- *Aromaöle:* Lotos, Flieder, Lavendel.

Mut
- *Kerze:* rot.
- *Aromaöle:* Drachenblut, Weihrauch.

Reinigung
- *Kerze:* weiß.
- *Aromaöle:* Lavendel, Kiefer, Zypresse, Salbei.

Schutz
- *Kerze:* violett.
- *Aromaöle:* Bergamotte, Myrrhe.

Wahrsagen
- *Kerze:* weiß.
- *Aromaöle:* Kampfer, Orange.

Ätherische Öle mischen

Sie können auch einen Schritt weiter gehen und nach zum Teil sehr alten Rezepten verschiedene Öle zusammenmischen; so kann die Wirkung der Öle sich summieren und den Effekt Ihrer Rituale weiter verstärken. Dazu benötigen Sie folgende Utensilien:
- kleine Glasflaschen,
- 2 oder 3 Tropfenzähler aus Glas,
- Alkohol zum Reinigen der Tropfenzähler, damit die Mischungen nicht verunreinigt werden,
- ein fettes Öl zum Auffüllen der Flasche, etwa Mandel- oder Olivenöl,
- Benzoe-Extrakt zum Konservieren der Mischung; schon ein paar Tropfen verhindern, dass das Öl ranzig wird.

Je nach Vorhaben oder Ritual eignen sich die folgenden Mischungen ätherischer Öle:

Astralreisen
- 15 Tropfen Rose
- 15 Tropfen Eisenkraut
- 15 Tropfen Flieder

Geld (1)
- 15 Tropfen Vetiver
- 15 Tropfen Eichenmoos
- 5 Tropfen Zimt

Geld (2)
- 10 Tropfen Weihrauch
- 10 Tropfen Zimt
- 5 Tropfen Wacholder

Heilen (die Gabe, andere zu heilen, verbessern)
- 15 Tropfen Apfel
- 15 Tropfen Vanille
- 10 Tropfen Rose

Heilen (sich selbst)
- 15 Tropfen Myrrhe
- 15 Tropfen Lotos
- 10 Tropfen Lilie

Hellsehen
- 25 Tropfen Sandelholz
- 15 Tropfen Veilchen

Liebe (1)
- 15 Tropfen Patschuli
- 5 Tropfen Eisenkraut
- 7 Tropfen Zimt

Liebe (2)
- 15 Tropfen Rose
- 15 Tropfen Veilchen

Mediale Fähigkeiten verbessern
- 15 Tropfen Sandelholz
- 15 Tropfen Zimt
- 10 Tropfen Patschuli

Meditation
- 5 Tropfen Tanne
- 15 Tropfen Kiefer
- 15 Tropfen Wacholder

Schutz (vor bösem Zauber)
- 15 Tropfen Patschuli
- 15 Tropfen Ingwer

Schutz (vor Feinden)
- 25 Tropfen Sandelholz
- 25 Tropfen Lilie

Rückführung (in frühere Leben)
- 15 Tropfen Narzisse
- 15 Tropfen Lotos
- 10 Tropfen Iris

Spiritualität
- 15 Tropfen Weihrauch
- 15 Tropfen Lotos

Wohlstand
- 15 Tropfen Sandelholz
- 10 Tropfen Myrrhe
- 10 Tropfen Zimt

Zubereitung und Anwendung

Wenn Sie mehrere Kerzen salben wollen, um einen Vorrat zu haben, stellen Sie am besten die Kerzen nach Farben sortiert in kleinen Gruppen zusammen und die entsprechenden Öle jeweils dazu; so brauchen Sie später nicht zu suchen. Halten Sie auch genug Wattestäbchen bereit – Sie müssen bei jeder Kerze und bei jedem Öl ein neues nehmen.

Tränken Sie zunächst das Wattestäbchen mit Öl und nehmen Sie die Kerze in die andere Hand. Benetzen Sie mit dem Wattestäbchen vorsichtig die ganze Oberfläche der Kerze; fangen Sie am unteren Ende an und streichen Sie Richtung Docht. Atmen Sie tief und denken Sie an Ihr Ziel; stellen Sie sich bildlich vor, bei welchem Vorhaben diese Kerzen und Öle Sie unterstützen sollen.

Wenn Sie fertig sind, lassen Sie die Kerzen etwa zwei Stunden trocknen, bevor Sie sie verwenden. Bewahren Sie sie in einer Schachtel auf und trennen Sie die verschiedenen Farben mit Wachspapier, damit die Öle und Düfte sich nicht miteinander vermischen.

Rezepte und Rituale

Liebe anziehen

Sie brauchen
- 1 Räucherstäbchen (Zeder oder Kiefer)
- 1 weiße Kerze als Ritualkerze
- 2 rote Kerzen für Venus, die Göttin der Liebe
- 1 rosafarbene Kerze (wenn Sie eine Frau anziehen wollen) oder 1 blaue Kerze (wenn Sie einen Mann anziehen wollen)

Ritual
Dieses Ritual muss an einem Freitag durchgeführt werden und an den folgenden sieben Tagen wiederholt werden.

Zünden Sie das Räucherstäbchen an und führen Sie die Kerzen nacheinander durch den Rauch; zünden Sie erst die weiße Kerze an, dann die zwei roten und schließlich die rosafarbene (oder blaue). Sprechen Sie dabei die folgenden magischen Worte:

»Venus, Göttin der Liebe,
ich flehe dich an, berühre das Herz von
[Name Ihres/r Auserwählten] *genauso stark,*
wie die Flammen dieser Kerzen brennen,
die ich dir zu Ehren entzündet habe.
So soll es sein.«

Stellen Sie sich Ihren Wunschpartner etwa 10 Minuten lang vor und löschen Sie dann erst die rosafarbene (oder blaue) Kerze, dann die beiden roten und am Schluss die weiße. Lassen Sie das Räucherstäbchen brennen, bis es von selbst ausgeht.

Geld anziehen

Sie brauchen
- 1 Räucherstäbchen (Rose)
- 1 weiße Kerze als Ritualkerze
- 2 grüne Kerzen (1 für Jupiter und 1 für das Geld)

Ritual
Dieses Ritual muss an einem Donnerstag nach Vollmond beginnen und an den drei folgenden Donnerstagen wiederholt werden.

Zünden Sie das Räucherstäbchen an und führen Sie die Kerzen nacheinander durch den aufsteigenden Rauch; sehen Sie dabei plastisch vor sich, wie das Geld Ihnen zufließt. Zünden Sie die weiße Kerze und dann die beiden grünen an. Sagen Sie nun diesen Zauberspruch:

»*Jupiter,*
deine Macht und deine Kraft rufe ich zu Hilfe,
auf dass du mir, [Ihr Name],
Überfluss und Wohlstand zuwehst.
Großzügig werd ich ihn verwenden, und nur für edle Ziele.
Ich bin ganz gewiss, dass du mich erhörst
und mein Gesuch erfüllst.
Hab Dank dafür im Voraus.
So soll es sein.«

Meditieren Sie 10 Minuten darüber, wie das Geld zu Ihnen kommen soll; löschen Sie erst die grünen Kerzen, dann die weiße.

Glück anziehen

Sie brauchen
- 1 Räucherstäbchen (Linde oder Myrrhe)
- 1 weiße Kerze
- 1 goldfarbene Kerze
- 3 Lorbeerblätter
- 1 Stift mit blauer Tinte
- 1 Stück Pergament

Ritual
Dieses Ritual muss an einem Sonntag ausgeführt werden.

Zünden Sie das Räucherstäbchen an und führen Sie die Kerzen über den aufsteigenden Rauch; zünden Sie sie dann an – die weiße Kerze zuerst. Verbrennen Sie über der Flamme der goldfarbenen Kerze das erste Lorbeerblatt und schreiben Sie anschließend den folgenden magischen Spruch auf das Pergament (oder notfalls auf ein Blatt weißes Papier); sprechen Sie den Text laut mit:

> *»Diese Pflanzen bring ich dir, o du meine Sonne,*
> *bitte schick das Glück zu mir,*
> *und egal, was ich auch tu, lass es mir zur Seite.«*

Stellen Sie sich einige Minuten all das Wunderbare vor, das Ihnen begegnen wird. Verbrennen Sie dann das zweite Lorbeerblatt und das Pergament (oder das Papier) mit den Worten:

> *»Ich weiß, dass du mir meine Bitte erfüllst,*
> *und mir deine Macht zuwendest.*
> *So soll es sein.«*

Verbrennen Sie das dritte Lorbeerblatt. Meditieren Sie einige Minuten, löschen Sie die goldfarbene Kerze und anschließend die weiße.

Wieder gesund werden

Sie brauchen
- 1 Räucherstäbchen (Jasmin)
- 1 weiße Kerze als Ritualkerze
- 1 grüne Kerze für die Gesundheit
- 1 orangefarbene Kerze für Mars
- 1 kleines Stück Quarz

Ritual
Dieses Ritual muss an einem Dienstag begonnen und an den folgenden vier Dienstagen wiederholt werden.

Zünden Sie das Räucherstäbchen an und führen Sie nacheinander die Kerzen durch den aufsteigenden Rauch; zünden Sie die weiße Kerze an, dann die grüne und schließlich die orangefarbene. Während Sie nun den Quarz über die Kerzenflamme halten, sagen Sie:

>*»Mars, ich, [Ihr Name],*
>*flehe dich an,*
>*mach mich wieder gesund.*
>*Sorg dafür, dass es mir gut geht*
>*und Wohlbefinden mich begleitet.*
>*Was an Energie ich brauche,*
>*übertrage diesem Quarz.*
>*So soll es sein.«*

Sehen Sie vor Ihrem geistigen Auge, wie Ihre gesundheitlichen Probleme vergehen. Löschen Sie nach etwa 10 Minuten erst die grüne Kerze, dann die orangefarbene und schließlich die weiße. Tragen Sie den Quarz bei sich.

Eigene Ritual erfinden

Ausgehend von den Prinzipien, die in den hier vorgestellten Ritualen zum Ausdruck kommen, und den im Anhang aufgeführten Entsprechungen, können Sie je nachdem, was Sie brauchen oder wollen, eigene Rituale erfinden.

Der Zauberspruch sollte kein Problem sein, denn Sie brauchen nur in einfachen Worten Ihren Wunsch zu äußern und daran zu denken, nach dem Ritual der angerufenen Wesenheit zu danken. Am Anfang erscheint Ihnen das vielleicht schwierig, aber Sie werden schnell erkennen, wie die Rituale aufgebaut sind, sodass Sie leicht selbst welche erfinden können.

Kapitel 13

• • • •

Sommerrituale

Die folgenden Rituale sind dazu gedacht, in der warmen Jahreszeit ausgeführt zu werden, die meisten im Freien. Sie stammen aus einer Zeit, in der der Rhythmus der Jahreszeiten das Leben der Menschen bestimmte. Heute bekommen wir das ganze Jahr über frische Blumen und brauchen nicht mehr die Eisdecke von Seen, Flüssen und Bächen aufzuhacken, um im Winter Wasser zu haben. Keine Frage, seit der Zeit der Druiden hat sich einiges geändert.

Trotzdem sind manche Rituale wirksamer, wenn sie im Frühjahr und Sommer unter freiem Himmel ausgeführt werden; denn hinter ihnen steht die ganze Kraft, die sich im Lauf der Jahrhunderte dadurch angesammelt hat, dass längst verschwundene Kulturen sie praktizierten. Wenn Sie eine solche Tradition wieder aufgreifen, zapfen Sie ein unerschöpfliches Energiereservoir an. Die Resultate sind immer positiv und manchmal sogar spektakulär.

Für Rituale im Freien sind Windlichter besser geeignet als gewöhnliche Kerzen, weil sie sicherer sind. Denken Sie daran, bei großer Trockenheit Laub und anderes brennbare Material aus der unmittelbaren Umgebung Ihres Windlichts zu entfernen.

Um von der Zukunft zu träumen

Sie brauchen
- 6 Ahornblätter
- 1 weiße Kerze oder 1 weißes Windlicht
- 1 Räucherstäbchen mit Myrrhe- oder Jasminduft

Ritual
Dieses Ritual kann bei Tag oder bei Nacht ausgeführt werden.

Suchen Sie einen Ahornbaum und pflücken Sie von ihm drei Blätter; zünden Sie die weiße Kerze oder das Windlicht an und stellen Sie diese(s) am Fuß des Baumes auf den Boden. Gehen Sie dreimal mit dem Räucherstäbchen um den Baum herum und sagen Sie dabei:

> »*Magischer Ahorn, dich bitt ich um Hilfe,*
>   *öffne mir die Tür zur Zukunft,*
>   *lass die Bilder zu mir kommen*
>   *und mich sehen, was da wird.*
>   *So soll es sein.*«

Pflücken Sie noch einmal drei Blätter von dem Baum und danken Sie ihm für dieses Geschenk. Löschen Sie die Kerze. Legen Sie die Ahornblätter abends vor dem Einschlafen unter Ihr Kopfkissen, dann sehen Sie im Traum die Zukunft.

Albträume und einen
unruhigen Schlaf verjagen

Sie brauchen
- 1 Kerze oder 1 Windlicht in Weiß oder Blasslila
- 1 Messer
- einige Kiefernzweige

Ritual
Setzen Sie sich neben eine Kiefer und beten Sie. Zünden Sie die Kerze oder das Windlicht an. Sammeln Sie sich, atmen Sie den Duft der Kiefer ein und stellen Sie sich vor, dass Sie friedlich schlafen und keine Albträume haben; schneiden Sie dann mit einem scharfen Messer oder einer Schere einige kleine Zweige von der Kiefer ab und sprechen Sie dabei die magischen Worte:

> *»Zauberkiefer, hilf mir.*
> *Meine Nächte sind voll Qual.*
> *Lass deinen Duft meine Ängste verjagen*
> *und mich friedlich schlafen.*
> *So soll es sein.«*

Danken Sie der Kiefer dafür, dass sie Ihnen ihre Zweige gegeben hat. Legen Sie diese zu Hause unter Ihr Kopfkissen, um eine ruhige Nacht zu haben. (Wenn Sie wollen, können Sie statt der Kiefer eine Zeder wählen.)

Sorgen und Ängste vertreiben

Dieses Ritual vertreibt Befürchtungen und baut das Selbstvertrauen auf; es ist besonders dann angezeigt, wenn Sie das Gefühl haben, dass die ganze Welt gegen Sie ist, oder wenn Sie vor einer Situation stehen, an der Sie nichts ändern können (Todesfall, Scheidung, Umzug etc.).

Ritual
Finden Sie eine große Trauerweide, stellen Sie sich neben den Stamm und umarmen Sie ihn kurz, indem Sie Ihre Wange an die Rinde legen. Während Sie dann nah am Stamm um den Baum herumgehen, wiederholen Sie dreimal:

> *»Weide, meine Freundin,*
> *die du trauerst in der Nacht,*
> *nimm Sorgen mir und Schmerzen ab,*
> *halt sie fest mit deinen Zweigen.*
> *Weine du für mich, damit mein Kummer*
> *mir nicht mehr auf der Seele lastet*
> *und ich bei Tag und Nacht*
> *voll Glück und Freude bin.«*

Danken Sie dem Baum und gehen Sie fort, ohne sich umzudrehen.

Weltschmerz vertreiben

Dieses Ritual werden die meisten wohl innerhalb der Wohnung bzw. des Hauses durchführen müssen. Doch auch dann ist es sehr wirkungsvoll.

Sie brauchen
- 1 violette oder schwarze Kerze
- Myrrhen-Räucherwerk
- ¼ l Zitronensaft
- 3 Lorbeerblätter
- 60 ml Kiefernnadeln
- einige Tropfen Essig
- 1 l kochendes Wasser

Ritual
Zünden Sie die Kerze und das Räucherwerk an. Schütten Sie die übrigen Zutaten in eine große Schüssel und geben Sie das heiße Wasser dazu. Lassen Sie die Mischung eine Viertelstunde ziehen und filtern Sie die festen Bestandteile ab. Lassen Sie die Flüssigkeit abkühlen. Wenn sie lauwarm ist, steigen Sie in die Badewanne, gießen Sie die Mischung über Ihren Körper und wiederholen dabei dreimal:

> *»Dieses Wasser reinigt mich,*
> *nimmt mir meine Schwermut,*
> *frei bin ich und leicht.*
> *So soll es sein.«*

Duschen Sie, um die letzten Überreste Ihrer Deprimiertheit abzuspülen.

Kummer loswerden

Dieses Ritual kann nur im Freien ausgeführt werden, denn
Sie müssen ein offenes Feuer anzünden.

Sie brauchen
* einige Salbeizweige
* einige Zedernzweige

Ritual
Zünden Sie ein Holzfeuer an, nachdem Sie die Brandstelle
abgesichert haben. Wenn es gut brennt, werfen Sie einige
Salbei- und Zedernzweige in die Flammen. Stellen Sie sich
vor das Feuer, strecken Sie die Arme den Flammen entgegen
und sprechen Sie dabei die Zauberworte:

»Magische Flammen,
verbrennt meine Qualen und Schmerzen,
zehrt sie vollständig auf.
Es sind: [Erzählen Sie den Flammen, was Sie bedrückt.]
Ich danke euch für eure Hilfe
und weiß, dass eure hitz'ge Macht
meine Qualen jetzt vernichtet.
So soll es sein.«

Sie können weiter neben dem Feuer sitzen oder es sorgfältig
löschen.

Um Inspiration bitten

Dieses Ritual kann gleichermaßen im Freien wie in Räumlichkeiten ausgeführt werden.

Wenn Ihnen bei der Arbeit die Inspiration fehlt, Ihre Kreativität auf dem Tiefpunkt ist und Ihnen nichts einfällt, können Sie die Erzengel anrufen, die über die Winde der Inspiration gebieten.

Sie brauchen
- 1 Kerze oder 1 Windlicht, türkisfarben oder violett
- Veilchen- oder Rosen-Räucherwerk

Ritual
Zünden Sie die Kerze und das Räucherwerk an, heben Sie die Arme zum Himmel, wenden Sie sich nach Norden und sprechen Sie die folgenden magischen Worte (die Erzengel regieren dabei immer die Winde der Richtung, die ihrer Position im magischen Kreis entgegengesetzt ist):

> *»Uriel, der du den Wind des Nordens regierst,*
> *wehe in meine Richtung,*
> *trag mir geheimes Wissen zu.«*

Wenden Sie sich nach Osten und sagen Sie:

> *»Raphael, der du den Wind des Ostens lenkst,*
> *wehe in meine Richtung,*
> *hauche meinem Geist*
> *beredte Worte und faszinierende Ideen ein.«*

Während Sie sich nach Westen drehen, sagen Sie:

> *»Gabriel, der du den Wind des Westens lenkst,*
> *wehe in meine Richtung,*
> *erfülle meinen Geist*
> *mit Lachen und Humor.«*

Als Letztes wenden Sie sich nach Süden und sagen:

> *»Michael, der du den Wind des Südens lenkst,*
> *wehe in meine Richtung,*
> *lass neue, phantasievolle Ideen sprudeln.*
> *So soll es sein.«*

Konzentrieren Sie sich etwa eine Viertelstunde auf Ihre Projekte und Ziele; löschen Sie dann die Kerze und das Räucherwerk.

Für mehr magische Kraft

Sie brauchen
- 1 Lorbeerblatt
- ½ Zimtstange
- 2 Minzeblättchen
- 1 Gewürznelke
- ¼ l kochendes Wasser

Ritual
Geben Sie alle Zutaten in eine große Schüssel, übergießen Sie die Gewürze mit kochendem Wasser und sprechen Sie dabei die magischen Worte:

> *»Thor und Odin, gebt mir eure Kraft.*
> *Macht meinen Zauber stark*
> *und meinen Eifer unermesslich.*
> *So soll es sein.«*

Lassen Sie den Tee fünf Minuten ziehen und trinken Sie ihn, bevor Sie Ihre Rituale veranstalten, damit Ihre magischen Kräfte und Ihr Zauber stärker werden.

Sich auf den Mond einstimmen

Sie brauchen
- 1 blassgelbe Kerze
- Veilchen-Räucherwerk
- 1 Beutelchen schwarzen Tee mit Apfelaroma oder 1 Beutelchen Apfeltee
- 1 Zitronenscheibe
- einige Tropfen Vanilleessenz
- 1 violettes oder gelbes Stiefmütterchen
- $\frac{1}{4}$ l kochendes Wasser

Ritual
Zünden Sie die Kerze und das Räucherwerk an; legen Sie den Teebeutel, die Zitronenscheibe, die Vanilleessenz und das Stiefmütterchen in eine Schale. Während Sie die Zutaten mit kochendem Wasser übergießen, sagen Sie:

>*»Hekate, Isis, ihr Mondgöttinnen alle,*
>*stimmt meine Seele und mein ganzes Wesen*
>*auf die Rhythmen und Zyklen des Nachtgestirns ein,*
>*damit meine Träume und meine Magie*
>*davon profitieren.*
>*So soll es sein.«*

Lassen Sie den Tee 10 Minuten ziehen und trinken Sie ihn vor Ritualen, bei denen der Mond zu sehen sein soll, oder einfach vor dem Schlafengehen.

Reichtum anziehen

Sie brauchen
- 1 Kerze (oder ein Windlicht) in Grün
- Jasmin-Räucherwerk
- 5 10-Cent-Stücke

Ritual
Gehen Sie in einer Vollmondnacht zu einem Ahornbaum.
Zünden Sie die Kerze und Räucherwerk an. Vergraben Sie
die Münzen am Fuß des Baumes und sagen Sie dabei:

> *»Ahornbaum, was ich habe, vertraue ich dir an.*
> *Lass es für mich wachsen und gedeihen,*
> *bring mir Macht und Reichtum.*
> *So soll es sein.«*

Löschen Sie die Kerze und gehen Sie fort, ohne sich umzudrehen.

Damit ein Projekt erfolgreich verläuft (1)

Ritual
Begeben Sie sich bei Sonnenaufgang an einen Wasserlauf
oder einen See, in denen Sie baden können. Gehen Sie ins
Wasser hinein, spüren Sie, wie es Sie liebkost, und tauchen
Sie dreimal ganz darin ein; jeweils vorher sprechen Sie die
magischen Worte:

»Undinen, erfüllt mir eine Bitte!
Lasst den Erfolg so über mir zusammenschlagen
wie diese Fluten.
So soll es sein.«

Bevor Sie gehen, danken Sie den Geschöpfen des Wassers für ihre Hilfe.

Damit ein Projekt erfolgreich verläuft (2)

Sie brauchen
- 1 gelbe Kerze
- Patschuli-Räucherwerk
- 1 Blatt weißes Papier
- einige Tropfen Lavendelöl

Ritual
Zünden Sie die Kerze und das Räucherwerk an. Schreiben Sie das Projekt, das Ihnen am Herzen liegt, auf das Blatt Papier und führen Sie dieses über den aufsteigenden Rauch. Träufeln Sie etwas Lavendelöl über Ihre Hände, und während Sie sanft über das Blatt streichen, sprechen Sie diese Zauberworte:

»Patschuli und Lavendel vereinigen sich
beim hellen Schein der gelben Flamme.
Beim hellen Schein der Sonne kommt der Erfolg zu mir.
So soll es sein.«

Anhang

Wissenswertes zum Nachschlagen

Die 72 planetarischen Engel

Die Engelmagie korrespondiert mit den hier vorgestellten magischen Grundsätzen. An allen Stellen, an denen ich bei den verschiedenen Ritualen und Beschwörungen die Anrufung der alten Göttinnen und Götter vorgeschlagen habe, ist es möglich (und genauso effizient), sich stattdessen an den »zuständigen« planetarischen Engel zu wenden und seinen Namen zu nennen.

Diese insgesamt 72 Engel, die im Allgemeinen als »Schutzengel« bezeichnet werden, sind von göttlichen Kräften beseelt, und wenn wir sie darum bitten, können wir von ihrem Einfluss profitieren.

Hier die Namen dieser 72 Engel, das, was sie repräsentieren, und vor allem die Bereiche, in denen sie für uns tätig werden können.

- *Achaiah*: steht für *Verständnis* und *Glauben.* Lässt uns zum Glauben zurückfinden.
- *Aladiah*: verkörpert *Toleranz* und *geistige Klarheit.* Gibt uns die Inspiration, die wir brauchen.
- *Anauël*: repräsentiert und verleiht *Mut* und *Gesundheit.*
- *Aniel*: steht für *Mut.* Gibt uns die Möglichkeit, jede Schwierigkeit zu überwinden.
- *Ariel*: symbolisiert das *Erreichen der Ideale.* Gibt uns Träume ein, die in Erfüllung gehen.
- *Asaliah:* repräsentiert die *Wahrheit* und verschafft die Möglichkeit, sie zu erkennen.
- *Cahetel:* Symbol für *Ernte* und *Segen.* Erhebt unsere Seele, sodass wir das Werk Gottes verstehen können.

- *Caliel:* steht für *Wahrheit* und *Gerechtigkeit.* Sorgt dafür, dass die Wahrheit siegt.
- *Chavakhiah:* verkörpert *Vergebung* und *Harmonie.* Zuständig für den Frieden und die Harmonie innerhalb der Familie.
- *Damabiah:* steht für *Schutz.* Gewährt den Erfolg bei sinnvollen Unternehmungen.
- *Daniel:* symbolisiert die *Anmut,* die er uns genauso wie die *Schönheit* zurückgeben kann.
- *Elemiah:* personifiziert *Erfolg* und *Schutz.* Verschafft beruflichen Erfolg.
- *Eyaël:* steht für *Einsicht* und *Trost.* Verleiht Weisheit und Erleuchtung.
- *Haaiah:* Verkörperung der *Wahrheit.* Hilft uns, wenn wir sie suchen.
- *Haamiah:* symbolisiert die *Wahrheit.* Gewährt Schutz, wenn wir sie suchen und verbreiten.
- *Habuhiah:* steht für *Heilung* und *Fruchtbarkeit.* Unterstützt die Heilung aller Krankheiten.
- *Hahahel:* personifiziert den *Glauben.* Hilft, wenn wir uns zu religiösen Missionen berufen fühlen.
- *Hahaiah:* steht für *Schutz.* Gewährt Schutz im Unglück.
- *Hahasiah:* verkörpert die *Weisheit* und sorgt dafür, dass unsere Seele sich zu höheren Sphären aufschwingt.
- *Haheuiah:* symbolisiert *Schutz.* Verschafft den Schutz der Vorsehung.
- *Haiaiël:* repräsentiert *Mut* und *Frieden.* Verleiht uns den Mut, mit dem wir hochherzige Ziele erreichen können.
- *Harahel:* steht für *Weisheit.* Gibt uns die Fähigkeit eines guten Verwalters.

- *Hariel:* Symbol für die Befreiung. Sorgt dafür, dass uns im beruflichen Bereich die Inspiration nicht ausgeht.
- *Haziel:* steht für *Vergebung* und *bedingungslose Liebe.* Verschafft uns die Freundschaft und die Zuneigung wichtiger Personen.
- *Hekamiah:* repräsentiert die *Freundschaft.* Verschafft uns die Loyalität unseres Umfeldes.
- *Iah-Hel:* symbolisiert das *Glück.* Zuständig für das gute Einvernehmen des Paares.
- *Imamiah:* verkörpert *Schutz* und *Respekt.* Gibt uns die Möglichkeit, unsere Feinde zu erkennen.
- *Jabamiah:* steht für *Regeneration.* Verschafft Erfolg bei allem, was wir unternehmen.
- *Jeliel:* symbolisiert *Fruchtbarkeit* und *Treue.* Macht fruchtbar.
- *Lanoiah:* repräsentiert das *Vorgefühl.* Verschafft uns im Traum Offenbarung.
- *Laoviah:* verkörpert und verleiht *Weisheit.*
- *Lecabel:* verkörpert und verleiht *Ruhm,* zuständig auch für Glück.
- *Lehahiah:* steht für *Ruhe.* Lässt uns das Werk Gottes verstehen.
- *Lelahel:* symbolisiert *Gesundheit* und *Heilung* und verschafft Letztere.
- *Leuviah:* verkörpert das *Loslassen.* Verschafft uns die Gnade und den Segen der Vorsehung.
- *Mahasiah:* steht für *Frieden* und *Harmonie.* Gewährt ein ausgeglichenes Leben.
- *Manakel:* personifiziert die *Befreiung,* verschafft insbesondere die Befreiung von Schuldgefühlen.
- *Mebahel:* Verkörperung der *Rechtschaffenheit.* Verleiht Verständnis.

- *Mebahiah*: steht für *Inspiration*. Gibt uns die Möglichkeit zu einem spirituellen Leben.
- *Mehiel*: steht für *Inspiration*. Verleiht insbesondere die Inspiration, zu schreiben und diese Schriften zu verbreiten.
- *Melahel*: verkörpert und verschafft *Heilung*.
- *Menadel*: repräsentiert die *Befreiung*. Gibt uns die Kraft, schlechte Gewohnheiten abzulegen.
- *Mihaël*: symbolisiert die *Liebe*. Verleiht Paaren Frieden, Liebe, Freundschaft und Treue.
- *Mikhaël*: verkörpert das *Unterscheidungsvermögen*. Gibt uns das Gespür für das, was Erfolg hat.
- *Mitzraël*: personifiziert die *Befreiung* und unterstützt den Wunsch zu dienen.
- *Mumiah*: steht für *Offenbarung*. Lässt uns Geheimnisse erkennen, die glücklich machen.
- *Nanaël*: symbolisiert *Wissen* und *Inspiration*. Inspiriert uns dazu, immer mehr zu lernen.
- *Nelchael*: verkörpert den *Sieg*. Unterstützt den Sieg über die Kräfte des Bösen.
- *Nemamiah*: steht für *Wohlstand*. Verschafft uns die Chance zu schnellen beruflichen Beförderungen.
- *Nith-Haiah*: repräsentiert *Weisheit* und *Verständnis*. Gibt uns die Fähigkeit, Okkultes zu verstehen.
- *Nithaël*: steht für das *Zuhören* und *Gleichgewicht*. Sorgt dafür, dass die an die Mächtigen gerichteten Anliegen gut aufgenommen werden.
- *Omaël*: symbolisiert und verleiht *Geduld*.
- *Pahaliah*: verkörpert die *Berufung*. Gibt uns Einsicht in den Sinn unseres Lebens.
- *Poyel*: personifiziert *Wissen* und *Macht*. Verschafft Ansehen, Reichtum und Macht.

- *Rahaël*: steht für *Rechtschaffenheit*. Verschafft Ansehen und Glück.
- *Rehaël*: symbolisiert das *Unterscheidungsvermögen*. Zuständig für Liebe, Respekt und das gute Einvernehmen aller.
- *Reiyel*: steht für *Inspiration* und *Befreiung*. Sorgt dafür, dass der Himmel uns zu Reden vor Publikum inspiriert.
- *Sehaliah*: repräsentiert den *Erfolg*. Verhilft vor allem einfachen Leuten zu Erfolg.
- *Seheiah*: personifiziert die *Langlebigkeit*. Verleiht ein langes und glückliches Leben.
- *Sitaël*: symbolisiert die *Verantwortlichkeit*. Verleiht Mut angesichts widriger Umstände.
- *Umabel*: verkörpert die *Loslösung vom Irdischen*. Tröstet bei Liebesleid und -kummer.
- *Vasariah*: steht für *Unterstützung*. Verschafft uns die Hilfe der göttlichen Macht.
- *Vehuël*: repräsentiert den *guten Ruf*. Verleiht große Güte, die nicht unbemerkt bleibt.
- *Vehuiah*: steht für *Transformation*. Verleiht den starken Willen, etwas hervorzubringen und zu verwandeln.
- *Veuliah*: symbolisiert und verleiht *Wohlstand*, speziell an Unternehmen.
- *Yehuiah*: verkörpert und verleiht den *Schutz von oben*. Schützt uns vor allen feindlichen Plänen.
- *Yeialel*: steht für *Heilung* und *Kampf*. Gewährt Trost und Unterstützung.
- *Yeiayel*: repräsentiert *Respekt* und *Ansehen*. Sorgt dafür, dass wir einen guten Ruf haben und das Glück auf unserer Seite ist.
- *Yeiazel*: personifiziert die *Hilfe*. Tröstet uns, wenn wir Kummer haben.

- *Yelahiah*: symbolisiert *Toleranz* und *Geduld*. Verleiht Mut in schwierigen Zeiten.
- *Yerathel*: steht für den *Lebensauftrag*. Gibt uns die Aufgabe, das Licht zu verbreiten.
- *Yezalel*: verkörpert die *Versöhnung*. Hilft uns, unser Schicksal zu erfüllen.

Der magische Einfluss der Metalle

Die folgende Übersicht nennt die wichtigsten Metalle und ihren Einfluss in der Magie.

- *Antimon:* Amulette aus diesem weißen Metall sind bekannt dafür, dass sie vor bösem Zauber und Dämonen schützen.
- *Blei:* Blei am Eingang Ihres Hauses verhindert, dass böse Geister eindringen. Sie können auch magische Gegenstände mit diesem Schwermetall isolieren, damit ihre Energie sich nicht zerstreut.
- *Eisen:* Ein Amulett aus Eisen vertreibt Dämonen, vernichtet aber auch Elfen und Feen; der bloße Kontakt mit dem Metall kann sie töten.
- *Gold:* Da dieses Metall von der Sonne regiert wird, verwendet man es zur Herstellung von Amuletten, die Ruhm, Glück und Wohlstand bringen sollen. Außerdem verheißt es seinem Träger ein langes Leben.
- *Kupfer:* Ein kupfernes Amulett vertreibt böse Geister und schützt vor bösem Zauber. Gegenstände aus Kupfer in der Wohnung verhindern, dass böse Geister Sie besuchen.
- *Magneten:* Im Altertum benutzte man magnetisches Eisen, um das Wahre vom Falschen zu unterscheiden. Magneten

waren bekannt dafür, dass sie den Blick in die Zukunft und die Entdeckung verborgener Geheimnisse unterstützen.

- *Meteoriten:* Als Amulett getragene Meteoriten schützen vor Blitz und Gewitter; früher verwendete man sie auch dazu, um Sonnen- oder Mondfinsternisse und andere Himmelsereignisse vorauszusehen.
- *Quecksilber:* Diese Lieblingszutat der Alchimisten wurde in magnetischen Rezepten gegen Krankheiten und den bösen Blick viel verwendet. (Quecksilber erfordert einen sachgemäßen Umgang.)
- *Silber:* Ein Amulett aus Silber schützt vor dem bösen Blick. Das dem Mond geweihte Metall wurde von Elfen, Feen und allen, die die Magie ausüben, bevorzugt.

Die magische Wirkung der Mineralien

Edelsteine und Halbedelsteine werden seit jeher mit der Magie in Verbindung gebracht. Die folgende Liste gibt Ihnen einen Überblick über die Eigenschaften bestimmter Steine, die einen direkten Bezug zu alten Traditionen der europäischen Magie haben.

Achat
- Ein Achat, auf dem eine Schlange (oder ein auf einer Schlange reitender Mensch) eingraviert ist, beugt Insekten- und Schlangenbissen vor.
- Ein Achat-Amulett verleiht seinem Träger Beredsamkeit und Ruhe und stärkt sein Herz.
- Der Achat fördert auch die Wahrheit zu Tage: Wenn Sie

ein Achat-Amulett auf die linke Brust eines Schlafenden legen, wird er auf Ihre Fragen antworten.

Amethyst
- Ein Heiltrank mit Amethyst hilft bei Vergiftungen und Unfruchtbarkeit.
- Als Amulett schützt er vor Trunkenheit.
- Ein Amethyst, der als Halskette, Armband oder Ring getragen wird, verbessert das Gedächtnis und die Denkgeschwindigkeit.
- Ein Amethyst unter dem Kopfkissen hilft beim Einschlafen und bringt angenehme Träume.

Bernstein
- Ein Kollier oder ein Amulett aus Bernstein beugt verschiedenen Krankheiten vor, etwa Fieber, Rheuma und Augenleiden.
- Der Blick durch ein Stück Bernstein kräftigt die Augen.
- Ein roter Bernstein schützt vor Gift, der Pest und dem bösen Blick.

Beryll
- Wenn beide Partner eines Paares ein Beryll-Amulett tragen, wird ihre Beziehung voll Harmonie und Liebe sein.
- Ein Beryll-Amulett fördert die Kommunikation und hält Feinde auf Abstand.
- Der Beryll eignet sich auch zum Wahrsagen: Legt man ihn in Wasser, sieht man die nahe Zukunft.

Chrysolith
- Ein Amulett aus Chrysolith beugt Asthmaanfällen vor.
- In Pulverform wird er zur Behandlung bestimmter Lungenkrankheiten empfohlen.

Chrysopras
Ein Amulett kräftigt die Augen und bringt Glück.

Diamant
- Ein Amulett schützt vor schwarzer Magie und bösem Zauber.
- Ein Krieger, der am linken Arm ein Amulett mit Diamanten trägt, gilt als unbesiegbar.

Granat
- Ein Amulett schützt vor Vergiftungen.
- Der Stein vertreibt Albträume und Traurigkeit.
- Es heißt, dass der Granat verblasst, wenn sein Träger sich eine schwere Krankheit zuzieht.

Heliotrop (Blutstein)
- Ein Amulett garantiert Langlebigkeit und Erfolg.
- Ein Armband sorgt für eine problemlose Schwangerschaft und eine leichte Geburt.
- Wenn Sie ihn unters Kopfkissen legen, wird Ihnen im Traum die Zukunft gezeigt.

Jade
- Ein Amulett aus grüner Jade garantiert Gesundheit und ein langes Leben.
- Es verhütet Katastrophen.

- Wenn Sie besonders alt werden wollen, sollten Sie aus einer Jadeschale essen.

Jett

In Irland schreibt man dem Stein acht gute Eigenschaften zu:
- Wer ihn trägt, wird nie vom Blitz getroffen.
- Jett im Haus verhindert, dass böse Geister einziehen.
- Er macht den Träger gegen Vergiftungen immun.
- Wer seine geheimen Feinde kennen lernen will, braucht nur eine winzige Menge pulverisierten Jett in einem Getränk zu sich zu nehmen.
- In dieser Verabreichungsform heilt er auch zahlreiche Krankheiten.
- Schwarzmagische Praktiken können einem Jett-Träger nichts anhaben.
- Ein Getränk mit Jett wird empfohlen, um eine glättere Haut zu bekommen.
- Ein solches Getränk schützt auch vor Schlangenbissen.

Karneol

Als Amulett garantiert er einen makellosen Teint.

Lapislazuli

Ein Amulett beseitigt Melancholie und lässt Sie im Traum die Zukunft sehen.

Perlen

Als Amulett getragen, garantieren Sie Ihnen ein langes Leben und bringen Glück.

Rubin
- Ein Amulett schützt vor Vergiftungen.
- Wenn sich etwas Böses nähert, wird der Rubin undurchsichtig und warnt so seinen Besitzer.

Saphir
- Ein Amulett beugt Fieber, Augenkrankheiten und Vergiftungen vor.
- Der Stein bringt seinem Besitzer Gesundheit, Mut und Ausgeglichenheit.
- Er schützt außerdem vor Neid und Verrat.

Smaragd
- Ein Amulett bringt seinem Träger großen Reichtum und unglaubliches Glück.
- Der Stein eignet sich auch zum Wahrsagen.
- Außerdem hält er Unglück und böse Geister fern.

Topas
- Verleiht seinem Träger Weisheit und Schönheit.
- Ein Amulett schützt vor Wahnsinn.

Türkis
- Auf der ganzen Welt ist bekannt, dass ein Türkis-Amulett vor Unheil schützt und Glück bringt.
- In Abhängigkeit vom Gesundheitszustand seines Besitzers ändert der Stein seine Farbe.
- Er ist auch ein Talisman, der garantiert, dass ein Paar in Frieden und Harmonie lebt.

Der Einfluss der Farben in Ihrer Wohnung

Ihre Wohnung ist Ihr persönliches Heiligtum, egal, ob es sich um ein Ein-Zimmer-Apartment oder einen großzügigen Landsitz handelt. Deshalb können die Farben der Innendekoration die Harmonisierung der körperlichen, seelischen und geistigen Aspekte Ihres Wesens unterstützen, ohne dass Sie sich bewusst darum bemühen. Dabei wirken die wichtigsten Farben wie folgt:

- *Blau:* Wenn es um Frieden, Freude, Weisheit, innere Ruhe oder Träume geht, ist Blau angesagt. Für die Decke Ihres Schlafzimmers ist es ideal geeignet. Mehrere alte Kulturen glaubten, dass Saphirblau vor negativen Energien schützt. Ihre Altarecke – der Ort, an dem Sie meditieren – profitiert von blauen Akzenten, denn sie führen zu Frieden und Harmonie.
Wenn Sie sehr ehrgeizig sind, werden viele blaue Akzente in Ihrer Umgebung Ihr Gefühl für das, was angemessen ist, und Ihr Unterscheidungsvermögen aktivieren.
- *Braun:* die Farbe der Erde, also der Energie, die für das gesamte Leben auf unserem Planeten die Grundlage bildet. In manchen Kulturen wird Braun mit Wohlstand und Fülle in Verbindung gebracht. Die Farbe ist ideal für die Küche, in der die Produkte der Erde in Nahrung verwandelt werden. Braune Akzente in Ihrer Umgebung vermitteln Ihnen das Gefühl, mit der Erde und allem Lebendigen verbunden zu sein.
- *Gelb:* Kreativität, Loyalität und eine gewisse intellektuelle Leichtigkeit gehören zu den Eigenschaften dieser Farbe.

Sie reaktiviert Ihre Energie und umhüllt Sie mit angenehmer Wärme. Gelb erhöht auch die Fruchtbarkeit; es eignet sich gut für das Schlafzimmer, wenn Sie schwanger werden wollen. Wenn Sie ein künstlerisches Projekt in Angriff nehmen, sollten Sie eine gelbe Kerze brennen lassen oder einen Strauß mit gelben Blumen in Ihre Nähe stellen – es fördert Ihre Kreativität. Wenn Sie bei einem Ritual gelbe Kleidung tragen, festigt dies Ihren Glauben und Ihre Überzeugungen.

- *Grün:* Diese Farbe sollte in keiner Wohnung fehlen, denn ihr Einfluss hat mit Wohlstand, Wachstum, Wandlungsfähigkeit und Heilung zu tun. Pflanzen oder Vorhänge in Grün haben in jeder Jahreszeit eine wohltuende Wirkung – im Sommer als zusätzlicher Akzent, im Winter als Kontrapunkt zur grauen Monotonie. Ein blasses Mintgrün im Babyzimmer sorgt dafür, dass das Kind gesund heranwächst, und verbreitet eine friedliche, ruhige Atmosphäre. Wenn Sie gerade in einer Lebenskrise stecken oder an einem kritischen Punkt Ihrer spirituellen Entwicklung angekommen sind, sollten Sie sich mit Grün umgeben: Tapeten, Teppiche und auch Kleidungsstücke können diese Farbe haben. So werden Sie Umbruchphasen besser überstehen und sind weniger durcheinander und ängstlich. Grün ist auch günstig, wenn Sie Ihren Haushaltsplan aufstellen, und generell bei allem, was mit Geld und Wohlstand zu tun hat: Planen Sie also Ihr Budget neben einer grünen Kerze. Beim Meditieren ist Grün von Vorteil, weil es eine ruhige Energie abgibt, die Ihnen beim »Abschalten« hilft.
- *Orange:* Dies ist die Farbe der aufgehenden Sonne, der Herbstblätter, und ihre Eigenschaften sind so reichlich be-

messen wie die Ernte. Orange stärkt den Willen, verbessert die Konzentration und macht geistig rege. Die Farbe eignet sich für ein Studierzimmer und generell jeden Ort, an dem Sie intellektuell arbeiten. Akzente in Orange auf einer Arbeitsfläche in der Küche verbessern Ihre Aufmerksamkeit; wenn Sie eine Diät machen oder fasten, bringen Sie sie am besten in der Nähe des Kühlschranks unter. Die Farbe verleiht Ihnen einen starken Willen überall da, wo Sie ihn am meisten brauchen.

- *Rosa:* Das von Rot abgeleitete Rosa gilt allgemein als Symbol für Liebe und Freundschaft. Sicher wissen Sie sofort, wo Sie diese Farbe unterbringen. Blasse Rottöne werden eher mit Spiel und Spaß in Verbindung gebracht. Sie eignen sich deshalb sehr gut für das Gemeinschaftszimmer der Familie, denn sie erzeugen ein warmes, lebendiges Ambiente.

- *Rot:* die Lieblingsfarbe der Elfen und Feen. Rot sorgt für mehr Energie und Vitalität. Es ist ideal für einen Raum, in dem Sie arbeiten, denn es verbessert Ihren Schaffensdrang und Ihre Konzentration. Sie können das selbst ausprobieren, indem Sie jemandem, der sich von einer Krankheit erholt, rote Blumen schenken; er wird sofort mehr Energie haben. Weil Rot eine sehr intensive Farbe ist, müssen Sie es sparsam dosieren, vor allem in einem Kinderzimmer oder einem Raum, in dem Sie sich entspannen wollen.

- *Violett:* Violett kombiniert die guten Eigenschaften von Blau mit der kraftstrotzenden Energie von Rot. Sie schlagen also zwei Fliegen mit einer Klappe. Die Mischung, das heißt der jeweilige Anteil von Rot und Blau, bestimmt den dominierenden Einfluss. Seit der Antike wird Violett mit Mysterien, Magie und religiösen Ritualen in Verbindung

gebracht. Deshalb eignet es sich bestens für Ritualgewän-
der, das Altartuch oder andere Dinge, die mit der Ausübung der Magie zu tun haben. Die Farbe sensibilisiert Sie
auch für die psychischen Energien in Ihrer Umgebung. Sie
kann Ihnen helfen, Wahrsagerrituale durchzuführen oder
die Aura eines Menschen oder Raums zu »lesen«.

- *Weiß:* Weiß gilt auf der ganzen Welt als Symbol für Reinheit. Es schützt und wirkt läuternd und steht außerdem
für Beginn und Erneuerung. Wenn Sie ein neues Projekt
starten, sollten Sie sich mit viel Weiß umgeben, damit Ihr
Ziel Ihnen klar bleibt und Ihr Weg nicht von Hindernissen
gesäumt ist. Weiße Accessoires in der ganzen Wohnung
sind die beste Möglichkeit, den »Schutz von oben« zu vervielfachen. Wenn in einem Zimmer heftig diskutiert wurde oder negative Personen zu Besuch waren, sollten Sie in
dem betreffenden Raum eine weiße Kerze anzünden oder
eine Vase mit Lilien oder anderen weißen Blumen aufstellen; ungute Einflüsse in Ihrer Umgebung werden auf diese
Weise sofort neutralisiert.

Ersatzzutaten

Die meisten Zutaten für die hier vorgestellten Rezepte sind
sehr leicht zu beschaffen. Weil es natürlich trotzdem vorkommen kann, dass Sie die richtigen Zutaten gerade nicht
bei der Hand haben, gebe ich hier Ersatzzutaten an, die sehr
ähnlich wirken wie die Originalzutat; dadurch wird die Ausübung Ihrer Rituale noch einfacher.

Auch die anschließend genannten Entsprechungen werden Ihnen bei Ihren Zaubereien nützen.

Manche Substanzen können nicht nur eine, sondern mehrere andere ersetzen:

- *Weihrauch* kann jedes andere Harz ersetzen.
- *Rosmarin* kann jede andere Pflanze ersetzen.
- *Rose* kann jede andere Blume ersetzen.
- *Tabak* kann jede andere Pflanze und jedes andere Harz ersetzen, deren Geruch Sie nicht mögen oder die einen starken nicht-blumigen Duft abgeben.

Im Einzelnen
- *Akazie*: Gummiarabikum.
- *Alraune*: Tabak.
- *Ammoniak* (Harz): Asafoetida oder Tabak.
- *Baldrian*: Tabak.
- *Beifuß*: Wermut.
- *Benzoe*: Gummiarabikum.
- *Brennnessel*: Tabak.
- *Drachenblut*: Weihrauch, rotes Sandelholz.
- *Efeu*: Klee.
- *Eichenmoos*: Patschuli.
- *Eisenhut*: Tabak.
- *Eisenkraut*: Zitrone, Zitronelle.
- *Eukalyptus*: Kampfer, Kiefer.
- *Gartennelke*: Rose und einige Tropfen Gewürznelköl.
- *Geranie*: Rose.
- *Gewürznelke*: Muskat.
- *Gummiarabikum*: Weihrauch.
- *Hanf*: Tabak, Muskat.
- *Jasmin*: Rose.
- *Kampfer*: Eukalyptus.

- *Kassia*: Zimt.
- *Kiefer* (Harz): Weihrauchharz, Kopalharz.
- *Kiefer*: Wacholder, Tanne.
- *Kopalharz*: Weihrauchharz, Zedernharz.
- *Lavendel*: Rose.
- *Mace-Blüte*: Muskat.
- *Mastix* (Harz): Gummiarabikum, Weihrauch.
- *Minze*: Salbei.
- *Mistel*: Minze, Salbei.
- *Muskat*: Zimt.
- *Neroli*: Orange.
- *Orange*: Tangerine, Mandarine, Clementine.
- *Orangenblüten*: Orangenfruchtfleisch.
- *Patschuli*: Eichenmoos, Irischmoos.
- *Rose*: Jasmin.
- *Safran*: Orangenfruchtfleisch.
- *Sandelholz*: Zeder, Drachenblut.
- *Serratula* (Lacinaria spicata): Engelwurz.
- *Tabak*: Baldrian.
- *Thymian*: Rosmarin.
- *Tollkirsche*: Tabak.
- *Vetiver*: Kalmus, Zeder.
- *Wacholder*: Kiefer.
- *Weihrauch* (Harz): Kopalharz, Kiefernharz.
- *Wolfsmilch*: Tabak.
- *Ysop*: Lavendel.
- *Zeder*: Sandelholz.
- *Zitrone*: Orange oder Limette.
- *Zitronelle*: Orange.
- *Zypresse*: Wacholder, Kiefer.

Die richtigen Pflanzen für Ihr Projekt

Je nachdem, was Sie wollen und vorhaben, brauchen Sie unterschiedliche Zutaten. Die folgenden Angaben helfen Ihnen, eigene Räuchermischungen zusammenzustellen.

- *Aphrodisisch:* Ambra, Brennnessel, Gewürznelke, Ginseng, Hibiskus, Ingwer, Olive, Patschuli, Petersilie, Safran, Sesam, Vanille, Zimt.
- *Astralreisen:* Benzoe, Jasmin, Sandelholz, Zimt.
- *Exorzismus (negative Energie vertreiben):* Basilikum, Cayennepfeffer, Drachenblut, Engelwurz, Flieder, Gewürznelke, Kiefer, Knoblauch, Kopal, Kumin, Mistel, Myrrhe, Pfefferminze, Rosmarin, Salbei, Vetiver, Wacholder, Weihrauch.
- *Frieden:* Flieder, Gardenie, Kumin, Lavendel, Magnolie, Narzisse, Veilchen.
- *Geld:* Basilikum, Bergamotte, Eichenmoos, Eisenkraut, Fenchel, Geißblatt, Heliotrop, Ingwer, Jasmin, Kamille, Kiefer, Klee, Mandel, Minze, Muskat, Orange, Patschuli, Piment, Salbei, Vetiver, Zeder, Zimt.
- *Glück:* Apfelblüten, Hyazinthe, Johanniskraut, Katzenminze, Lavendel, Majoran, Safran, Sesam.
- *Glückliche »Zufälle«:* Farn, Heidekraut, Irischmoos, Muskat, Mohn (Samen), Orange, Piment, Rose, Sternanis, Veilchen, Vetiver.
- *Heilung, Gesundheit:* Ackerminze, Cayennepfeffer, Engelwurz, Eukalyptus, Fenchel, Gardenie, Gartennelke, Geißblatt, Kiefer, Koriander, Limette, Lorbeer, Mohn (Samen), Pfefferminze, Rose, Rosmarin, Safran, Thymian, Veilchen, Wacholder, Wintergrün, Zeder, Zimt, Zitrone, Zitronelle.

- *Liebe:* Aprikose, Basilikum, Drachenblut, Eisenkraut, Gardenie, Gewürznelke, Hibiskus, Ingwer, Iris, Jasmin, Kamille, Katzenminze, Kopalharz, Koriander, Kumin, Lavendel, Lotos, Majoran, Mastix (Harz), Minze, Orangenblüten, Orchidee, Rose, Rosmarin, Thymian, Vanille, Veilchen, Vetiver, Wacholder, Ylang-Ylang, Zimt.
- *Magie (Anrufung magischer Kräfte):* Drachenblut, Gartennelke, Ingwer, Mastix (Harz), Tangerine, Vanille.
- *Medialität (entsprechende Fähigkeiten verbessern):* Ackerminze, Akazie, Anis, Flieder, Gardenie, Kampfer, Lein (Flachs), Lorbeer, Mastix (Harz), Muskat, Orange, Ringelblume, Rose, Safran, Sternanis, Thymian, Zimt, Zitrone, Zitronelle.
- *Mut:* Drachenblut, Piment, Rosengeranie, schwarzer Pfeffer, Thymian, Weihrauch.
- *Prophezeiungen (entsprechende Fähigkeiten verbessern):* Heliotrop, Jasmin, Kampfer, Mimose, Ringelblume, Rose.
- *Schutz:* Alraune, Anis, Baldrian, Basilikum, Bergamotte, Drachenblut, Eisenkraut, Engelwurz, Eukalyptus, Farn, Flieder, Gartennelke, Geranie, Gewürznelke, Gummiarabikum, Heidekraut, Hyazinthe, Iris, Kiefer, Klee, Kopal (Harz), Kumin, Lavendel, Lein (Flachs), Lorbeer, Lotos, Minze, Mistel, Myrrhe (Harz), Pfingstrose, Rose, Salbei, Sandelholz, schwarzer Pfeffer, Veilchen, Vetiver, Wacholder, Weihrauch (Harz), Zeder, Zimt, Zypresse.
- *Reinigung:* Anis, Baldrian, Benzoe, Eisenkraut, Eukalyptus, Fenchel, Gummiarabikum, Kamille, Kampfer, Kiefer, Kopal (Harz), Lavendel, Lorbeer, Minze, Myrrhe, Petersilie, Rosmarin, Sandelholz, Tabak, Thymian, Weihrauch, Zeder, Zimt, Zitrone.
- *Spiritualität:* Gardenie, Gummiarabikum, Heliotrop, Jas-

min, Kassia, Kiefer (Harz), Kopal (Harz), Lotos, Myrrhe, Salbei, Sandelholz, Weihrauch (Harz), Zimt.
- *Wahrsagen:* Anis, Gewürznelke, Hibiskus, Iris, Kampfer, Orange.

Entsprechungen von Elementen und Pflanzen

Auch die Elemente spielen bei Ritualen eine wichtige Rolle und haben zu bestimmten Kräutern, Pflanzen, Blumen und Harzen eine besondere Beziehung:

- *Erde:* Räucherwerk, das mindestens eine unter dem Einfluss des Elements Erde stehende Pflanze enthält, wirkt sich günstig aus auf den Frieden, die Fruchtbarkeit, Geld und materielle Güter generell und den Erfolg eines Unternehmens. Entsprechende Pflanzen sind: Eichenmoos, Eisenkraut, Flieder, Geißblatt, Heidekraut, Magnolie, Narzisse, Patschuli, Primel, Rhabarber, Tulpe, Vetiver, Zypresse.
- *Luft:* Räucherwerk, das mindestens eine unter dem Einfluss des Elements Luft stehende Pflanze enthält, wirkt sich günstig aus auf die Kommunikation, Reisen und Ortsveränderungen, die intellektuellen, weissagenden und hellsichtigen Fähigkeiten und die Freiheit. Entsprechende Pflanzen sind: Akazie, Anis, Benzoe, Bergamotte, Eisenkraut, Fenchel, Gummiarabikum, Lavendel, Maiglöckchen, Majoran, Mandel, Mastix (Gummi), Minze, Petersilie, Salbei, Zitrone, Zitronelle.
- *Feuer:* Räucherwerk, das mindestens eine unter dem Ein-

fluss des Elements Feuer stehende Pflanze enthält, wirkt sich günstig aus auf defensiv eingesetzte magische Kräfte, die körperliche Kraft, den Mut, den Willen und Reinigungsprozesse. Entsprechende Pflanzen sind: Basilikum, Drachenblut, Engelwurz, Fenchel, Gewürznelke, Ingwer, Kaffee, Knoblauch, Kopal, Koriander, Limette, Muskat, Orange, Piment, Rosengeranie, Rosmarin, Tabak, Tangerine, Wacholder, Weihrauch, Zeder, Zimt.

- *Wasser:* Räucherwerk, das mindestens eine unter dem Einfluss des Elements Wasser stehende Pflanze enthält, wirkt sich günstig aus auf die Liebe, das Mitgefühl, die Versöhnung und die Freundschaft, die medialen Fähigkeiten und prophetische Träume. Entsprechende Pflanzen sind: Eukalyptus, Flieder, Gardenie, Heidekraut, Hyazinthe, Iris, Jasmin, Kamille, Kampfer, Kardamom, Katzenminze, Kirsche, Lilie, Lotos, Myrrhe, Orchidee, Pfirsich, Rose, Sandelholz, Thymian, Vanille, Veilchen, Wicke, Ylang-Ylang.

Entsprechungen zwischen Jahreszeiten, Wochentagen und Pflanzen

Die Wirkung Ihrer Rituale wird zusätzlich verstärkt, wenn Sie eine Pflanze dazunehmen, die der aktuellen Jahreszeit entspricht:

- *Frühling:* Jasmin, Rose, alle Frühjahrsblüher.
- *Sommer:* Gartennelke, Ingwer, alle Gewürzpflanzen.
- *Herbst:* Eichenmoos, Patschuli, Vetiver, alle erdigen Düfte.
- *Winter:* Kiefer, Rosmarin, Weihrauch, alle harzigen Düfte.

Auch die am passenden Wochentag eingesetzte Pflanze hat eine erhöhte Wirkkraft:

- *Sonntag:* Rosmarin, Weihrauch, Zeder.
- *Montag:* Jasmin, Sandelholz, Zitrone.
- *Dienstag:* Basilikum, Ingwer, Narzisse, Koriander.
- *Mittwoch:* Benzoe, Eukalyptus, Lavendel, Salbei.
- *Donnerstag:* Eichenmoos, Gewürznelke, Zitronelle.
- *Freitag:* Kardamom, Rose.
- *Samstag:* Mimose, Myrrhe, Patschuli, Zypresse.

Entsprechungen zwischen Gestirnen und Pflanzen

Die Gestirne spielen bei alten und modernen Ritualen eine wichtige Rolle; seit Jahrtausenden glaubt man auch, dass zwischen bestimmten Pflanzen und Himmelskörpern eine Verwandtschaft besteht bzw. Pflanzen unter dem direkten Einfluss eines Planeten stehen:

- *Sonne:* Räucherwerk, das mindestens eine unter dem Einfluss der Sonne stehende Pflanze enthält, wirkt sich günstig aus auf Heilungsprozesse, die körperliche Energie, den Schutz, den Erfolg, die Erleuchtung und die Zunahme magischer Kräfte. Entsprechende Pflanzen sind: Akazie, Benzoe, Eichenmoos, Gummiarabikum, Kopalharz, Lorbeer, Mastix (Harz), Mistel, Orange, Rosmarin, Sandelholz, Tangerine, Wacholder, Weihrauch (Harz), Zeder, Zimt, Zitrone.
- *Mond:* Räucherwerk, das mindestens eine unter dem Ein-

fluss des Mondes stehende Pflanze enthält, wirkt sich günstig aus auf prophetische Träume, das mediale und spirituelle Erwachen, die Liebe, den Frieden, das Mitgefühl, die Fruchtbarkeit und einen guten Schlaf. Entsprechende Pflanzen sind: Gardenie, Jasmin, Kampfer, Lilie, Lotos, Mohn, Myrrhe (Harz), Sandelholz, Wasserlilie, Weide, Zitrone, Zitronelle.

- *Merkur:* Räucherwerk, das mindestens eine unter dem Einfluss des Merkur stehende Pflanze enthält, wirkt sich günstig aus auf die Intelligenz, die Beredsamkeit, die Weisheit, die Weissagungsfähigkeiten, die Überwindung von Abhängigkeiten und schädlichen Gewohnheiten, die Kommunikation und das Reisen. Entsprechende Pflanzen sind: Benzoe, Eisenkraut, Fenchel, Lavendel, Maiglöckchen, Mandel, Petersilie, Pfefferminze, Thymian.
- *Venus:* Räucherwerk, das mindestens eine unter dem Einfluss der Venus stehende Pflanze enthält, wirkt sich günstig aus auf die Liebe, die Treue, die Versöhnung innerhalb des Paars oder zwischen Freunden und die Freundschaft generell, das Mitgefühl, die Freude, das Glück, die Schönheit, die Jugendlichkeit, die Lust und das Meditieren. Entsprechende Pflanzen sind: Ackerminze, Flieder, Heidekraut, Hyazinthe, Iris, Krokus, Magnolie, Margerite, Orchidee, Rose, Thymian, Vanille, Veilchen, Wicke, Ylang-Ylang.
- *Mars:* Räucherwerk, das mindestens eine unter dem Einfluss des Mars stehende Pflanze enthält, wirkt sich günstig aus auf die Heilung (nach einer Operation), die körperliche Kraft, die sexuelle Energie und defensiv eingesetzte magische Kräfte, den Mut, die aggressiven Instinkte und den Schutz. Entsprechende Pflanzen sind: Basilikum, Brenn-

nessel, Drachenblut, Hopfen, Ingwer, Kaffee, Kiefer, Koriander, Kumin, Pfefferminze, Piment, Tabak.

- *Jupiter:* Räucherwerk, das mindestens eine unter dem Einfluss des Jupiter stehende Pflanze enthält, wirkt sich günstig aus auf die Spiritualität, die Meditation, Geld, Wohlstand und juristische Angelegenheiten. Entsprechende Pflanzen sind: Ahorn, Anis, Eichenmoos, Geißblatt, Klee, Muskat, Salbei, Sternanis, Ysop.

- *Saturn:* Räucherwerk, das mindestens eine unter dem Einfluss des Saturn stehende Pflanze enthält, wirkt sich günstig aus auf Reinigungsprozesse, die Verlängerung des Lebens, Bannrituale, den Schutz und Visionen. Entsprechende Pflanzen sind: Beinwell, Mimose, Myrrhe, Patschuli, Stiefmütterchen, Zypresse.

Entsprechungen zwischen Tierkreiszeichen und Pflanzen

Die verschiedenen Tierkreiszeichen haben zu bestimmten Kräutern, Pflanzen, Blumen und Wurzeln eine besondere Beziehung.

- *Widder:* Drachenblut, Fenchel, Gartennelke, Gewürznelke, Kiefer, Kopal, Kumin, Piment, Wacholder, Weihrauch, Zeder, Zimt.

- *Stier:* Eichenmoos, Flieder, Geißblatt, Kardamom, Magnolie, Margerite, Orchidee, Patschuli, Thymian, Veilchen.

- *Zwillinge:* Anis, Bergamotte, Klee, Lavendel, Lilie, Mandel, Mastix (Harz), Minze, Petersilie, Zitrone, Zitronelle.

- *Krebs:* Ambra, Eukalyptus, Flieder, Gardenie, Jasmin, Lotos, Myrrhe, Rose, Sandelholz, Veilchen, Zitrone.

- *Löwe:* Akazie, Benzoe, Heliotrop, Kopal, Muskat, Orange, Rosmarin, Sandelholz, Wacholder, Weihrauch, Zimt.
- *Jungfrau:* Bergamotte, Eichenmoos, Fenchel, Geißblatt, Lavendel, Lilie, Mandel, Patschuli, Pfefferminze, Salbei, Zypresse.
- *Waage:* Ackerminze, Flieder, Katzenminze, Magnolie, Majoran, Orchidee, Rose, Thymian, Vanille, Wicke.
- *Skorpion:* Ambra, Basilikum, Gardenie, Gewürznelke, Ingwer, Kiefer, Kumin, Myrrhe, Vanille, Veilchen.
- *Schütze:* Anis, Drachenblut, Gartennelke, Geißblatt, Gewürznelke, Ingwer, Kopal, Muskat, Orange, Rose, Salbei, Sternanis, Wacholder, Weihrauch, Zeder.
- *Steinbock:* Eichenmoos, Eisenkraut, Geißblatt, Magnolie, Mimose, Patschuli, Vetiver, Zypresse.
- *Wassermann:* Akazie, Benzoe, Kiefer, Lavendel, Mandel, Mastix (Harz), Mimose, Patschuli, Pfefferminze, Tanne, Zitrone, Zypresse.
- *Fische:* Anis, Eukalyptus, Gardenie, Geißblatt, Gewürznelke, Jasmin, Mimose, Muskat, Salbei, Sandelholz, Sternanis, Zitrone.

Entsprechungen zwischen Mineralien und Pflanzen

In den folgenden Zusammenstellungen verstärken die Wirkungen von Pflanzen und Mineralien sich gegenseitig; angegeben ist der Bereich, in dem die Kombination ihren günstigen Einfluss entfaltet:

- *Eukalyptus/Aquamarin:* Reinigungsprozesse, Heilung, Gleichgewicht.

- *Geranie/rosafarbener oder roter Turmalin:* Schutz durch die Natur.
- *Ingwer/Rhodochrosit:* Liebe, körperliche Energie.
- *Jasmin/Mondstein:* Liebe, Entdeckung medialer Fähigkeiten.
- *Kardamom/Karneol:* sexuelle Probleme, sexuelle Apathie.
- *Kiefer/Malachit:* mediale Energie, Geld, Schutz vor schädlichen Einflüssen.
- *Lavendel/Fluorit:* Heilung, Gesunderhaltung des Körpers, Bewusstwerdung.
- *Patschuli/grüner Turmalin:* Geld, Reichtum.
- *Rose/Rosenquarz:* Liebe, Frieden, Glück.
- *Rosmarin/Bergkristall:* positive Aspekte der Rituale, günstige Einflüsse.
- *Sandelholz/Kalzit:* Meditation, Spiritualität.
- *Schwarzer Pfeffer/Heliotrop (Blutstein):* Mut, körperliche Energie.
- *Veilchen/Amethyst:* mediale Fähigkeiten, spirituelle Erweckung.
- *Wacholder/roter Jaspis:* Schutz, Reinigungsprozesse.
- *Weihrauch/Ambra:* Kraft, Heilung, Reinigungsprozesse.
- *Ylang-Ylang/Kunzit:* Liebe, Frieden.
- *Zeder/Lepidolith:* Spiritualität, Schutz vor negativen Energien.

Götter und Göttinnen für Ihr Ziel

Je nach Ihrem Anliegen müssen unterschiedliche Gottheiten angerufen werden. Hier eine Liste der Götter und Göttinnen und die Bereiche, für die sie zuständig sind.

- *Astrologie:* Albion.
- *Erde (Planet):* Asia, Consus, Daghda, Enlil, Frigga, Frija, Gaea, Ge, Geb, Kronos, Ninhursag, Ops, Prithivi, Rhea, Saturn, Sif, Tellus.
- *Fruchtbarkeit:* Amon, Anaitis, Apollo, Arrianrhod, Asherali, Astarte, Attis, Baal, Bacchus, Bast, Bona Dea, Boucca, Centeotle, Cernunnos, Cerridwen, Cybele, Demeter, Dionysos, Eostra, Freyja, Indra, Ishtar, Isi, Min, Mylitta, Osiris, Ostara, Pan, Quetzalcoatl, Rhiannon, Selkhet, Tane.
- *Geburt, Schwangerschaft:* Althea, Bes, Carmenta, Cihyatcoatl, Cuchivira, Isis, Kuan Yin, Laima, Lucina, Meshkent.
- *Gerechtigkeit:* Astrea, Maat, Misharu, Themis.
- *Glück:* Bonus Eventus, Daikoku, Fortuna, Ganesha, Jorojin, Laima, Loki.
- *Heilung:* Apollo, Aeskulap, Bast, Brigid, Eira, Ixtlitlon, Paeon.
- *Himmel:* Anuy, Horus, Jupiter, Obatala, Thor, Ukko, Uranus, Zeus.
- *Kommunikation:* Hermes, Hermod, Janis, Merkur.
- *Kunst, Kreativität:* Ea, Hathor, Odin, Thor.
- *Landwirtschaft, Natur:* Adonis, Amon, Aristaeus, Baldur, Bonus Eventus, Ceres, Consus, Dagon, Demeter, Dumuui, Esus, Ghanan, Inari, Osiris, Saturn, Tammuz, Thor, Triptolemus, Vertummus, Xochipilli, Yumcaax.

- *Liebe:* Aphrodite, Astarte, Asthoreth, Cupido, Erato, Eros, Erzulie, Esmeralda, Freyja, Inanna, Ishtar, Melusine, Oshun, Tlazolteotl, Venus.
- *Mondmagie:* Artemis, Astarte, Diana, Hekate, Ilmaqah, Ishtar, Isi, Mama Quilla, Metzli, Nanna, Selene, Thoth.
- *Mut:* Mars, Odin, Thor, Tyr.
- *Rache:* Nemesis.
- *Reinkarnation, frühere Leben:* Hera, Kensu, Ra.
- *Reisen:* Echua, Janus, Min.
- *Sonnenmagie:* Apollo, Baldur, Helios, Horus, Hyperion, Legba, Lug, Mithra, Orunjan, Phoebus, Ra, Surya.
- *Träume:* Morpheus, Geshtinanna, Nanshe.
- *Wahrsagen, Weissagen, Hellsehen:* Anubis, Apollo, Brigid, Exu, Hekate, Isis, Odin, Set, Thoth, Wotan, Zolotl.
- *Wasser, Meer:* Mac Lir, Neptun, Poseidon, Proteus, Yamm.

Adressen

In den meisten großen Städten finden Sie Esoterik-Shops, »Hexenläden« und dergleichen, in denen Sie die Ausrüstungsgegenstände zum Praktizieren der weißen Magie erwerben können. Wenn Sie dort nicht fündig werden, versuchen Sie es einmal bei folgenden Adressen (Auswahl):

Sandras Hexenladen
Baierbrunner Straße 2 – 81379 München
Tel. 089-786541

Wunderbar Esoterik
Bahnhofstraße 118 – 70736 Fellbach
Tel. + Fax 0711-574868
E-Mail: wunderbar@otelo-online.de

Esoterik Versand Camelot
Cornelia Zwinkel
Postfach 1150 – 27729 Holste
Tel. + Fax 04748-820350
E-Mail: amely2@compuserve.de

Websites (Auswahl)
http://esoterikmesse.de/seiten/popup_main.shtml
www.odenwald-hexe.de
www.sorciere.de
www.pagan-federation.de

Literatur

Budapest, Zsuzsanna: *Herrin der Dunkelheit, Königin des Lichts,* Bauer, Freiburg 2000

Graichen, Gisela: *Die neuen Hexen,* Goldmann, München 1999

Gray, Deborah: *Hexensprüche für nette Mädchen,* dtv, München 2001

Gray, Deborah, und Starwoman, Athena: *Wie du deinen Ex-Prinzen in eine Kröte verwandelst und andere Hexensprüche für böse Mädchen,* dtv, München 1997

Müller-Ebeling, Claudia; Rätsch, Christian und Storl, Wolf-Dieter: *Hexenmedizin. Die Wiederentdeckung einer verbotenen Heilkunst – schamanische Traditionen in Europa,* At-Verlag, Aarau 1998

Sandra: *Ich, die Hexe,* Goldmann, München 1996

Sandra: *Hexenrituale. Meine magischen Rezepte für Liebe, Glück und Gesundheit,* Goldmann, München 1992

Sandra: *Rezepte aus der Hexenküche. Magische Kräuter, Öle und Hexenwissen,* Goldmann, München 2000

Starhawk: *Der Hexenkult als Ur-Religion der großen Göttin,* Goldmann, München 1992

Starhawk: *Die Kraft der großen Göttin.* Bauer, Freiburg 1999

Storl, Wolf-Dieter: *Pflanzen der Kelten. Heilkunde, Pflanzenzauber, Baumkalender,* At-Verlag, Aarau 2000

York, Ute: *Mondmagie und Liebeszauber. Wunderkräuter, Hexensalben und magisches Wissen für Frauen,* Knaur, München 1998

Register

ARKANA
GOLDMANN

Sandra – Deutschlands bekannteste Hexe

Ich, die Hexe 12134

Hexenrituale 12193

Weiße Magie, Schwarze Magie,
Satanismus 21527

Sandra, Rezepte aus der
Hexenküche 14198

Goldmann • Der Taschenbuch-Verlag